まえがき

　本書は，日本商工会議所・各地商工会議所主催の「簿記検定試験」の２級を受験しようとしている人たちのために，『段階式　日商簿記　２級商業簿記』の姉妹編として編集されたワークブックです。

　わが国の企業会計は，最近の一連の「会計ビッグ・バン」によって大きく変容しています。連結決算中心主義，金融商品の時価評価，退職給付会計の導入，キャッシュ・フロー計算書などはその例です。こうした変革を受けて，「商工会議所簿記検定試験出題区分表」は，平成11年４月，13年１月，17年11月，18年12月に改訂され，さらに新会計基準に対応した平成21年１月，22年２月，23年２月（６月以降の検定試験から適用）の改訂が行われています。本書は，この「出題区分表」および「許容勘定科目表」に対応した内容に編集しました。

　本書は，日頃から簿記教育に携わっている先生方が，「日商簿記検定」の出題傾向と出題範囲を徹底的に研究・分析して作問した問題集です。その特徴は，各回ごとに，⑴要点整理，⑵基礎問題，⑶練習問題，⑷検定問題の順で体系的に学習できるように工夫を凝らしている点にあります。⑴要点整理では，各回の論点を簡潔に整理し，解答のポイントを分かり易く解説しています。⑵基礎問題では，基本的な事項に関する基礎的な問題を取り上げ，⑶練習問題で，標準的な問題の練習をし，さらに，⑷検定問題で，本試験で出題されると予想される程度の問題の演習をするという構成になっています。このように，順序よく解いていけば，自然に合格できる能力が身に付くように編集してあります。

　簿記は，テキストを読むだけでは，十分な実力はつきません。実際に，ペンと電卓をもって演習することが肝要です。本書が，そのために活用され，一人でも多くの方々が合格されることは，監修者・執筆者にとり，何ものにも代えがたい喜びです。読者の方々のキャリア・アップに少しでも貢献できれば幸いです。

　本書の編集にあたっては，刊行に際し横浜市立大学教授・三浦　敬氏，渡辺正和氏，渡辺正直氏，新井義雄氏，改訂に際し清水秀輝氏にご協力いただきました。ここに，問題の収集と解説のご苦労に対し，心から感謝の意を表したいと思います。

　最後に，今回の刊行に際してお骨折りをいただいた税務経理協会編集部の皆様にも厚くお礼を申し上げます。

　平成23年８月

監　修　者

目 次

まえがき

問 題 編

第 1 回	現 金 預 金 …………………………………………………	2
第 2 回	有 価 証 券 …………………………………………………	6
第 3 回	売 掛 金 …………………………………………………	10
第 4 回	その他の債権・債務 …………………………………………	14
第 5 回	手形の裏書・割引・不渡 ……………………………………	16
第 6 回	荷為替・自己受為替手形，更改 ……………………………	20
第 7 回	商品有高帳の作成（総平均法）……………………………	24
第 8 回	仕入割引・売上割引・棚卸減耗損・商品評価損 …………	28
第 9 回	未着品売買・委託販売・受託販売 …………………………	32
第 10 回	割賦販売・試用販売・予約販売 ……………………………	37
第 11 回	有形固定資産の減価償却・売却・除却・廃棄 ……………	43
第 12 回	無形固定資産・投資・長期前払費用 ………………………	48
第 13 回	商品（製品）保証引当金・修繕引当金・退職給付引当金 ………	51
第 14 回	株式会社の設立 ………………………………………………	54
第 15 回	増資・合併 ……………………………………………………	57
第 16 回	純損益の計上と繰越利益剰余金 ……………………………	62
第 17 回	社債の発行・利払い …………………………………………	67
第 18 回	社債の期末評価・社債発行費等の償却・償還 ……………	70
第 19 回	株式会社の税金 ………………………………………………	74
第 20 回	本支店間・支店間取引 ………………………………………	78

第21回	未達事項の整理，内部利益の控除	82
第22回	損益計算書・貸借対照表の合併	87
第23回	現金出納帳・収入帳・支払帳	98
第24回	当座預金出納帳	103
第25回	仕入帳	107
第26回	売上帳	111
第27回	普通仕訳帳	116
第28回	伝票の集計・転記	126
第29回	試算表兼用元帳	136
第30回	決算整理	140
第31回	精算表	144
第32回	帳簿の締切り・繰越試算表・修正後試算表	151
第33回	損益計算書・貸借対照表・株主資本等変動計算書	156

実力テスト

第1回	167
第2回	173
第3回	179
第4回	185
第5回	191

別冊／綴込付録　解答・解説編

段階式
日商簿記ワークブック
2級商業簿記
問題編

第1回 現金預金

要点整理

1 現金過不足

① 現金勘定の残高と実際有高が一致しない場合，一時的に 現金過不足勘定 を用いて処理をしておく。

　　現金勘定＜実際有高（実際有高の方が多い場合）→現金勘定を増加（借方記入）させ，相手勘定科目に現金過不足勘定を用いる。

　　現金勘定＞実際有高（実際有高の方が少ない場合）→現金勘定を減少（貸方記入）させ，相手勘定科目に現金過不足勘定を用いる。

② 原因が判明すれば，現金過不足勘定を正しい勘定に振り替える。

③ 決算になっても原因が判明しない部分については， 雑益勘定 もしくは 雑損勘定 に振り替える。

　　現金過不足勘定が借方残高の場合→借方残高を貸方へ記入し，相手勘定科目に雑損勘定を用いる。

　　現金過不足勘定が貸方残高の場合→貸方残高を借方へ記入し，相手勘定科目に雑益勘定を用いる。

2 銀行勘定調整表

　元帳の当座預金勘定残高と銀行の帳簿残高は，ともに同じ取引を記録しているのであるから，本来なら一致しなければならない。しかし，たとえ両者の記録が正確に行われていても，双方の残高が一致しない場合も少なくない。企業の当座預金勘定の残高と銀行の帳簿残高との間に不一致が生じるのは，以下の4つの原因による。

① 企業は入金として記入しているが，銀行では未記入の場合
② 銀行は入金として記入しているが，企業では未記入の場合
③ 企業は出金として記入しているが，銀行では未記入の場合
④ 銀行は出金として記入しているが，企業では未記入の場合

　このような残高の不一致の原因を明らかにして，双方の記録の正確性を確認するために作成されるのが， 銀行勘定調整（照合）表 である。この銀行勘定調整表の作成方法には，以下の3つがある。

　(a) 企業の当座預金勘定残高を基礎として，これを銀行残高と一致させる方法
　(b) 銀行の残高を基礎として，これを企業の当座預金勘定残高と一致させる方法
　(c) 企業の当座預金残高と銀行の残高を別々に調整し，調整時点の正確な残高を示す方法

　これら3つの形式の中では，(c)の形式が最も一般的に用いられる。以上のような原因を確かめた後に，理論的にはすべて修正をしなければならない。ただし，実際には未取立小切手については小切手が取り立てられればやがて残高が一致するため，修正をしない。

1 **基礎問題** 以下の一連の取引を仕訳するとともに，総勘定元帳に転記しなさい。
(1) 手許現金の実際有高を調べたところ，現金勘定の残高が¥213,000であるのに対して，実際有高は¥198,000であった。
(2) 交通費の支給額¥8,000が未記入となっていたことが判明した。
(3) 手数料の支払分¥5,000が未記入となっていたことが判明した。
(4) 決算にあたって，現金過不足勘定の残高を適切な勘定へ振り替える。

	借 方 科 目	金　　額	貸 方 科 目	金　　額
(1)				
(2)				
(3)				
(4)				

総 勘 定 元 帳

現　　金　　1

（残　高）　213,000

現 金 過 不 足　　4

雑　　益　　11

支 払 手 数 料　　15

交　通　費　　17

雑　　損　　22

2 **基礎問題** 以下の一連の取引を仕訳するとともに，総勘定元帳に転記しなさい。
(1) 手許現金の実際有高を調べたところ，実際有高は¥136,000で現金勘定の残高と一致しなかった。
(2) 手数料の受取分¥4,000が未記入となっていたことが判明した。
(3) 利息の受取分¥1,000が未記入となっていたことが判明した。
(4) 決算にあたって，現金過不足勘定の残高を適切な勘定へ振り替える。

	借 方 科 目	金　　額	貸 方 科 目	金　　額
(1)				
(2)				
(3)				
(4)				

総勘定元帳

現　　金　　1	現金過不足　　4
（残　高）　127,000	

受取利息　　11	受取手数料　　13

雑　　益　　16	雑　　損　　25

3 練習問題 以下の取引を仕訳しなさい。

(1) かねて現金過不足勘定で処理しておいた不足額¥36,000について調査をしたところ，手数料の現金支払額¥15,000，利息の現金支払額¥9,000，利息の現金受取額¥2,000の記入漏れがあることが判明したが，これ以外の原因については不明のため雑損失として処理することにした。

(2) 決算にさいして当座預金勘定の残高を確認したところ，当社の帳簿残高は¥687,000であり，銀行側の残高証明の金額は¥984,000であった。残高の不一致の原因として次の事実が判明したので，修正の処理を行った。

① 受取手形の支払期日到来にともない，銀行で回収した額¥135,000が当方に未達であった。

② 買掛金の支払いのために振り出した小切手¥94,000が決算日現在銀行への呈示がなされていなかった。

③ 備品購入にかかわる未払金支払いのために振り出した小切手¥68,000が未渡しのまま経理部の金庫に保管されていた。

（第123回　出題）

	借方科目	金　額	貸方科目	金　額
(1)				
(2)				

4 検定問題 横浜商店が，取引銀行である神奈川銀行から当座預金の残高証明書（平成〇年3月31日現在）を取り寄せたところ，横浜商店の当座預金出納帳の残高と一致していなかった。以下の資料に基づいて銀行残高調整表を作成しなさい（摘要欄と金額欄に記入すること）。また，期末修正仕訳を示しなさい。ただし，仕訳が不要な場合

には「仕訳なし」と記入すること。　　　　　　　　　　　　　　（第86回　類題）

資料Ⅰ　神奈川銀行残高証明書残高　　　　　　　　　　　　　¥897,500
資料Ⅱ　横浜商店の当座預金出納帳残高　　　　　　　　　　　¥875,000
資料Ⅲ　不一致の原因を調査したところ，以下の事項が判明した。

(1) 得意先浦安商店から売掛金の回収として，同店振出しの小切手¥55,000を受け取り，ただちに当座預金として預け入れたが，未だ取り立てられていなかった。
(2) 送金手数料¥2,500が当座預金口座から引き落とされていたが，当社では未記入であった。
(3) 仕入先久里浜商店に対する買掛金の支払として，小切手¥50,000を振り出したが，未取付けであった。
(4) 仕入先平塚商店に買掛金支払いのため小切手¥40,000を振り出したが，先方に未渡しであり，出納係の手許で保管されていた。
(5) 3月31日に現金¥80,000を当座預金口座へ預け入れたが，銀行の営業時間終了後であったため，銀行は翌日の入金として処理していた。
(6) 得意先小田原商店に対する受取手形¥70,000が期日決済され，取り立てられていたが，通知が当社に未達であった。

銀行残高調整表
平成○年3月31日

摘　　　　　要	金　　　　　　額	
横浜商店の当座預金出納帳残高		(¥ 875,000)
加算：		
（ 未渡小切手 ）	(¥ 40,000)	
（ 受取手形取立未達 ）	(70,000)	
（ 未取付小切手 ）	(50,000)	(160,000)
計		(1,035,000)
減算：		
（ 送金手数料未記入 ）	(¥ 2,500)	
（ 未取立小切手 ）	(55,000)	
（ 時間外預入 ）	(80,000)	(137,500)
神奈川銀行残高証明書残高		(¥ 897,500)

〔期末修正仕訳〕

	借方科目	金　　額	貸方科目	金　　額
(1)	仕訳なし			
(2)	支払手数料	2,500	当座預金	2,500
(3)	仕訳なし			
(4)	当座預金	40,000	買掛金	40,000
(5)	仕訳なし			
(6)	当座預金	70,000	受取手形	70,000

第2回 有価証券

要点整理

1 有価証券の売買

① 平均原価法による取得原価の計算

　同一銘柄の株式でも購入時点が異なれば，株価は変化しているため有価証券の取得原価も異なってくる。このような場合，通常 平均原価法 によって計算した単価を有価証券の取得原価とする。平均原価法による取得原価の計算は，以下の式によって行う。

$$取得原価 = \frac{第1回目取得株式単価 \times 株式数 + 第2回目取得株式単価 \times 株式数 + \cdots\cdots 第N回目取得株式単価 \times 株式数}{第1回目取得株式数 + 第2回目取得株式数 + \cdots\cdots 第N回目取得株式数}$$

② 端数利息の計算

　公社債の売買時には，一般に 端数利息 （前利払日翌日から売買日までの利息）の受払いも行われる。端数利息の受払いが行われなければ，売主は公社債を保有していた期間の利息を受け取ることができなくなり，同時に買主は自分が公社債を保有していなかった期間の利息までも受け取ることになってしまうからである。つまり，売主と買主との間で，利息の授受をめぐって不公平が生じてしまうのである。そのため，公社債の売買においては端数利息の計算が必要となる。このような端数利息の具体的な計算は，以下の式によって行う。

$$端数利息 = 公社債の額面総額 \times 年利率 \times \frac{前利払日の翌日から売買日までの日数}{365日}$$

2 有価証券の差入れ・保管・貸付け・借入れ

　有価証券の貸借が行われた場合，貸主は他の有価証券と区別するため，貸借の対象となる 有価証券の勘定 （たとえば売買目的有価証券勘定）から 貸付有価証券勘定 に振り替える。当然帳簿価額で振り替える。借主は 借入有価証券勘定 の貸方に記入するとともに，これに見合う科目として 保管有価証券勘定 の借方に記入する。借主は貸主に対して借用料を払うが，これは有価証券の時価にもとづいて計算されるため，時価で記入する。

　また，借入金の担保等として有価証券を差し入れることがある。この場合，差し入れた方は担保として差し入れた有価証券を貸借対照表に注記する。一方，預かった方も，担保として預かった有価証券を貸借対照表に注記する。

　有価証券の貸借・差入れ等に伴う取引は，備忘記録としての仕訳を行う。

3 有価証券の期末評価

　有価証券の期末評価は，所有目的によって異なっている。短期所有目的の株式や社債は，売買目的有価証券勘定で処理され，期末には時価で評価する。これを時価法という。また，満期まで所有する目的の債券などは，満期保有目的債券勘定で処理され，原則として取得原価で評価するが，取得原価と額面金額が異なる場合には，満期までの期間にわたってその差額を規則的に増加または減少させて，満期時点で満期保有目的債券勘定の残高を額面金額に一致させるように処理する。これを償却原価法といい，2級では定額法が使用される。

1 (基礎問題) 以下の文章のうち，適切なものには〇，不適切なものには×を解答欄に記入しなさい。

(1) 公社債の売買時には，一般に端数利息の受払いも行われる。端数利息を支払った場合は，その金額も有価証券の取得原価に含めて処理する。

(2) 売買目的で保有する有価証券の期末評価は，時価により行われる。

(3) 同一銘柄の株式を，複数回にわたって取得した場合，最初に購入した有価証券の価額を取得原価とする。

(4) 有価証券の貸借が行われた場合，貸主は他の有価証券と区別するため，時価で売買目的有価証券勘定から貸付有価証券勘定に振り替える。

(5) 満期保有目的債券について，取得原価と額面金額が異なる場合には，満期までの期間にわたって，その差額を規則的に増加または減少させて，満期時点で帳簿価額を額面金額に一致させるように処理する償却原価法が適用される。

(6) 有価証券の借主は，帳簿価額で借入有価証券勘定の貸方に記入するとともに，これに見合う科目として保管有価証券勘定の借方に記入する。

	(1)	(2)	(3)	(4)	(5)	(6)
解答欄						

2 (練習問題) 以下の一連の取引を仕訳し，各勘定へ転記しなさい。

(1) 三陸水産株式会社は，6月14日に売買目的で額面総額¥4,000,000の陸奥電線株式会社社債（年利率2.92％，利払日は3月と9月の末日）を@¥97で購入し，代金は端数利息（経過利息）とともに現金で支払った。

(2) 9月末日に上記の社債の利払日となり，利息を現金で受け取った。

(3) 11月14日に上記の社債を@¥98で売却し，代金は端数利息（経過利息）とともに小切手で受け取った。

	借方科目	金額	貸方科目	金額
(1)				
(2)				
(3)				

現　　　　金		売買目的有価証券	
（残　高）　4,730,000			

有価証券売却益		有価証券利息	

3 練習問題　以下の取引を仕訳しなさい。

(1) 青森商店は，8月24日に売買目的で額面¥8,000,000の弘前産業株式会社社債（年利率7.3％）を@¥98で購入し，代金は小切手を振り出して支払った。なお，この社債の利払日は，3月と9月の末日の年2回である。

(2) かねて売買目的で最上水産株式会社株式を1回目は@¥760で1,000株，2回目は@¥660で3,000株購入していた。このうち2,000株を@¥700で売却し，代金を小切手で受け取り，ただちに当座預金に預け入れた。株式の記帳は平均原価法によっている。

(3) 前期に@¥800で購入し，前期末決算で@¥1,100に評価替えした売買目的有価証券のうち2,000株を，@¥1,200で売却し，売買手数料¥20,000を控除した残額は現金で受け取った。売買手数料は，有価証券売却益または売却損に加減して処理すること。　　　　　　　　　　　　　　　　　　　　　　　　　（第111回　出題）

(4) 津軽商店は，借入金の担保とするため西根商店から花巻バルブ株式会社株式1,000株（帳簿価額@¥450，時価@¥1,300）を借り入れた。

	借方科目	金　額	貸方科目	金　額
(1)				
(2)				
(3)				
(4)				

4 検定問題　以下の取引を仕訳しなさい。

(1) 当期中に2回にわたって売買目的で購入していた会津工業株式会社株式8,000株のうち4,000株を1株当たり¥2,350で売却し，代金は月末に受け取ることとした。なお，同社株式は，第1回目に3,000株を1株当たり¥2,500，第2回目に5,000株

を1株当たり¥2,300で購入し，平均原価法により記帳している。　　　　（第88回　類題）

(2) 平成×年9月11日，額面総額¥1,500,000の普通社債を，額面¥100につき¥98で売買目的で買い入れ，端数利息とともに小切手を振り出して支払った。なお，利払日は6月末，12月末で，利率は年2％である。　　　　　　　　　　（第92回　類題）

(3) 平成19年2月23日に，売買目的で保有している取得価額¥478,000，額面総額¥500,000の国債を売却し，売買手数料¥3,500を控除した金額¥491,000が当座預金口座に振り込まれた。ただし，振り込まれた金額には端数利息が含まれている。この国債の利率は年5.5％であり，利払日は毎年3月末日と9月末日である。なお，端数利息は，1年を365日として日割で計算をする。　　　　　（第116回　出題）

(4) 平成21年2月23日，売買目的で保有している額面総額¥1,000,000の社債（利率年3％，利払日は3月末と9月末の年2回，期間5年，償還日は平成24年3月31日）を，額面¥100につき¥96の裸相場で売却し，売却代金は端数利息とともに受け取り，直ちに当座預金とした。なお，この社債は，平成20年12月12日に額面¥100につき¥98の裸相場で買い入れたものであり，端数利息は1年を365日として日割りで計算する。　　　　　　　　　　　　　　　　　　　　　　　（第122回　出題）

(5) 平成19年11月19日に¥485,000で売買目的のために購入した額面¥500,000の国債を，平成20年6月5日に端数利息を含めて¥486,000で売却し，先方振出の小切手を受け取った。この国債の年利率は1.46％であり，利払日は3月31日と9月30日である。なお，利息の計算は1年を365日として行っている。　　　（第119回　出題）

(6) 売買目的で所有していたA社社債（額面¥4,000,000，取得原価¥4,010,000，取得日　平成19年4月1日，満期日　平成24年3月31日，年利率3.65％，利払日　3月31日および9月30日）の半分を平成21年10月20日に＠¥101で売却した。売却代金は，端数利息を含め，当座預金に振り込まれた。なお，前年度の決算日（平成21年3月31日）においてA社社債の時価は，＠¥100.40であった。当社は，売買目的有価証券の会計処理方法として，時価法（切り放し法）を採用している。

（第125回　出題）

	借方科目	金　額	貸方科目	金　額
(1)				
(2)				
(3)				
(4)				
(5)				
(6)				

第3回 売掛金

要点整理

1 貸倒引当金の設定

貸倒引当金の設定は，差額補充法（実績法）による。差額補充法は，過去の貸倒実績率を基礎として，貸倒見積額から貸倒引当金の残高を差し引いた金額（差額）を期末に引当金として設定（補充）する方法である。

例 売掛金と受取手形の合計期末残高が¥1,000,000で，これに3％の貸倒れを見積もる場合で，貸倒引当金勘定の期末残高が¥21,000のときは，次のように仕訳する。

[差額補充法]
（借）貸倒引当金繰入　　　9,000　　（貸）貸倒引当金　　　9,000

なお，貸倒見積高の算出方法は，債権の状況によって異なる。

債権の区分と貸倒見積高の計算方法

債権の区分	債権の状況	貸倒見積高の計算方法
一般債権	経営状態に重大な問題の生じていない債務者に対する債権	債権全体または債権ごとに，過去の貸倒実績等の合理的な基準により見積もる。
貸倒懸念債権	弁済に重大な問題が生じているかまたは生じる可能性の高い債務者に対する債権	(1) 債権額から担保および保証による回収見込額を減額し，その残額について貸倒見積高を計算する。 (2) 元本および利息受取額の割引現在価値と債権の簿価との差額を貸倒見積額とする。
破産更正債権等	経営破綻または実質的に経営破綻に陥っている債務者に対する債権	債権額から担保および保証による回収見込額を減額した残額を貸倒見積高とする。

2 貸倒れの発生時

貸倒引当金が設定されていて，実際に貸倒れが生じた場合は，貸倒引当金勘定の借方に記入するとともに，売掛金勘定か受取手形勘定の貸方に記入すればよい。ただし，貸倒引当金の残高を超えて貸倒れが生じた場合，差額については貸倒損失勘定で処理しなければならない。

1 基礎問題　次の取引を仕訳するとともに，総勘定元帳および得意先元帳に転記しなさい。

5月10日　能登商店に商品¥80,000を販売し，代金は掛とした。
　　12日　能登商店から10日に販売した商品について値引きを求められ，¥3,000の値引きに応じた。なお，値引額は売掛金から差し引くこととした。
　　16日　輪島商店に商品¥95,000を販売し，代金は掛とした。
　　18日　輪島商店に16日に販売した商品に品違いがあり，商品¥8,000が返品されてきた。

	借方科目	金　額	貸方科目	金　額
5月10日				
12日				
16日				
18日				

総 勘 定 元 帳

売　掛　金　　3

平成〇年		摘　要	仕丁	借　方	貸　方
5	1	前月繰越	✓	112,000	
			1		
			〃		
			〃		
			〃		

売　　　上　　　21

平成〇年		摘　要	仕丁	借　方	貸　方
			1		
			〃		
			〃		
			〃		

得 意 先 元 帳

能　登　商　店　　1

平成〇年		摘　要	仕丁	借　方	貸　方
5	1	前月繰越	✓	60,000	
			1		
			〃		

輪　島　商　店　　2

平成〇年		摘　要	仕丁	借　方	貸　方
5	1	前月繰越	✓	52,000	
			1		
			〃		

2 〔基礎問題〕　次の取引を仕訳しなさい。
(1) 前期に貸倒損失として処理していた売掛金のうち¥60,000が当期に現金で回収された。
(2) 売掛金および受取手形の期末残高合計¥800,000に対して3％の貸倒れを見積もる。ただし，貸倒引当金勘定に残高が¥6,000ある。差額補充法によること。

	借方科目	金　額	貸方科目	金　額
(1)				
(2)				

3 練習問題

次の一連の取引を仕訳し，貸倒引当金勘定に転記しなさい。

(1) 平成×1年3月31日(決算日)に，売掛金および受取手形の期末合計残高¥750,000について4％の貸倒引当金を差額補充法によって設定する。
(2) 平成×1年5月22日に，平泉商店に対する前期売掛金¥18,000が貸倒れとなった。
(3) 平成×1年12月6日に，花巻商店に対する前期売掛金¥15,000が貸倒れとなった。

	借方科目	金 額	貸方科目	金 額
(1)	貸倒引当金繰入	28,500	貸倒引当金	28,500
(2)	貸倒引当金	18,000	売掛金	18,000
(3)	貸倒引当金 貸倒損失	12,000 3,000	売掛金	15,000

貸 倒 引 当 金

5/22 売掛金	18,000	4/1 前期繰越	1,500
12/6 売掛金	12,000	3/31 貸倒引当金繰入	28,500

4 練習問題

次の取引を仕訳しなさい。

(1) 得意先青森商事が倒産したため，売掛金¥800,000が貸倒れとなった。貸倒金額のうち¥500,000は当期中に売り上げた商品代金であり，その他は前期末までに売り上げた分である。なお，貸倒引当金の残高は¥1,000,000である。 (第89回 類題)
(2) 当期に発生した売掛金のうち¥50,000をすでに貸倒処理しているが，決算日においてこのうち¥20,000を現金で回収した。 (第114回 出題)

	借方科目	金 額	貸方科目	金 額
(1)	貸倒引当金 貸倒損失	300,000 500,000	売掛金	800,000
(2)	現金	20,000	貸倒損失	20,000

5 検定問題

決算整理前の総勘定元帳における各勘定の残高は，以下のとおりである。各勘定と〔資料〕の決算整理事項等に基づいて決算整理仕訳をするとともに，各勘定へ転記しなさい。

〔資料〕 決算整理事項等
(1) 得意先の丹後商店から売掛金の支払いとして¥68,000が当座預金に振り込まれ

たが，銀行からの通知がなかったため，これが記帳されていなかった。
(2) 当期に受け取った得意先振出しの約束手形のうち¥65,000は回収不能となった。
(3) 前期の販売による売掛金のうち¥61,000は，すでに得意先が倒産したため，貸倒れとして処理する。
(4) 決算整理後の受取手形勘定および売掛金勘定の残高合計について，5％の貸倒引当金を差額補充法によって設定する。

	借　方　科　目	金　　　額	貸　方　科　目	金　　　額
(1)				
(2)				
(3)				
(4)				

受　取　手　形　　2
(期末残高) 498,000

貸倒引当金　　4
(期末残高) 70,000

売　掛　金　　3
(期末残高) 546,000

第4回 その他の債権・債務

要点整理

1 債務の保証

他人の債務の保証をしたときは，**偶発債務**を負う。偶発債務とは，現在まだ確定した債務とはなっていないが，将来一定の事象が発生した場合に法律上の債務となる可能性のある債務をいう。**保証債務**もこの偶発債務の一種である。簿記では，この偶発債務を示すために対照勘定が用いられる。したがって，他人の債務を保証したさいには，**対照勘定**を用いて次のような仕訳をしておく。

　　　　（借）保証債務見返　　×××　　（貸）保 証 債 務　　×××

そして保証をしている借主が，期日に借入金を返済した場合は，偶発債務が消滅するため反対の仕訳をする。しかし，期日に返済されない場合もある。債務者に代わって弁済した場合でも，偶発債務は消滅するため，やはり反対の仕訳をする。そして新たに債務者に対する債権の発生を記録する。

2 未 決 算

固定資産は，火災や自然災害などが原因で破損することもある。このような場合は，減少した価値に相当する額を該当する**固定資産勘定**の貸方に記入しなければならない。また，固定資産が完全に滅失した場合は，**取得原価**と**減価償却累計額**を減少させる必要がある。その場合の取得原価と減価償却累計額の差額は**臨時損失**となる。ただし，保険などがかけられている場合は，**未決算勘定**（または**火災未決算勘定**，**盗難未決算勘定**）で処理しておく。そして保険会社から支払われる保険金額が決まり，保険金でまかなえなければその差額を臨時損失（たとえば火災損失勘定や盗難損失勘定）とし，保険金が固定資産の帳簿価額を上回る場合は**保険差益**として処理する。

1 　**基礎問題**　　以下の取引を仕訳しなさい。

(1) 得意先唐津商店の依頼により，借入金¥8,000,000の保証人となった。なお，保証債務については，対照勘定で処理する。

(2) 先に借入金の保証人となっていた唐津商店より，無事期日に借入金を返済した旨の連絡を受けた。

	借 方 科 目	金　　　額	貸 方 科 目	金　　　額
(1)				
(2)				

2 　**練習問題**　　以下の取引を仕訳しなさい。

(1) 得意先鳥栖商店の依頼により，借入金¥15,000,000の保証人となった。なお，保

— 14 —

証債務については，対照勘定で処理する。
(2) 上記得意先鳥栖商店が，借入金￥15,000,000を期日に返済できなかったため，債権者から元利合計￥15,750,000の返済を求められ，小切手を振り出して支払った。
(3) 営業用備品（取得原価：￥800,000，減価償却累計額：￥432,000）が盗難にあった。この備品については，￥600,000の保険がかけてあったため，ただちに保険会社に保険金を請求した。

	借方科目	金額	貸方科目	金額
(1)				
(2)				
(3)				

3 検定問題　以下の取引を仕訳しなさい。

(1) 平成21年1月31日，建物（取得原価￥2,000,000，減価償却累計額￥300,000）が火災で焼失した。この建物には火災保険￥2,000,000が掛けられていたので，当期の減価償却費を月割りで計上するとともに，保険会社に保険金の支払いを直ちに請求した。なお，建物の減価償却は定額法（耐用年数30年，残存価額は取得原価の10％，間接法により記帳）により行っており，また決算日は3月31日（会計期間は1年）である。　　　　　　　　　　　　　　　　　　　　　　　（第122回　出題）

(2) かねて得意先伊万里商店の借入金￥6,000,000の保証人を引き受けていたが，期日に返済できなかったため，債権者より元利合計￥6,130,000の返済を求められ，小切手を振り出して支払った。なお，保証債務については，対照勘定で処理してある。

(3) 武雄商事株式会社では，先月倉庫火災が発生し，倉庫（取得原価：￥12,000,000，減価償却累計額：￥6,480,000）と保管されていた商品￥3,500,000が焼失した。倉庫と商品には保険をかけてあったため，保険会社に請求していたところ，本日￥9,200,000を支払う旨の通知があった。

	借方科目	金額	貸方科目	金額
(1)				
(2)				
(3)				

第 5 回 手形の裏書・割引・不渡

要点整理

1 手形の裏書

手形の所持人は，満期日前に手形を売却（譲渡）することができる。これを 裏書譲渡 という。

裏書譲渡したときは，受取手形勘定を減少させるとともに，裏書譲渡に伴う保証債務を 保証債務費用勘定 の借方と 保証債務勘定 の貸方に記入する。

```
[裏書譲渡したとき]
    (借) 買　掛　金      ×××    (貸) 受 取 手 形    ×××
    (借) 保証債務費用    ×××    (貸) 保 証 債 務    ×××
[期日に決済されたとき]
    (借) 保 証 債 務    ×××    (貸) 保証債務取崩益  ×××
```

2 手形の割引

手形を満期日以前に銀行などの金融機関に売却することを 手形の割引 という。手形を割り引いたら，受取手形勘定を減少させるとともに，割引のさいに支払う割引料は， 手形売却損勘定 （費用）の借方に記入し，手取額を当座預金とする。

割引に伴う保証債務を示すことは，一般の裏書の場合と同じである。

```
[割り引いたとき]
    (借) 当 座 預 金     ×××    (貸) 受 取 手 形    ×××
        手 形 売 却 損   ×××
    (借) 保証債務費用    ×××    (貸) 保 証 債 務    ×××
[期日に決済されたとき]
    (借) 保 証 債 務    ×××    (貸) 保証債務取崩益  ×××
```

3 手形の不渡り

所有している手形が不渡りとなった場合は，受取手形勘定から 不渡手形勘定 （資産）に振り替える。

```
    (借) 不 渡 手 形    ×××    (貸) 受 取 手 形    ×××
```

裏書や割引した手形が不渡りとなり，手形代金などを支払ったときは，手形代金のほか償還請求するための諸費用などを含めた金額を不渡手形勘定の借方に記入するとともに，保証債務を消滅させる。

```
    (借) 不 渡 手 形    ×××    (貸) 当 座 預 金    ×××
        保 証 債 務    ×××        保証債務取崩益  ×××
```

4 手形の割引高・裏書高の注記

手形の割引高や裏書高は，貸借対照表に注記することになっているので，割引や裏書譲渡のときに，次の仕訳を行い，決済期日に反対仕訳をして消滅させる記帳法もある。

> （割引）裏書した場合
> （借）（割引義務見返）裏書義務見返　×××　（貸）（割引義務）裏書義務　×××

1 **基礎問題**　以下の取引を仕訳しなさい。

(1) 松浦商店に対する買掛金を支払うため，平戸商店振出の約束手形¥200,000を裏書譲渡した。なお，保証債務を¥4,000計上する。

(2) 玉名商店から商品¥400,000を仕入れ，代金は水俣商店振出し，人吉商店引受けの為替手形¥400,000を裏書譲渡した。なお，保証債務を¥8,000計上する。

(3) 大村商店振出し，天草商店引受けの為替手形¥300,000を取引銀行で割り引き，割引料¥2,000を差し引かれ手取金を当座預金とした。なお，保証債務を¥6,000計上する。

(4) 荒尾商店振出しの約束手形¥100,000を取引銀行で割り引き，割引料¥1,000を差し引かれ手取金を当座預金とした。なお，保証債務を¥2,000計上する。

	借方科目	金額	貸方科目	金額
(1)				
(2)				
(3)				
(4)				

2 **練習問題**　以下の一連の取引を仕訳しなさい。

(1) かねて得意先八代商店より受け取っていた同店振出しの約束手形¥250,000を，取引銀行で割り引き，割引料¥2,300を差し引かれ手取金を当座預金に預け入れた。なお，保証債務を¥5,000計上する。

(2) 上記の手形が不渡りとなったため，満期日以降の利息¥1,300とともに，当座預金から引き落とされた。不渡りとなった手形については，ただちに八代商店に対して償還請求をした。

(3) 上記の請求額が八代商店から当店の当座預金口座に振り込まれた。

	借方科目	金額	貸方科目	金額
(1)				
(2)				
(3)				

3 **練習問題** 以下の一連の取引を仕訳しなさい。

(1) 熊本商店から商品¥350,000を仕入れ，代金は先に国見商店から裏書譲渡された，肥後商店振出し，阿蘇商店引受けの為替手形¥350,000を裏書譲渡した。なお，保証債務を¥7,000計上する。

(2) 上記の手形が不渡りとなり，熊本商店から償還の請求を受けた。そこで，請求額¥352,600と満期日以降の利息¥1,200を小切手を振り出して支払った。また，不渡りとなった手形については，ただちに償還請求した。

(3) 上記の不渡手形については事実上回収不能となったため，貸倒れとして処理することとした。

	借方科目	金額	貸方科目	金額
(1)				
(2)				
(3)				

4 **検定問題** 以下の取引を仕訳しなさい。

(1) 京葉商会より売掛金の決済のために受け取り，過日港銀行で割り引いた，同商会振出し，当社宛の約束手形¥750,000が満期日に支払拒絶されたため，銀行より償還請求を受け，小切手を振り出して決済した。このため，当社ではただちに拒絶証書を作成し，作成料¥2,500は現金で支払い，手形金額とともに支払請求をした。なお，この手形の割引のさい，保証債務を¥15,000計上してある。（第94回 類題）

(2) 得意先岡山商店に対して前期に償還請求をしていた不渡手形の額面¥500,000と償還請求費用¥18,000のうち，¥150,000を現金で回収したが，残額は回収の見込みがなく，貸倒れの処理をした。なお，貸倒引当金は¥300,000設定されている。
（第123回 出題）

(3) かねて白馬商会に裏書譲渡していた約束手形¥2,000,000につき，支払人が支払日までに資金を準備できず不渡りとなった。そのため白馬商会より支払いの遡求を受け，支払拒絶証書作成費¥9,000，延滞利息¥1,000とともに小切手を振り出して支払った。なお，この手形を裏書譲渡したときに，保証債務¥40,000を計上してある。
（第89回 類題）

(4) 仙台商店は盛岡商店に商品¥550,000を売り渡し，代金として盛岡商店振出し，仙台商店受取りの額面¥500,000の約束手形を受け取り，残額は掛とした。なお，手形はただちに北東銀行で割引に付し，割引料¥12,000を差し引かれ，残額は同行当座預金口座に振り込まれた。また，手形の割引に伴う保証債務¥60,000を計上した。
（第82回 類題）

(5) 上記割引手形は，期日に不渡りとなったため，仙台商店は拒絶証書作成費その他

¥7,500とともに自己の当座預金口座から引き出して決済した。　　　（第82回　類題）
(6) 仙台商店は盛岡商店に対する上記(4)および(5)の債権につき，回収につとめ，¥130,000を現金で受け入れたが，これ以上の回収は困難なため，盛岡商店からの申し出により，先に売り渡した盛岡商店の手持品を売価で引き取り，残額は切り捨てることにした。なお，取引商品の売価は¥200,000であった。　　　（第82回　類題）
(7) 先に札幌商店に商品¥450,000を販売したさいに同店振出の約束手形¥250,000と¥200,000を受け取っていたが，額面¥250,000の約束手形については室蘭商店の買掛金支払いのために裏書譲渡し，額面¥200,000の約束手形については北海銀行小樽支店で割引に付し，割引料¥6,000を差し引かれて，残額を同行の当座預金口座に振り込んだ。なお，これらの手形の保証債務の時価（額面の２％）を合計額で計上した。

	借方科目	金額	貸方科目	金額
(1)				
(2)				
(3)				
(4)				
(5)				
(6)				
(7)				

第6回 荷為替・自己受為替手形，更改

要点整理

1 荷為替手形

遠隔地にある取引先と商品の売買を行う場合，売主は売上代金を早期に回収するため，運送中の商品を担保とし，買主を支払人とする為替手形を振り出して，この手形を銀行に割り引いてもらう。これを 荷為替手形の取組み という。通常この荷為替手形の額面金額は，商品代金の7割から8割とされ，残額を売掛金として後に買主から直接回収する。注意すべきは，荷為替手形も為替手形の一種なので，荷為替手形を振り出しても手形をめぐる債権・債務は生じないということである。一方，荷為替を引き受けた側は，手形債務が発生し， 貨物代表証券 と商品が交換されるまでは， 未着品勘定 で処理をしておく。

[荷為替を取り組む側の処理]
　（借）当 座 預 金　×××　　（貸）売　　　　　　上　×××
　　　　手 形 売 却 損　×××
　　　　売　　掛　　金　×××

[荷為替を引き受けた側の処理]
　（借）未　着　品　×××　　（貸）支 払 手 形　×××
　　　　　　　　　　　　　　　　　買　　掛　　金　×××

2 自己受為替手形

為替手形は，売掛金などの債権を持っている振出人が，支払人（名宛人）に対して一定の期日に一定の金額を受取人に支払うことを委託する証券である。しかし，場合によっては，自己を受取人として為替手形を振り出すこともある。この場合の為替手形を 自己受為替手形 という。

為替手形を振り出しても，通常は振出人に手形債権または債務は生じない。ただし，自己受為替手形の場合は振出人が同時に受取人となるため手形債権が生じる。

[自己受け為替手形を振り出した場合の処理]
　（借）受 取 手 形　×××　　（貸）売　　掛　　金　×××

3 手形の更改

手形の 更改 とは，資金繰りの関係から支払期日に手形を決済できなくなった手形債務者が，手形債権者に対して期日の延長を要請し，これが承諾された場合に新たに手形を振り出し，旧手形と交換する手続きである。手形の更改により，手形債権者および手形債務者の間の旧手形の債権・債務は消滅し，新手形の債権・債務が発生する。また，支払期日が延期されると，通常その間の利息の受払いが行われるが，この利息が新手形の金額に含められることもあるので，注意しなければならない。

1 **基礎問題** 以下の取引を仕訳しなさい。
(1) 肥後商店は，さきに買掛金の支払として振り出していた約束手形￥500,000について，現在の手形の所持人に対して支払期日の延期を申し出たところ，了承を得た。この支払期日の延期にともなう利息￥1,800は小切手を振り出して支払った。
(2) 大分商店は，さきに受け取っていた佐伯商店振出し，津久見商店引受けの為替手形￥700,000について，支払人より支払期日延期の要請を受け，これを了承した。なお，支払期日の延期にともなう利息￥4,700は小切手で受け取った。
(3) 都城商店に商品￥550,000を販売し，代金については同店を支払人とし，当店を受取人とする為替手形を振り出し，同店の引受けを受けた。

	借方科目	金額	貸方科目	金額
(1)				
(2)				
(3)				

2 **基礎問題** 以下の図は荷為替手形の仕組みを表したものである。図の（　）内にもっとも適切な語句を下記の語群から選び，記号で答えなさい。

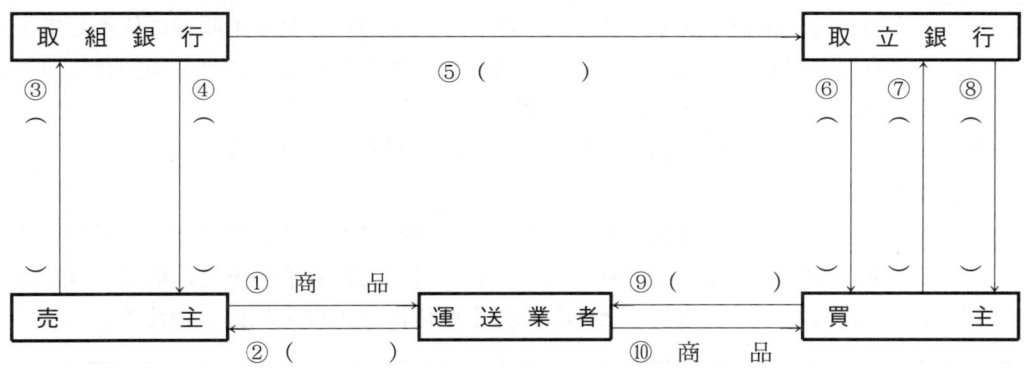

〔語群〕
(a) 貨物代表証券　(b) 手形の呈示　(c) 為替手形・貨物代表証券など
(d) 約束手形　(e) 手形の引受けまたは支払　(f) 手形の割引（手取金）

②	③	④	⑤	⑥	⑦	⑧	⑨

3 **練習問題** 以下の取引を仕訳しなさい。

(1) 別府商店は，さきに受け取っていた日田商店振出しの約束手形￥600,000について，同店から支払期日延期の要請を受け，これを了承した。なお，支払期日の延期にともなう利息￥3,600は新たに振り出される手形金額に含めることとした。

(2) 延岡商店は，さきに買掛金の決済のために振り出していた約束手形￥400,000について，現在の所持人に対して支払期日の延期を申し出たところ，了承されたため，この延期にともなう利息￥2,200を手形金額に加えた新手形を振り出して旧手形と交換した。

(3) 福岡商店は，青森商店に商品￥1,200,000を売り渡し，代金については自己を受取人とする荷為替手形を振り出し，青森商店の引受けを得た。

	借 方 科 目	金 額	貸 方 科 目	金 額
(1)				
(2)				
(3)				

4 **練習問題** 以下の取引を仕訳しなさい。

(1) 宮崎商店は，網走商店からの注文で商品￥800,000をヤヨイ運輸に依頼して発送し，同時に取引銀行で代金の70％の荷為替手形を取り組み，これを同銀行で割り引き，割引料￥3,300を差し引かれ，残額を当座預金とした。

(2) 網走商店は，上記の荷為替手形を引き受けて貨物引換証を受け取った。なお，商品はまだ到着していない。

(3) 網走商店は，上記の貨物引換証を￥1,050,000で小樽商店に売却し，代金のうち￥700,000については，先に網走商店が振り出した約束手形を受け取り，残額は掛けとした。なお，この取引にともなう売上原価は仕入勘定に振り替える。

	借 方 科 目	金 額	貸 方 科 目	金 額
(1)				
(2)				
(3)				

5 検定問題　以下の取引を仕訳しなさい。

(1) 遠隔地にある取引先から注文のあった商品￥300,000を船便で発送するとともに，取引銀行で船荷証券を担保として代金の70％の荷為替手形を取り組み，残額は掛けとした。なお，荷為替手形に係る割引料￥2,500を差し引いた手取金は当座預金とした。　　　　　　　　　　　　　　　　　　　　　　　　（第122回　出題）

(2) かねてより売買契約を締結していた商品￥1,200,000を得意先に引き渡し，代金のうち￥500,000については他店振り出し，同得意先受取りの約束手形を裏書譲渡され，￥400,000については，当店を受取人とする同得意先宛ての為替手形を振り出し，同店の引受けを得た。なお，同商品の販売に関しては，すでに契約時に￥300,000の現金を受け取っている。　　　　　　　　（第111回　出題）

(3) 得意先秋田商店から同店振出し，当店あての約束手形￥300,000につき，手形の更改の申入れがあり，それに応ずることにし，旧手形を引き渡して新手形を受け取った。なお，支払期日延長にともなう利息￥1,000は新手形の額面に加えた。　　　　　　　　　　　　　　　　　　　　　　　　　（第90回　出題）

(4) 酒田商店は，鶴岡商店に商品￥600,000を売り渡し，代金のうち￥300,000については，自己を受取人とする荷為替手形を振り出して同店の引受けを得るとともに，残額については庄内商店振出し，鶴岡商店受取の約束手形の裏書譲渡を受けた。なお，発送運賃￥1,400を現金で支払ったが，これは先方負担である。（第80回　類題）

(5) 日高商店に商品を販売したさい受け取っていた同店振出し，当店あての約束手形￥500,000について，満期日に日高商店から手形の更改を求められたため，これに応じることとし，旧手形と交換に新手形を受け取った。なお，そのさい期日延長にともなう利息として￥11,000を小切手で受け取った。　　　（第71回　類題）

	借方科目	金　額	貸方科目	金　額
(1)	当座預金 手形売却損 売掛金	207,500 2,500 90,000	売上	300,000
(2)	受取手形 前受金	900,000 300,000	売上	1,200,000
(3)	受取手形	301,000	受取手形 受取利息	300,000 1,000
(4)	受取手形 立替金	600,000 1,400	売上 現金	600,000 1,400
(5)	受取手形 現金	500,000 11,000	受取手形 受取利息	500,000 11,000

第7回 商品有高帳の作成（総平均法）

要点整理

1 総平均法

総平均法（加重平均法）とは，前期繰越商品の原価と当期に仕入れた商品の原価の合計を，前期繰越商品の数量と当期に仕入れた商品の数量の合計で除することで求められる平均単価を払出単価とする方法である。なお，この方法は当期に仕入れた商品の原価と数量が明らかにならなければ適用できないため，期末にならなければ単価を計算することができない。

[総平均法における平均単価の計算方法]

$$平均単価 = \frac{前期繰越棚卸資産の原価総額 + 当期受入棚卸資産の原価総額}{前期繰越数量 + 当期受入数量}$$

2 復習

3級で学習した，その他の払出単価の決定方法は，次のとおりである。

① 先入先出法：先に仕入れた商品から先に順次販売すると仮定する方法。
　　　　　　　古い商品から払出記録が行われるため，残高（在庫）には新しい商品が残ることになる。

② 移動平均法：商品の仕入れを行うつど，次の式により新たな平均単価を計算し，その金額を次の仕入れを行うまで払出単価とする方法。

$$平均単価 = \frac{仕入直前の残高 + 新たな仕入金額}{仕入直前の在庫量 + 新たな仕入数量}$$

1 基礎問題

那覇商店の11月の商品取引は、以下の資料のとおりである。この資料に基づいて、以下の問いに答えなさい。

11/ 1	前月繰越	100個	@¥300	20	仕　　入	200個	@¥360
6	仕　　入	200個	@¥330	24	売　　上	210個	@¥400
9	売　　上	180個	@¥400				

(1) 11月9日に商品180個が販売された際、那覇商店の記録する払出単価と払出数量を、先入先出法、移動平均法のそれぞれに基づいて記入しなさい。なお、払出単価が複数ある場合は、すべて記入すること。

	払　出　単　価	払　出　数　量
先 入 先 出 法	@¥(300) @¥(330)	(100)個 (80)個
移 動 平 均 法	@¥(320) @¥(　　)	(180)個 (　　)個

(2) 11月24日に商品210個が販売された際、那覇商店の記録する払出単価と払出数量を、先入先出法、移動平均法および総平均法のそれぞれに基づいて記入しなさい。なお、払出単価が複数ある場合は、すべて記入すること。

	払　出　単　価	払　出　数　量
先 入 先 出 法	@¥(330) @¥(360)	(120)個 (90)個
移 動 平 均 法	@¥(345) @¥(　　)	(210)個 (　　)個
総 平 均 法	@¥(336) @¥(　　)	(210)個 (　　)個

2 練習問題

名護商店の10月のミニディスクの仕入および売上取引は，以下の資料のとおりである。この資料に基づいて，(1)先入先出法，(2)総平均法によって，商品有高帳に記入しなさい。

〔資 料〕

10月1日	前月繰越	1,400個	@¥150	10月18日	売　上	1,300個	@¥200
5日	売　上	1,100個	@¥180	23日	仕　入	2,000個	@¥195
10日	仕　入	1,600個	@¥175	30日	売　上	2,100個	@¥220

商品有高帳

(1) 先入先出法　　　ミニディスク

平成○年		摘要	受入			払出			残高		
			数量	単価	金額	数量	単価	金額	数量	単価	金額
10	1	前月繰越	1,400	150	210,000				1,400	150	210,000

商品有高帳

(2) 総平均法　　　ミニディスク

平成○年		摘要	受入			払出			残高		
			数量	単価	金額	数量	単価	金額	数量	単価	金額
10	1	前月繰越	1,400	150	210,000				1,400	150	210,000

(1) 総平均法

商品有高帳
A 商品

平成×年		摘要	受入			払出			残高		
			数量	単価	金額	数量	単価	金額	数量	単価	金額
9	1	前月繰越	200	100	20,000				200	100	20,000
	5	仕 入	300	110	33,000				500		
	9	売 上				400	106.6	42,640	100		
	14	仕 入	200	109	21,800				300		
	19	売 上				250	106.6	26,650	50		
	23	仕 入	200	105	21,000				250		
	28	売 上				200	106.6	21,320	50		
	30	仕 入	100	108	10,800				150	106.6	15,990
	〃	次月繰越				150	106.6	15,990			
			1,000		106,600	1,000		106,600			
10	1	前月繰越	150	106.6	15,990				150	106.6	15,990

(2)

	月末商品棚卸高	売上総利益
「先入先出法」適用の場合	¥16,050	¥26,050
「移動平均法」適用の場合	¥16,080	¥26,080

第8回 仕入割引・売上割引・棚卸減耗損・商品評価損

要点整理

1 割引と割戻し

割引とは，商品の代金を早期に決済した場合に，代金の割引を通じて売手が買手に与える特典である。このような取引が発生した場合，売手は借方に 売上割引 （営業外費用），買手は貸方に 仕入割引 （営業外収益）と仕訳する。

割戻しとは，一定期間に大量の取引をした場合に行われる代金の控除のことで，リベートとも呼ばれる。この場合，売手は 売上の減少 ，買手は 仕入の減少 として処理する。

2 棚卸減耗

期中に商品有高帳を記帳していれば，期末の段階で帳簿上の期末有高を把握することができる。この帳簿上の期末有高を 帳簿棚卸高 という。しかし，この帳簿棚卸高と実際の商品の有高が必ずしも一致するとは限らない。盗難や紛失などの原因で，帳簿上把握することのできない減少があるからである。そこで通常は期末に商品の有高を実際に調査する。これを 実地棚卸 という。またこの実地棚卸によって把握される商品の期末有高を 実地棚卸高 という。そして帳簿棚卸高と実地棚卸高に差額が生じる場合，この差額は 棚卸減耗損勘定 （または 棚卸減耗費勘定 ）で処理する。

3 商品評価損

期末商品には，棚卸減耗のような数量的な減少に加えて，時価の下落や品質低下・陳腐化などによる価値の減少が生じる場合もある。このような価値の減少が商品に生じている場合，商品評価損勘定 （または 棚卸評価損勘定 ）で処理する。商品評価損には，①棚卸資産の期末評価にあたって時価（正味売却価額など）が下落した場合により生じる評価損，②品質低下・陳腐化によって生じる評価損がある。

4 棚卸減耗損・商品評価損の損益計算書上の表示

棚卸減耗損および商品評価損の損益計算書上の表示は，その発生原因，あるいは原価性があるか否かで表示区分や表示方法が異なっている。それをまとめると，以下の表のようになる。

原　　因		処 理 区 分・表 示 方 法
収益性の低下により発生した評価損		売上原価の内訳科目
収益性の低下が臨時の事象により発生し，多額である場合の評価損		特別損失
棚卸減耗損（費）	原価性がある	商品・製品：売上原価の内訳科目または販売費 原材料：製造原価
	原価性がない	営業外費用または特別損失

— 28 —

1 基礎問題

上川産業株式会社の決算日における帳簿棚卸数量および実地棚卸数量は，以下の資料のとおりである。この資料に基づいて，表の(1)〜(4)までの各金額を計算しなさい。

〔資　料〕
帳簿棚卸数量　　800個　　実地棚卸数量　　790個
取　得　原　価　@¥300　　時　　　　価　　@¥280

	単価	数量	金額
(1) 帳簿棚卸高	@¥300	800個	¥240,000
(2) 実地棚卸高	@¥300	790個	¥237,000
(3) 棚卸減耗損	@¥300	10個	¥3,000
(4) 商品評価損	@¥20	790個	¥15,800

2 練習問題

次の(1)〜(4)の取引について，釧路商店，根室商店の両方の仕訳を示しなさい。

(1) 釧路商店は，さきに掛で販売していた商品¥600,000について，一部に破損があるとの通知を根室商店から受け，10％の値引きに応じることにした。

(2) 釧路商店は，得意先の根室商店に対する当期の売上が割戻基準額を超過したため，掛代金から¥45,000の割戻を行うとともに，根室商店に通知した。

(3) 釧路商店は根室商店に対して，商品¥900,000を掛売りした。その際の条件として代金決済は1か月後，もし14日以内に支払えば代金の5％を割り引くことにした。

(4) 5日後に根室商店は，先の掛取引の代金を小切手を振り出して支払った。

		借方科目	金額	貸方科目	金額
(1)	釧路商店	売上	60,000	売掛金	60,000
	根室商店	買掛金	60,000	仕入	60,000
(2)	釧路商店	売上	45,000	売掛金	45,000
	根室商店	買掛金	45,000	仕入	45,000
(3)	釧路商店	売掛金	900,000	売上	900,000
	根室商店	仕入	900,000	買掛金	900,000
(4)	釧路商店	現金 売上割引	855,000 45,000	売掛金	900,000
	根室商店	買掛金	900,000	当座預金 仕入割引	855,000 45,000

3 練習問題

空知商店の決算日（3月31日）における勘定記録と棚卸高に関する資料は，以下のとおりである。この資料に基づいて，損益勘定で商品販売益を求めるのに必要な決算整理仕訳をするとともに，各勘定に転記しなさい。なお，商品評価損は，売上原価の内訳科目とする。

〔資料〕

帳簿棚卸数量　252個　　実地棚卸数量　243個
取得原価　@¥400　　時価　@¥380

	借方科目	金額	貸方科目	金額
3/31	仕　　入	96,000	繰越商品	96,000
〃	繰越商品	100,800	仕　　入	100,800
〃	棚卸減耗損	3,600	繰越商品	3,600
〃	商品評価損	4,860	繰越商品	4,860
〃	仕　　入	4,860	商品評価損	4,860

総勘定元帳

繰越商品　5

4/1 前期繰越	96,000		

売上　18

		（純売上高）	1,260,000

仕入　21

（純仕入高）	790,000		

棚卸減耗損　24

商品評価損　25

損益　28

4 検定問題　以下の取引を仕訳しなさい。

(1) 平成〇年10月18日，函館商事は，仕入先東京商店に対する買掛金を，小切手を振り出して支払った。なお，この買掛金は平成〇年10月10日に仕入れた商品￥1,300,000に対するものであり，仕入日より30日後の支払とし，ただし，10日以内に支払う場合は，代金の1％を割り引くという条件がついていた。
（第93回　出題）

(2) すでに2週間前に掛けで仕入れた商品￥400,000について，値引￥10,000と割戻￥30,000を受け，残額は当座預金から支払った。　　　　　（第114回　出題）

(3) 下記の資料にもとづいて決算に際しての整理仕訳をしなさい。なお，商品の棚卸減耗損は売上原価に算入せず，商品評価損は売上原価に算入する。また，売上原価の計算は仕入勘定で行うこと。

期末商品帳簿棚卸高：数量　1,200個　　原価　　@￥25
期末商品実地棚卸高：数量　1,190個　　うち { 1,170個の時価　@￥32
　　　　　　　　　　　　　　　　　　　　　　 20個の時価　@￥15

なお，実地棚卸数量1,190個のうち，20個についての時価の下落は品質低下を原因とするものである。　　　　　　　　　　　　　　　　（第116回　出題）

(4) 得意先山手商店から当座預金に，2週間前の売上にかかわる売掛金の振込みがあった。この振込額は，売上後2週間以内に代金が決済されていたので，当初の契約通り売上高￥500,000の1％を控除した額である。　　　　（第112回　類題）

	借　方　科　目	金　　　額	貸　方　科　目	金　　　額
(1)				
(2)				
(3)				
(4)				

第9回 未着品売買・委託販売・受託販売

要点整理

1 未着品売買

遠隔地にある取引先との間で商品が売買される場合，売主は注文品の発送と同時に貨物代表証券（貨物引換証または船荷証券）を買主に送付する。通常，買主は，注文品が到着したときに仕入の記帳を行うが，注文品が到着するまでに日数を要したり，注文品が到着する前に貨物代表証券のまま運送中の商品を売却することもある。そこで未だ到着していない商品であっても，未着品勘定（または未着商品勘定）を設けて，貨物代表証券を受け取ったときに未着品勘定の借方に記入して他の商品と区別しておく。

未着品を運送中に貨物代表証券のまま売却した場合は，未着品売上勘定（または売上勘定）に計上し，原価を未着品勘定から仕入勘定に振り替える。

2 委託販売

委託販売とは，取引先と一定の契約を結び，事前に商品を発送して販売を委託する取引である。委託販売では，委託者がまず商品を受託者に発送する。これを積送という。このとき委託者は，手許の商品と区別するため，発送した商品の原価を仕入勘定から積送品勘定に振り替える。なお，商品の発送に伴って生じた費用は，積送品勘定に含めて処理する。

委託販売では，委託者は受託者が実際に商品を販売したときに売上収益を計上する。ただし，通常は受託者が売上の明細を示した売上計算書（または仕切精算書）を作成して，委託者に送付するため，委託者はこの計算書に基づいて商品売買の記帳をする。

なお，収益を計上する方法には，受託者の売上金額を計上する方法（総額法）と，受託者の手数料等を差し引いた正味手取額を計上する方法（純額法）とがある。

[総額法]		[純額法]	
借　方	貸　方	借　方	貸　方
当座預金　××× 支払手数料　×××	積送品売上　×××*1	当座預金　×××	積送品売上　×××*2

＊1　売上計算書の売上高　　　　＊2　売上計算書の売上高－支払手数料等

3 受託販売

受託販売とは，第三者から商品販売の委託を受け，委託者に代わって販売を行うことをいう。販売を受託して，委託者に代わって引取運賃や保管料を立替払いした場合は，受託販売勘定の借方に記入しておく。また，受託した商品を販売しても，売上代金は委託者の売上となるため，受託者はこの代金を委託者に支払う義務を負う。そのため受託者は，受託商品を販売した時点で売上代金を受託販売勘定の貸方に記入しておく。

委託・受託売買では，売上代金に対し一定の割合が手数料として受託者に支払われる。そこで，受託者は販売による手数料を計上する際，その債権として受託販売勘定の借方に記入する。販売手数料を計上した時点で，受託販売勘定の残高は委託者に支払うべき販売代金を表しているため，受託者は受託販売勘定の残高を委託者に支払い，それを受託販売勘定の借方に記入すれば，この残高はゼロになる。

1 基礎問題 以下の取引を仕訳しなさい。

(1) 石狩商店は，得意先筑紫商店から商品¥800,000の注文を受けたため，ただちに船便で商品を発送するとともに，¥600,000の荷為替を取り組み，割引料¥20,000を差し引かれ，手取金を当座預金に預け入れた。

(2) 筑紫商店は，上記の石狩商店が取り組んだ荷為替の引受けを取引銀行から求められたため，引き受けて船荷証券を受け取った。石狩商店からの連絡では，商品到着までは2週間程度かかるとのことであった。

(3) 美幌商店は，委託販売のため大雪商店に商品¥500,000を発送した。

(4) 大雪商店は，上記商品の販売を美幌商店から委託され，商品を引き取るにあたって，¥10,000の運賃を小切手を振り出して支払った。

(5) 大雪商店は，美幌商店から委託された商品を¥800,000で完売した。なお，販売はすべて掛で行った。

	借方科目	金　額	貸方科目	金　額
(1)				
(2)				
(3)				
(4)				
(5)				

2 練習問題 以下の取引を仕訳しなさい。

(1) 宇部商店に注文した商品¥900,000について，本日稚内銀行から同店が取り組んだ¥700,000の荷為替の呈示を受け，これを引き受けて貨物引換証を受け取った。

(2) (1)の商品を貨物引換証と引換に引き取った。なお，引取運賃¥6,000は現金で支払った。

(3) さきに広島商店に注文した商品¥500,000について，道北銀行から荷為替手形¥400,000を呈示されたため，これを引き受けて船荷証券を受け取った。

(4) (3)の船荷証券を天塩商店に¥830,000で売却し，代金は同店振出の小切手で受け取り，ただちに当座預金とした。なお，これにともなう売上原価は，仕入勘定に振り替える。

	借方科目	金　額	貸方科目	金　額
(1)				
(2)				
(3)				
(4)				

3 **練習問題** 以下の取引を仕訳しなさい。なお、(2), (3)の仕訳を①純額法、②総額法で示しなさい。

(1) 千歳商店は、委託販売のため名寄商店に商品￥420,000 (原価@￥350、数量1,200個) を発送した。この際、発送運賃￥24,000を現金で支払った。

(2) 名寄商店から以下のような売上計算書と、同店振出しの小切手￥421,000が送られてきたので、ただちに当座預金に預け入れた。

売 上 計 算 書			
売 上 高	@￥ 500	900個	￥ 450,000
差 引			
保 管 料		￥ 6,500	
手 数 料（5％）		22,500	29,000
			￥ 421,000

(3) (2)の取引が終了した時点で、決算となった。決算に必要な仕訳をしなさい。
　　ただし、期首棚卸高はなく、期末棚卸高は300個、当期仕入高は(1)の商品のみとする。

	借方科目	金　額	貸方科目	金　額
(1)				
(2)	①			
	②			
(3)	①			
	②			

4 **検定問題** 以下の取引を仕訳しなさい。

(1) かねて那覇商店から購入していた船荷証券￥650,000を函館商店へ￥980,000で売り渡し，代金のうち￥330,000は，札幌商店振出し，函館商店受取りの約束手形を裏書譲渡され，残額は当店を受取人とする函館商店あての為替手形を振り出し，同店の引受けを得た。なお，これにともなう売上原価は仕入勘定へ振り替える。
(第123回 出題)

(2) 大阪物産株式会社に販売を委託するため，取得原価@￥900，売価@￥1,500の商品5,000個を発送した。このときの発送運賃その他の諸掛￥112,000は小切手を振り出して支払った。
(第95回 出題)

(3) 宮崎商店は，北見商店より販売を委託された商品（売価￥920,000）および自社の商品（売価￥460,000）を，大分商事へ売り渡し，代金のうち半額を現金で受け取り，残額は掛けとした。
(第113回 出題)

(4) かねて山梨商店に販売の委託をし，A商品10個（原価@￥5,000，売価@￥7,000）を積送していたが，本日，そのうち8個を顧客に販売した旨の売上計算書を受け取った。なお，売上計算書には，山梨商店が立て替え払いした包装費￥2,400と販売手数料￥5,600の記載があった。当店は，委託販売について，積送品勘定を用いて手許商品と区分して処理する方法によって記帳しており，販売時において積送品売上を手取金額で計上するとともに，そのつど販売した積送品の原価を仕入勘定に振り替える処理を行っている。また，山梨商店に対する債権債務は，委託販売勘定を用いて処理する。
(第115回 出題)

(5) 函館商店へ委託販売のため，商品（仕入原価￥500,000，売価￥650,000）を船便で発送するとともに，港南銀行で額面￥500,000の荷為替を取り組み，割引料￥4,000を差し引かれ，手取金を当座預金とした。なお，発送運賃等の諸掛￥8,000は現金で支払った。
(第117回 出題)

(6) 長野商店に商品を注文し，かねて受け取っていた船荷証券￥1,000,000につき，商品が到着し，この証券と引換えに商品を引き取った。なお，その際に引取費用（当方負担）￥30,000を現金で支払った。
(第89回 出題)

(7) 神田商店より，次の買付計算書とともに商品の送付を受けた。なお，神田商店に対する債権，債務は委託買付勘定を用いて処理する。
(第119回 類題)

買 付 計 算 書			
買付金額	ジャケット50着 @￥45,000		￥2,250,000
買付諸掛	支払運賃および保険料	￥36,000	
	保　　　管　　　料	28,000	
	買　付　手　数　料	180,000	244,000
	買　付　代　金　合　計		2,494,000
	手　　付　　金　　額		300,000
	差　引　請　求　金　額		￥2,194,000

(8) かねて販売と代金回収の委託を受けていた商品20個（売価＠¥80,000）のうち，本日12個を販売し，代金は掛けとした。なお，当社は，販売価額の15％を販売手数料として受け取ることとなっており，販売のつど収益を計上する。（第125回　出題）

	借方科目	金額	貸方科目	金額
(1)				
(2)				
(3)				
(4)				
(5)				
(6)				
(7)				
(8)				

― 36 ―

第10回 割賦販売・試用販売・予約販売

要点整理

1 割賦販売

割賦販売 でも，通常の掛による販売と同様に販売時点で収益（ 割賦売上勘定 ）を全額計上することが可能である（ 販売基準 ）。しかし，当期に入金した金額だけを割賦売上として計上する方法もある（ 回収基準 ）。

[販売時の処理]
販売基準：（借）売　　掛　　金　×××　　（貸）割　賦　売　上　×××
回収基準：（借）割　賦　掛　金　×××　　（貸）割　賦　仮　売　上　×××

商品販売時に販売基準に基づいて処理した場合は，通常の売掛金の回収と同様の処理をすればよい。回収基準で処理している場合には，代金を回収するたびに回収額を割賦売上として計上するとともに，販売時に計上した対照勘定（未回収額）を減少させていく必要がある。

[代金回収時の処理]
回収基準：（借）現　　　　　　金　×××　　（貸）割　賦　売　上　×××
　　　　　（借）割　賦　仮　売　上　×××　　（貸）割　賦　売　掛　金　×××

販売時に販売基準で処理した場合は，決算時においても通常の掛による販売と同様に処理すればよい。これに対して，回収基準で処理している場合，期末に，未回収の割賦売掛金に含まれる原価部分を期末商品棚卸高に加える必要がある。期末商品棚卸高に含められる原価は，以下の式で計算することができる。ここで求められた未回収の原価部分を，繰越商品勘定の借方と，仕入勘定の貸方に記入して，期末商品棚卸高に加える。

$$期末商品棚卸高に加える原価＝割賦売掛金残高×\frac{割賦売上原価}{割賦売上高}$$

2 試用販売

試用販売 における商品の発送時には， 試用販売売掛金 ・ 試用販売仮売上 という対照勘定を用いて処理する方法と，手許商品と区別するために 仕入勘定 から 試用品勘定 へと振り替えて処理する方法の2つがある。対照勘定を用いる場合は，売価で記録される。一方，試用品勘定を用いる場合は，原価で記録される。得意先から購入の意思表示があった時点の処理は，対照勘定を用いて処理した場合には， 試用品売上勘定 （または売上勘定）に収益を計上するとともに，商品発送時の反対仕訳をする必要がある。これに対して，試用品勘定を用いた場合には，単に試用品売上だけを計上すればよい。試用品が返却されてきた時点の処理は，いずれの方法によっていても，発送時と全く反対の処理をすればよい。

3 予約販売

顧客から予約金を受け取っただけでは販売とはならないため， 前受金勘定 （または 予約販売前受金勘定 ）で処理しておき，販売時点で売上に振り替える。

1 【基礎問題】 以下の取引の仕訳を完成させるのに必要な勘定科目を，下記の語群から選び，記号で答えなさい。

(1) 恵庭商店は，商品¥540,000（原価¥360,000）を9か月の月賦で販売した（販売基準）。
   (借) 売 掛 金　540,000　　（貸）（　a　）　540,000
   恵庭商店は，さきの月賦販売の第1回目の割賦金¥60,000を現金で受け取った。
   (借) 現　　　　金　60,000　　（貸）（　b　）　60,000

(2) 恵庭商店は，商品¥540,000（原価¥360,000）を9か月の月賦で販売した（回収基準）。
   (借) 割 賦 売 掛 金　540,000　　（貸）（　c　）　540,000
   恵庭商店は，先の月賦販売の第1回目の割賦金¥60,000を現金で受け取った。
   (借) 現　　　　金　60,000　　（貸）割 賦 売 上　60,000
   　　（　d　）　60,000　　　　　割 賦 売 掛 金　60,000
   恵庭商店は，先の月賦販売の第2回目の割賦金を受け取ったところで決算日をむかえた。決算に必要な仕訳を示しなさい。
   (借)（　e　）　280,000　　（貸）仕　　　　入　280,000

(3) 得意先日高商店に試用販売の条件で商品（原価¥120,000, 売価¥180,000）を発送した。なお，試用品については，対照勘定で処理する。
   (借) 試用販売売掛金　180,000　　（貸）（　f　）　180,000
   日高商店より先の商品の半分を買い取る旨の通知があった。
   (借) 売 掛 金　90,000　　（貸）売　　　　上　90,000
   　　（　g　）　90,000　　　　　（　h　）　90,000

(4) 得意先日高商店に試用販売の条件で商品（原価¥120,000, 売価¥180,000）を発送した。なお，試用品については，試用品勘定で処理する。
   (借)（　i　）　120,000　　（貸）仕　　　　入　120,000
   日高商店より先の商品の半分を買い取る旨の通知があった。
   (借) 売 掛 金　90,000　　（貸）（　j　）　90,000
   　　仕　　　　入　60,000　　　　（　k　）　60,000

(5) 十勝楽器店は，顧客から新作CD「道産子魂」の予約金¥200,000を現金で受け取った。
   (借) 現　　　　金　200,000　　（貸）（　l　）　200,000

〔語　群〕
(イ) 売　掛　金　　(ロ) 割 賦 売 上　　(ハ) 現　　　金
(ニ) 割 賦 仮 売 上　(ホ) 割 賦 売 掛 金　(ヘ) 試用販売売掛金
(ト) 試用販売仮売上　(チ) 試　用　品　　(リ) 前　受　金
(ヌ) 試 用 品 売 上　(ル) 繰 越 商 品

a	b	c	d	e	f	g	h	i	j	k	l

2 **練習問題** 以下の一連の取引を，販売基準および回収基準に基づいて仕訳しなさい。なお，仕訳の必要がない場合には，借方勘定科目欄に「仕訳なし」と記入しなさい。
(1) 夕張商店は，商品¥960,000（原価：¥800,000）を10か月の月賦で販売し，第1回目の代金を現金で回収した。
(2) 6回目の代金回収後に決算をむかえた。決算整理に必要な仕訳を行う。

[販売基準]

	借方科目	金　額	貸方科目	金　額
(1)				
(2)				

[回収基準]

	借方科目	金　額	貸方科目	金　額
(1)				
(2)				

3 **練習問題** 以下の一連の取引を，対照勘定を用いる方法と試用品勘定を用いる方法に基づいて仕訳しなさい。
(1) 宗谷商店は，商品（原価：@¥50,000，売価：@¥75,000）を，試用販売のため知床商会に1個，芦別商店に2個それぞれ送付した。
(2) 知床商会は，買い取る意思がないとして，商品を返送してきた。
(3) 芦別商店から，2個とも買い取る旨の連絡を受けた。

[対照勘定を用いる方法]

	借方科目	金　額	貸方科目	金　額
(1)				
(2)				
(3)				

[試用品勘定を用いる方法]

	借方科目	金　額	貸方科目	金　額
(1)				
(2)				
(3)				

4 練習問題　留萌エンターテイメント株式会社は，かねて予約を受け付けていた新作DVDソフトが本日販売のはこびとなったので，来店した予約者50人に現金で販売した。なお，予約については100人から申込みがあり，販売価額は1本につき¥3,800であるが，これに対して1本につき¥1,000の予約金を受け取っている。この取引を仕訳しなさい。

借方科目	金額	貸方科目	金額

5 検定問題　以下の取引を仕訳しなさい。

(1) 九州出版株式会社では，かねて予約を受け付けていた東洋美術全集（1セット¥50,000）が完成したため，予約者に対して残額の振込みが確認できしだい発送する旨の通知をしていたところ，本日，90セット分の振込みが当座預金口座で確認できたため，これらの予約者に対して全集を発送した。ただし，予約にあたっては，1セットにつき¥20,000で予約を受け付け，150セットの申込みがあり，すでに予約金の全額を受け取っている。　　　　　　　　　　　　　　　　（第100回　出題）

(2) かねて試用販売のためA商品（原価¥450,000，売価¥580,000）およびB商品（原価¥630,000，売価¥830,000）を得意先浜松商店に試送していたが，本日，浜松商店からB商品の全部について買取りの意思表示があり，A商品の全部が返品されてきた。なお，当社は，試用販売の記帳について，試用品勘定を用いて手許商品と区分して処理する方法によっており，売上計上のつど試用品の原価を仕入勘定に振り替える処理を行っている。　　　　　　　　　　　　　　　　　　　　　（第120回　出題）

(3) 中国物産株式会社は，商品¥70,000（原価¥50,000）を毎月末¥7,000の均等額払いの約束で売り渡した。ただし，回収基準により対照勘定を用いて処理する。
　　　　　　　　　　　　　　　　　　　　　　　　　　　　　　　　（第103回　出題）

(4) かねて予約を受けていたA商品（売価¥760,000）と長崎商店から販売を委託されていたB商品（売価¥560,000）を岐阜商店に売り渡し，発送費¥5,000については現金で支払った。A商品については予約受付時に代金の全額を予約金として受け取っており，B商品の代金については全額掛けとした。なお，発送費のうち，¥2,000については，長崎商店負担分である。　　　　　　　　　　　（第124回　出題）

借方科目	金額	貸方科目	金額
(1)			
(2)			
(3)			
(4)			

6 検定問題　次の［資料Ⅰ］平成22年3月1日現在の残高試算表（一部），［資料Ⅱ］平成22年3月中の取引，および［資料Ⅲ］決算整理事項にもとづき，(1)平成22年3月31日現在の決算整理前残高試算表を作成し，(2)当期（平成21年4月1日～平成22年3月31日）の損益計算書（売上総利益まで）を作成しなさい。　　（第126回　出題）

［資料Ⅰ］　平成22年3月1日現在の残高試算表（一部）

残高試算表（一部）

売　　掛　　金	350,000	買　　掛　　金	450,000
割 賦 販 売 契 約	25,000	貸 倒 引 当 金	10,000
委　託　販　売	180,000	一　般　売　上	921,000
繰　越　商　品	220,000	未 着 品 売 上	40,000
未　　着　　品	20,000	積 送 品 売 上	248,000
積　　送　　品	90,000	割　賦　売　上	580,000
仕　　　　　　入	1,560,000	割 賦 仮 売 上	25,000

［資料Ⅱ］　平成22年3月中の取引
1．貨物引換証の受入高（掛け）¥50,000。
2．貨物引換証（原価¥25,000）の売上高（掛け）¥40,000。売り上げた貨物引換証の原価は，仕入勘定に振り替える。
3．商品の仕入高¥180,000（このうち，貨物引換証の引換えによるもの¥30,000。これ以外の仕入商品の代金は掛けとした）。買掛金の現金による支払額¥240,000。
4．商品の一般売上高（掛け）¥280,000。売掛金の現金回収額¥300,000。
5．商品の委託先への積送高¥150,000。
6．委託先における販売高は¥210,000。委託先が計上した手数料は¥27,000。積送品売上高は，委託先の手取金額で計上する。売り上げた積送品の原価¥160,000は，仕入勘定に振り替える。委託先からの送金高¥140,000。
7．商品（原価¥210,000）の割賦販売高¥300,000。なお，割賦販売商品は，利益率30％で販売している。割賦販売に係る売上の計上は，回収基準によっており，販売時に割賦販売契約勘定と割賦仮売上勘定の対照勘定を用いて記帳する。割賦代金の現金回収高¥220,000。

8．売掛金（前期に発生したもの）の貸倒額¥7,000。

[資料Ⅲ] 決算整理事項

1．手許商品の期末棚卸高¥180,000。なお，[資料Ⅰ]の繰越商品は，平成21年4月1日現在の繰越残高である。

2．その他，未着品，積送品，割賦販売商品（繰越商品に含める）の期末棚卸高を繰り延べる。

(1)

決算整理前残高試算表（一部）

売　　掛　　金	(　　　　)	買　　掛　　金	(　　　　)
割 賦 販 売 契 約	(　　　　)	貸 倒 引 当 金	(　　　　)
委　託　販　売	(　　　　)	一　般　売　上	(　　　　)
繰　越　商　品	220,000	未 着 品 売 上	(　　　　)
未　　着　　品	(　　　　)	積 送 品 売 上	(　　　　)
積　　送　　品	(　　　　)	割　賦　売　上	(　　　　)
仕　　　　　入	(　　　　)	割 賦 仮 売 上	(　　　　)

(2)

損 益 計 算 書

Ⅰ　売　　上　　高　　　　　　　　　　　　(　　　　)
Ⅱ　売　　上　　原　　価　　　　　　　　　(　　　　)
　　　売　上　総　利　益　　　　　　　　　(　　　　)

第11回 有形固定資産の減価償却・売却・除却・廃棄

要点整理

1 減価償却

有形固定資産の減価償却方法には，毎期一定額を減価償却費とする 定額法 に加えて，期末の未償却残高に毎期一定率を乗じて減価償却費を求める 定率法 ，および固定資産の利用度を基礎として減価償却費を計算する 生産高比例法 がある。定額法，定率法および生産高比例法の計算方法を示すと，次のようになる。

[定　額　法]　　減価償却費 = $\dfrac{(取得原価 - 残存価額)}{耐用年数}$

[定　率　法]　　減価償却費 = 未償却残高（初年度は取得原価）× 償却率

[生産高比例法]　減価償却費 = $\dfrac{(取得原価 - 残存価額)}{予定総生産高}$ × 各期の実際生産高

必ずしも有形固定資産を期首に購入するとは限らない。期中に購入するのが普通であろう。そのような場合，初年度の減価償却費の計算は，通常月割計算となる。減価償却費の月割計算は次の式で行う。

初年度の減価償却費（月割額）= 初年度の減価償却費（年額）× $\dfrac{使用月数}{12か月}$

2 減価償却制度（税法）の改正

平成19年4月1日以後に取得した固定資産については，残存価額の制度が廃止され，その計算式は，次のようになる。

[定　額　法]　　減価償却費 = $\dfrac{取得原価}{耐用年数}$

[定　率　法]（第1段階）　減価償却費 = 未償却残高（初年度は取得原価）× 償却率

[生産高比例法]　減価償却費 = $\dfrac{取得原価}{予定総生産高}$ × 各期の実際生産高

1 で示した償却方法を，税法では，それぞれ「旧定額法」，「旧定率法」，「旧生産高比例法」と改められた。本書では，「旧定額法」を当分の間「定額法」と表示し，新旧資産の償却をする場合に，「(新)定額法」と「(旧)定額法」と表示する。

[定　率　法]（第2段階）　減価償却費 = 改定取得価額※ × 改定償却率※
（調整前償却額※が償却保証額※に満たない場合に適用）

調整前償却額……第1段階で計算した減価償却額
償却保証額……取得原価に保証率（耐用年数省令別表第十に規定）を乗じて計算した金額

改定取得価額……調整前償却額が，償却保証額に満たない場合，その最初に満たないこととなる年度の未償却残高

改定償却率……耐用年数に応じて定められている率（耐用年数省令別表第十に規定）

3 固定資産の売却・除却・廃棄

　有形固定資産は，棚卸資産と違って販売を目的として保有されているわけではないが，不要になったり寿命が尽きれば売却される。有形固定資産は，減価償却累計額という評価勘定と対になって帳簿価額が示されている。したがって，有形固定資産を売却する場合は，その有形固定資産の取得原価を貸方に記入するだけでなく，減価償却累計額を借方に記入し減少させなければならない。ここまでの処理は，除却・廃棄の場合も同様である。除却・廃棄の場合は，固定資産と減価償却累計額との差額がそのまま固定資産除却損または廃棄損となる。そして有形固定資産の取得原価から減価償却累計額を控除した帳簿価額と，売却額との差額によって固定資産売却損益を計算する。

（取得原価－減価償却累計額）＞売却額の場合→固定資産売却損勘定の借方に記入
（取得原価－減価償却累計額）＜売却額の場合→固定資産売却益勘定の貸方に記入

　有形固定資産を売却する場合でも，単に有形固定資産を売却するだけの取引もあれば，有形固定資産の売却と同時に新たな有形固定資産を取得する取引もある。旧資産の売却と同時に新資産を購入する場合，売却した旧資産の売却額は新資産の取得における下取価額となって頭金に充当される。この場合は，まず有形固定資産の帳簿価額を算出して，これと下取価額を比較する。そして帳簿価額が下取価額を上回っていれば，固定資産売却損が生じ，逆の場合は固定資産売却益が生じる。あとは新資産の取得原価を借方に記入すればよい。

1 **基礎問題**　以下のそれぞれについて減価償却費を計算しなさい。

(1)　決算にあたって，備品（取得原価：¥500,000，残存価額：¥50,000，耐用年数：5年）の減価償却を行う。なお，減価償却費の計算は定額法による。

(2)　決算にあたって，車両（取得原価：¥3,000,000，減価償却累計額：¥1,530,000，償却率30％）の減価償却を行う。なお，減価償却費の計算は定率法による。

(3)　決算にあたって，採掘用掘削機械（取得原価：¥10,000,000，残存価額：¥1,000,000，耐用年数：10年）の減価償却を生産高比例法により行う。なお，この鉱区の推定予測埋蔵量は500,000トンで，当期の実際採掘量は35,000トンであった。

(4)　昨年6月1日に取得した建物（取得原価：¥30,000,000，残存価額：¥3,000,000，耐用年数：20年）を，本日（3月末日）決算にあたって減価償却を行う。なお，減価償却費の計算は定額法で，月割計算による。

(5)　昨年12月1日に取得した機械（取得原価：¥6,000,000，残存価額：¥600,000，耐用年数：10年，償却率：年20％）を，本日（3月末日）決算にあたって減価償却を行う。なお，減価償却費の計算は定率法で，月割計算による。

| (1) | ¥ | (2) | ¥ | (3) | ¥ | (4) | ¥ | (5) | ¥ |

2 基礎問題 以下の取引を仕訳し，各勘定に転記しなさい。

4月1日 3年前の期首（決算日は3月末日）に購入した営業用車両（取得原価：¥2,500,000，残存価額：¥250,000，耐用年数5年，償却方法：定額法）を¥1,000,000で売却し，代金は小切手で受け取った。なお，総勘定元帳の（　）内は，各自推定すること。

借方科目	金　額	貸方科目	金　額

総勘定元帳

現　金　　1　　　　　　　　　　車　両　　10

　　　　　　　　　　　　　　　4/ 1 前期繰越 2,500,000

車両減価償却累計額　21　　　　固定資産売却損　28

　　　　　　　4/ 1 前期繰越（　　）

3 練習問題 次の取引を仕訳しなさい。

(1) 決算にあたって，3年前に取得した運搬用の車両（取得原価：¥5,000,000，残存価額：¥500,000，耐用年数：6年，償却方法：定率法，償却率：20％）の減価償却を行う。

(2) 決算にあたって，建物（取得原価：¥20,000,000，残存価額：取得原価の10％，耐用年数10年，償却方法：定額法）および機械（取得原価：¥8,000,000，減価償却累計額：¥2,880,000，償却方法：定率法，償却率：20％）について，減価償却を行う。

(3) 決算にあたって，建物（取得原価：¥30,000,000，残存価額：取得原価の10％，耐用年数：30年，償却方法：(旧)定額法）および備品（取得原価：¥500,000，減価償却累計額：¥135,500，償却方法：定率法，償却率：10％）について，減価償却を行う。なお，建物はほかに，決算の10か月前に引渡しを受けた建物（取得価額：¥9,000,000，耐用年数：30年）がある。(新)定額法によって，月割計算を行う。

(4) 備品10台（@¥500,000）を購入し，割戻額¥120,000を控除した残額を小切手を振り出して支払った。

(第125回　出題)

	借方科目	金　額	貸方科目	金　額
(1)				
(2)				
(3)				
(4)				

4 **練習問題** 次の取引を仕訳しなさい。
(1) 従業員の取扱い不注意のため，備品（取得原価：¥700,000，減価償却累計額：¥504,000）が破損したため，除却することとした。
(2) 機械（取得原価：¥1,800,000，減価償却累計額：¥1,458,000）が老朽化したため，除却した。なお，この機械の回収を業者に委託したところ，後日¥250,000で引き取るとのことであった。
(3) 営業用車両（取得原価：¥2,300,000，減価償却累計額：¥2,070,000）が故障したため修理に出したところ，すでに部品の製造が2年前に打ち切られ，修理不能とのことだったため，これを下取りに出して新車（取得原価：¥2,700,000）を購入した。下取り価額は¥200,000で，購入価額との差額は，後日支払うこととした。

	借方科目	金額	貸方科目	金額
(1)				
(2)				
(3)				

5 **練習問題** 平成○年4月1日に購入した備品¥800,000（耐用年数10年）の取得後第2年度末の減価償却額を，次のそれぞれの場合について計算しなさい（決算は年1回，3月31日）。なお，減価償却額の円未満は切り捨てる。
(1) 平成19年3月31日以前に取得し，残存価額を取得原価の10%として(旧)定額法で償却する場合。
(2) 平成20年4月1日以後に取得し，(新)定額法で償却する場合。
(3) 平成19年3月31日以前に取得し，(新)定率法で償却する場合。償却率は0.206。
(4) 平成20年4月1日以後に取得し，(新)定率法で償却する場合。償却率は0.250。

(1)	¥	(2)	¥	(3)	¥	(4)	¥

6 **練習問題** 平成20年4月1日に備品¥1,200,000を購入した。この備品の耐用年数は10年，定率法で減価償却をするとき，次のそれぞれの期末の減価償却額を計算しなさい（決算年1回3月31日）。なお，減価償却額の円未満は切り捨てる。
　償却率　0.250　　保証率　0.04448　　改定償却率　0.334
(1) 取得後第1期末の減価償却額。
(2) 取得後第7期末の減価償却額。ただし，同第7期首の減価償却累計額は¥986,425である。
(3) 取得後第8期末の減価償却額。

(1)	¥	(2)	¥	(3)	¥

7 検定問題　以下の取引を仕訳しなさい。

(1) 北海道産業株式会社（年1回3月末決算）は，平成10年4月1日に取得した備品（取得原価¥5,000,000）を平成12年3月31日に売却し，手取金¥1,200,000は月末に受け取ることとした。なお，この備品については耐用年数5年，定率法（償却率0.369）によって償却し，間接法で記帳している。　(第95回 出題)

(2) 高松商事株式会社は，建設中であった営業用店舗が完成したため，店舗の引渡しを受け，工事代金の残額¥5,000,000のうち¥3,000,000と登記料¥81,000については小切手を振り出して支払い，残りの¥2,000,000は翌月に支払うこととした。なお，この店舗の工事に対しては，工事代金の一部としてすでに¥22,000,000を前払いしている。　(第128回 出題)

(3) 福井商店（年1回，3月末決算）は，平成10年11月30日に機械を¥500,000で売却し，代金は翌月末に受け取ることとした。この機械は，平成8年4月1日に¥600,000で購入し，残存価額 取得原価の10%，耐用年数 20年，定額法により償却（間接法）してきた。なお，決算日の翌月から売却した月までの減価償却費は，月割計算するものとする。　(第91回 出題)

(4) 株式会社四国商会（決算 年1回 1月31日）は，平成9年2月1日に購入した商品陳列用ケース（取得原価¥200,000）を平成15年1月31日に除却した。なお，この商品陳列用ケースは直ちに倉庫に保管し，その処分価額を¥25,000と見積もった。ただし，商品陳列用ケースの耐用年数は8年，残存価額は取得原価の10%，定額法によって償却し，間接法で記帳しているが，当期分の減価償却費の計上もあわせて記入すること。　(第103回 出題)

(5) 営業用車両（取得原価¥3,000,000，残存価額¥300,000，前期末における減価償却累計額¥2,295,000，生産高比例法による減価償却，見積総走行可能距離180,000km）を下取りさせて，新たな営業用車両（購入価額¥3,600,000）を購入した。なお，旧車両の当期の走行距離は15,000km，下取り価額は¥200,000で，購入価額との差額は月末に支払うこととした。　(第124回 類題)

	借方科目	金額	貸方科目	金額
(1)	備品減価償却累計額 未収金 固定資産売却損	3,009,195 1,200,000 790,805	備品	5,000,000
(2)	建物	27,081,000	建設仮勘定 当座預金 未払金	22,000,000 3,081,000 2,000,000
(3)	機械減価償却累計額 減価償却費 未収金 固定資産売却損	54,000 18,000 500,000 28,000	機械	600,000
(4)	備品減価償却累計額 減価償却費 貯蔵品 固定資産除却損	112,500 22,500 25,000 40,000	備品	200,000
(5)	車両運搬具減価償却累計額 減価償却費 車両運搬具 固定資産売却損	2,295,000 225,000 3,600,000 280,000	車両運搬具 未払金	3,000,000 3,400,000

第12回 無形固定資産・投資・長期前払費用

要点整理

1 無形固定資産

無形固定資産とは，具体的な形態を持たないが，長期にわたって継続的に経営活動に利用される資産である。無形固定資産には，大別して 法律上の権利およびこれに準ずるもの と， のれん とが含まれる。法律上の権利およびこれに準ずる無形固定資産には， 特許権 ， 商標権 ， 実用新案権 ， 意匠権 ， 鉱業権 などの法律上の権利などが含まれる。これらの権利を有償で取得した場合には，取得のために要したすべての支出を取得原価とする。また，これらの権利を資産として計上する場合，毎期規則的に償却しなければならない。償却にあたっては，鉱業権などは 生産高比例法 が用いられるが，その他は残存価額をゼロとする 定額法 ，表示法は 直接法 が用いられる。

のれんは，合併などのように企業を有償で譲り受ける場合や，営業の一部を有償で譲り受ける場合に計上することが認められる特殊な資産である。のれんの金額は，以下のように計算する。

のれん＝企業等の取得価額（たとえば買収額）－取得企業（または部門）の帳簿価額

なお，のれんを計上した場合には，20年以内に毎期均等額以上の償却をすることが要求される。

2 投資その他の資産

投資その他の資産には，投資有価証券に代表される投資資産と長期前払費用などが含まれる。投資には，長期にわたる資産運用を目的とするものと，他企業を支配したり，影響力を行使することを目的として保有される有価証券とがある。原則として原価で評価する。

投資その他の資産の内容	具 体 例
長期の資産運用を目的とする投資	満期保有目的債券，その他有価証券，長期貸付金，投資不動産，1年以内に満期の到来しない預貯金・金銭信託など
他企業を支配したり影響力を行使する目的の有価証券	子会社株式，子会社社債，子会社貸付金，関連会社株式，関連会社社債など
その他の固定資産	長期前払費用，1年以内に回収されない債権など

満期保有目的債券 は，債券金額よりも低いかまたは高い価額で取得したときは，その差額を償還期まで一定の方法で加減する（償却原価法（定額法））。

1 **基礎問題** 以下の取引を仕訳しなさい。

(1) 旭川重工株式会社は，上川工業株式会社から絶縁体の製法に関する特許権を有償で譲り受け，代金¥5,000,000を小切手を振り出して支払った。

(2) 網走造船株式会社は，北見商会を¥7,000,000で買収し，その代金を小切手を振り出して支払った。なお，譲り受けた資産・負債は，諸資産¥10,000,000，諸負債¥5,000,000であった。

(3) 函館事務機株式会社は，余裕資金運用のため，松前商事株式会社の社債（額面総額¥4,000,000，期間5年）を満期まで保有する目的で額面¥100につき¥98で購入し，代金は小切手を振り出して支払った。

	借 方 科 目	金 額	貸 方 科 目	金 額
(1)				
(2)				
(3)				

2 **練習問題** 以下の取引を仕訳しなさい。

(1) 決算にあたって，当期首に余市工芸から取得した意匠権¥630,000を償却する。なお，償却期間は7年である。

(2) 決算にあたって，4年前に小樽海洋研究所から¥2,400,000で取得した特許権（帳簿価額：¥1,200,000）を償却する。なお，償却期間は8年である。

(3) 登別鉄道株式会社は，余裕資金運用のため，苫小牧精鋼株式会社の社債（額面総額¥6,000,000，期間10年）を満期まで保有する目的で額面¥100につき¥96で購入し，代金と端数利息¥30,000および証券会社に対する手数料¥21,000を小切手を振り出して支払った。

(4) 決算にあたって，5年前に滝川商店を買収した際に計上したのれん¥3,300,000を償却する。なお，のれんについては10年間の均等償却をしている。

(5) 期首に償還日（5年後）まで保有する目的で山口物産株式会社の社債額面¥50,000,000を額面¥100につき¥98で購入したが，決算にあたり，この債券を償却原価法（定額法）によって償却した。

	借 方 科 目	金 額	貸 方 科 目	金 額
(1)				
(2)				
(3)				
(4)				
(5)				

3 検定問題　帯広商店は，平成×年4月1日に深川商店を¥1,600,000で買収し，その代金は小切手を振り出して支払った。平成×年3月31日における帯広商店および深川商店の貸借対照表は，以下のとおりである。買収後の帯広商店の貸借対照表を作成しなさい。ただし，帯広商店の買掛金のうち，¥60,000は深川商店に対するものであり，受取手形のうち，¥150,000は深川商店振出しの約束手形である。

貸　借　対　照　表

帯広商店　　　　　　　　　　平成×年3月31日

資　産	金　額		負債・純資産	金　額
現　　　　　金		450,000	支　払　手　形	550,000
当　座　預　金		3,424,000	買　　掛　　金	660,000
受　取　手　形	600,000		借　　入　　金	800,000
売　　掛　　金	400,000		資　　本　　金	8,000,000
貸　倒　引　当　金	50,000	950,000		
商　　　　　品		2,330,000		
備　　　　　品	3,000,000			
減価償却累計額	144,000	2,856,000		
		10,010,000		10,010,000

貸　借　対　照　表

深川商店　　　　　　　　　　平成×年3月31日

資　産	金　額		負債・純資産	金　額
現　　　　　金		230,000	支　払　手　形	490,000
当　座　預　金		310,000	買　　掛　　金	572,000
受　取　手　形	300,000		借　　入　　金	800,000
売　　掛　　金	200,000		資　　本　　金	1,000,000
貸　倒　引　当　金	25,000	475,000		
商　　　　　品		1,310,000		
備　　　　　品	600,000			
減価償却累計額	63,000	537,000		
		2,862,000		2,862,000

貸　借　対　照　表

帯広商店　　　　　　　　　　平成×年4月1日

資　産	金　額		負債・純資産	金　額
現　　　　　金		( )	支　払　手　形	( )
当　座　預　金		( )	買　　掛　　金	( )
受　取　手　形	( )		借　　入　　金	( )
売　　掛　　金	( )		資　　本　　金	( )
貸　倒　引　当　金	( )	( )		
商　　　　　品		( )		
備　　　　　品	( )			
減価償却累計額	( )	( )		
(　　　)		( )		
		( )		( )

第13回 商品(製品)保証引当金・修繕引当金・退職給付引当金

要点整理

貸倒引当金勘定のように特定の資産(売上債権)のマイナスを意味する勘定を 評価勘定 という。そしてこのような引当金を 評価性引当金 という。これに対して,将来の支出に備えるための引当金もある。このような引当金を 負債性引当金 という。負債性引当金には, 商品(製品)保証引当金 , 修繕引当金 , 退職給付引当金 などがある。

1 商品(製品)保証引当金

商品や製品を販売する際に,販売後の故障や不具合に対して一定期間無料で修理または交換に応じることを条件としている場合は,販売後に修理や交換のための費用が発生する可能性がある。このような場合は,過去の経験などからあらかじめ修理費用を見積もっておき,将来の支出に備えておく。このとき用いられるのが, 商品(製品)保証引当金勘定 と 商品(製品)保証引当金繰入(額)勘定 である。商品(製品)保証引当金の設定も貸倒引当金の設定と同様に,通常,期末の売上高などに対して一定割合が見積もられ,以下のように仕訳される。

(借)商品保証引当金繰入　　×××　　(貸)商品保証引当金　　×××

なお,保証期限が経過しても商品(製品)保証引当金に残高がある場合には,それを取り崩すために,商品(製品)保証引当金戻入勘定の貸方に記入する。

(借)商品保証引当金　　×××　　(貸)商品保証引当金戻入　　×××

2 修繕引当金

企業が所有する建物,構築物,機械などを耐用年数にわたって用いるためには,定期的な修繕を必要とする。毎期定期的に修繕を実施していれば,修繕のための支出は修繕費として処理される。しかし場合によっては,修繕が次期に延期されることもある。このような場合,当期の修繕費用を見積もり,引当金を設定する。引当金を設定する際は, 修繕引当金繰入(額)勘定 (または 修繕引当損勘定)の借方に記入するとともに, 修繕引当金勘定 の貸方に記入する。

3 退職給付引当金

ほとんどの企業は,一定期間以上勤続した従業員に対して,退職時に退職金を支払う契約をしている。このような契約がある場合,従業員が退職すれば,企業は退職金を支払わなければならない。しかし,退職金を支払った年度に,その全額をその期の費用とするのは適当ではないので,将来の退職給付見込額のうち各期の負担に属する額を費用(退職給付費用)として計上するために設けた引当金が退職給付引当金である。引当金を設定する際は, 退職給付費用勘定 (または 退職給付引当金繰入勘定)の借方に記入するとともに, 退職給付引当金勘定 の貸方に記入する。また,退職金を支払ったときは,退職給付引当金を取り崩す(減少させる)。

1 基礎問題　以下の取引を仕訳しなさい。
(1) 当期に商品保証を付して販売した商品の売上高￥8,000,000に対して，決算にあたって1％の商品保証引当金を設定する。
(2) 当期の退職金の増加額を￥5,000,000と見積もり，引当金を設定する。
(3) 当期末に機械の修繕を予定していたが，予想外の受注で修繕を次期に延期することとなった。そのため当期に予定していた機械の修繕費￥1,000,000を見積もり，引当金を設定する。

	借方科目	金　額	貸方科目	金　額
(1)				
(2)				
(3)				

2 練習問題　以下の取引を仕訳しなさい。
(1) 当期に商品保証を付して販売した商品の売上高￥12,000,000に対して，決算にあたって2％の商品保証引当金を設定する。
(2) 前期に販売した上記(1)の商品について，顧客より修理の申し出があったため，修理代行業者に依頼して修理を実施した。なお，修理代金￥180,000は小切手を振り出して支払った。

	借方科目	金　額	貸方科目	金　額
(1)				
(2)				

3 練習問題　以下の一連の取引を仕訳しなさい。
(1) 工場内の機械を当期末に修繕する予定であったが，顧客からの増産要請に応えるため修繕を来期に延期することとした。なお，当期の修繕費用は￥1,300,000と見積もられたため，引当金を設定する。
(2) 昨年度実施を延期した機械の修繕とともに改良を実施し，代金￥3,500,000は小切手を振り出して支払った。なお，代金のうち￥2,000,000相当分は，機械の耐用年数を延長するための支出である。

	借方科目	金　額	貸方科目	金　額
(1)				
(2)				

4 検定問題　以下の取引を仕訳しなさい。

(1) 建物の修繕と改装を行い，代金￥4,500,000は月末に支払うことにした。代金のうち￥1,500,000は定期的な修繕のための費用であり，残りは耐用年数を延長させるための改良分である。なお，定期的な修繕のための修繕引当金がすでに￥1,000,000設定されている。　　　　　　　　　　　　　　　　（第92回　出題）

(2) 当期首に営業用建物（取得原価￥5,000,000，残存価額￥500,000，耐用年数20年，定額法による減価償却，間接法により記載）の修繕を行い，代金￥700,000のうち￥400,000については小切手を振り出して支払い，残額は月末に支払うこととした。なお，このうち￥250,000については建物の耐震構造を強化する効果があると認められた。また，修繕引当金の残高は￥300,000である。　　（第124回　出題）

(3) 従業員が退職し退職金￥12,000,000を小切手を振り出して支払った。なお，同人について引き当てられた退職給付債務は￥10,050,000である。　　（第87回　類題）

(4) 決算日において，当年度に属する役員賞与￥300,000を見積り計上する。なお，当社は，株主総会において役員賞与の支給に関する議案の承認を受けることとしている。　　　　　　　　　　　　　　　　　　　　　　　　　　（第125回　出題）

	借方科目	金　額	貸方科目	金　額
(1)				
(2)				
(3)				
(4)				

第14回 株式会社の設立

要点整理

1 株式の発行

① 株式会社は，設立にあたって，株式を発行して，その引受けと払込みを受けてから，設立登記を行うことによって成立する。会社法では，1株の発行でも設立可能になり，また，1株の発行価額の制限もなくなった。

　大企業などでは，設立にあたって，発行可能株式総数を定款に定めた場合は，その4分の1以上の株式の引受け・払込みが行われなければならない。

② 株式会社の資本金は，原則として発行済株式の払込金額の総額である。

　　1株の払込金額×発行株式数＝資本金

③ 株式を発行しても，株券を発行しないことが原則で，株券を発行する場合には，定款にその旨を定める。

2 資本準備金

① 株式の払込金額の総額を 資本金 とするのが会社法の原則規定であるが，例外規定として，次のように，払込金額の一部を資本金としないことができる。

　　払込金額の2分の1を超えない金額

② 払込金額のうち，資本金に組み入れない金額は， 資本準備金勘定 （純資産（資本））の貸方に記入する。資本準備金勘定に代わり，株式払込剰余金勘定で処理することもある。

例 新株式200株を1株につき¥60,000で発行し，全額の払込みを受け当座預金とした。1株につき¥50,000を資本金に組み入れることにした。

(借) 当 座 預 金　12,000,000　　(貸) 資　本　金　10,000,000
　　　　　　　　　　　　　　　　　　　　資本準備金　 2,000,000

　　資　本　金……¥50,000×200株＝¥10,000,000
　　資本準備金……¥10,000×200株＝¥2,000,000

3 創立費

株式会社の設立のために直接支出した費用を創立費という。創立費は，支出した効果が次年度以降に及ぶので，資産として次年度以降に繰り延べることができる。このような資産を 繰延資産 という。支出したとき， 創立費勘定 （資産）の借方に記入し，償却したら， 創立費償却勘定 （費用）の借方と創立費勘定の貸方に記入する。創立費は，会社設立後 5年 以内に，毎決算期に均等額以上の償却をすることになっている。

1 **基礎問題** 次の取引を仕訳しなさい。ただし，会社法で規定する原則どおり，資本金とすること。
(1) 京都物産株式会社は，設立にあたり，株式200株を1株¥50,000で発行し，全額の払込みを受け，払込金を当座預金とした。
(2) 岡山商事株式会社は，設立にあたり，株式500株を1株¥70,000で発行し，全額の払込みを受け，払込金を当座預金とした。
(3) 京都物産株式会社は，会社設立に直接要した諸費用¥500,000を，小切手を振り出して支払った。
(4) 京都物産株式会社は，決算にあたり，会社設立に要した費用のうち¥100,000を償却した。

	借方科目	金額	貸方科目	金額
(1)				
(2)				
(3)				
(4)				

2 **基礎問題** 設立にあたり，株式をそれぞれ300株発行し，払込みを受けたとき，会社法の定めにより資本金に組み入れなくてはならない最低額を計算しなさい。

A 社	1株の払込金額 ¥80,000	¥
B 社	1株の払込金額 ¥120,000	¥

3 **基礎問題** 次の取引を仕訳しなさい。ただし，会社法で認められる最低額を資本金とする。
(1) 岡山商事株式会社は，設立にあたり，株式1,000株を1株¥40,000で発行し，全額の払込みを受け，払込金を当座預金とした。
(2) 広島物産株式会社は，設立にあたり，株式300株を1株¥50,000で発行し，全額の払込みを受け，払込金を当座預金とした。
(3) 山口商事株式会社は，設立にあたり，株式300株を1株¥70,000で発行し，全額の払込みを受け，払込金を当座預金とした。

	借方科目	金額	貸方科目	金額
(1)				
(2)				
(3)				

4 練習問題　次の取引を仕訳しなさい。

(1) 奈良商事株式会社は，設立にあたり，株式300株を1株￥80,000で発行し，全額の払込みを受け，払込金は当座預金とした。なお，資本金には払込金額のうち会社法で認められる最低額を組み入れることとした。

(2) 岡山産業株式会社は，会社設立にあたり，会社が発行する株式総数8,000株のうち，株式2,000株を1株の発行価額￥70,000で発行し，払込金は当座預金とした。なお，資本金には払込金額のうち，1株当たり￥50,000を組み入れることとした。また，株式の発行その他会社設立のための諸費用￥1,500,000を小切手を振り出して支払った。

(3) 岡山産業株式会社は，決算にあたり，会社設立のための諸費用のうち￥300,000を償却した。

	借方科目	金　額	貸方科目	金　額
(1)				
(2)				
(3)				

5 検定問題　次の取引を仕訳しなさい。

(1) 会社設立に際し，株式総数4,000株のうち，株式1,000株を1株の発行価額￥80,000で発行し，払込金額を当座預金とした。なお，会社法で規定する原則額を資本金に組み入れることとした。また，株式発行のための費用￥500,000は小切手を振り出して支払った。　　　　　　　　　　　　　　　　　　　　（第78回　類題）

(2) 京葉工業株式会社は，設立にあたって発行可能株式総数6,000株のうち1,500株を1株￥75,000で発行し，その全額について引受け・払込みを受け，払込金については当座預金とした。ただし，会社法に規定する最低限度額を資本金に計上することとした。なお，設立準備のために発起人が立て替えていた諸費用￥250,000を小切手を振り出して支払った。　　　　　　　　　　　　　　　　　　　　（第120回　出題）

	借方科目	金　額	貸方科目	金　額
(1)				
(2)				

郵 便 は が き

料金受取人払郵便

落合支店承認

4079

差出有効期間
2017年2月12日
(期限後は切手を
おはりください)

161-8780

東京都新宿区下落合2-5-13

㈱ 税務経理協会

社長室行

お名前	フリガナ		性別	男 ・ 女
			年齢	歳

ご住所	□□□-□□□□　TEL　(　　　)

E-mail	
ご職業	1. 会社経営者・役員　2. 会社員　3. 教員　4. 公務員 5. 自営業　6. 自由業　7. 学生　8. 主婦　9. 無職 10. 公認会計士　11. 税理士　12. その他（　　　　　）
ご勤務先・学校名	

部署		役職	

ご記入の感想等は、匿名で書籍のPR等に使用させていただくことがございます。
使用許可をいただけない場合は、右の□内にレをご記入ください。　　□許可しない

ご購入ありがとうございました。ぜひ、ご意見・ご感想などをお聞かせください。
また、正誤表やリコール情報等をお送りさせて頂く場合もございますので、
E-mail アドレスとご購入書名をご記入ください。

この本の タイトル	

Q1　お買い上げ日　　　　　年　　　　月　　　　日
　　ご購入　1．書店・ネット書店で購入（書店名　　　　　　　　　　）
　　方　法　2．当社から直接購入
　　　　　　3．その他（　　　　　　　　　　　　　　　　　　　　）

Q2　本書のご購入になった動機はなんですか？（複数回答可）
　　1．店頭でタイトルにひかれたから　　2．店頭で内容にひかれたから
　　3．店頭で目立っていたから　　　　　4．著者のファンだから
　　5．新聞・雑誌で紹介されていたから（誌名　　　　　　　　　　）
　　6．人から薦められたから
　　7．その他（　　　　　　　　　　　　　　　　　　　　　　　　）

Q3　本書をお読み頂いてのご意見・ご感想をお聞かせください。

Q4　ご興味のある分野をお聞かせください。
　　1．経営　　　2．経済・金融　　　　3．財務・会計
　　4．流通・マーケティング　　　　　　5．株式・資産運用
　　6．知的財産・権利ビジネス　　　　　7．情報・コンピュータ
　　8．その他（　　　　　　　　　　　　　　　　　　　　　　　　）

Q5　カバーやデザイン、値段についてお聞かせください
　　①タイトル　　　　　1良い　　2目立つ　　3普通　　4悪い
　　②カバーデザイン　　1良い　　2目立つ　　3普通　　4悪い
　　③本文レイアウト　　1良い　　2目立つ　　3普通　　4悪い
　　④値段　　　　　　　1安い　　2普通　　　3高い

Q6　今後、どのようなテーマ・内容の本をお読みになりたいですか？

ご回答いただいた情報は、弊社発売の刊行物やサービスのご案内と今後の出版企画立案の参考のみ
に使用し、他のいかなる目的にも利用いたしません。なお、皆様より頂いた個人情報は、弊社のプ
ライバシーポリシーに則り細心の注意を払い管理し、第三者への提供、開示等は一切いたしません。

第15回 増資・合併

要点整理

1 増 資

① 会社が設立した後に，資本金の金額を増加することを 増資 という。ふつう，取締役会の決議によって，新たに株式を発行して株主から払込みを受ける。

② 新株発行による増資でも，原則として，株式の払込金額の総額を資本金とする。しかし，設立時と同様に一定の額を資本金に組み入れないことができる。

　　払込金額の2分の1を超えない金額

例　京都商事株式会社は，新たに株式200株を1株￥80,000で発行し，全額の払込みを受け，払込金を当座預金とした。なお，払込金額のうち，会社法で認められる最低額を資本金に組み入れることにした。

　（借）当　座　預　金　16,000,000　　（貸）資　本　金　　8,000,000※
　　　　　　　　　　　　　　　　　　　　　　資本準備金　　8,000,000

　　※　￥80,000×200（株）×$\frac{1}{2}$=￥8,000,000

③ 株式募集のさいに応募者から申込証拠金を受け入れることが多いが，この場合は， 別段預金勘定 （資産）の借方と 株式申込証拠金勘定 （資本）の貸方に記入し，払込期日に別段預金は当座預金に，株式申込証拠金は資本金あるいは資本金と資本準備金に振り替える。

2 株式交付費

増資のための株式発行費用は 株式交付費勘定 に記入する。この勘定は，新株の発行費用のほか，自己株式（1級の範囲）の処分費用を含めて用いられる。株式交付費を資産（繰延資産）として繰り延べたときは， 3年 以内に，毎決算期に均等額以上の償却をする。

3 合 併

二つ以上の会社が，一つの会社になることを 合併 という。通常，吸収合併という形で行われる。合併の会計処理で，パーチェス法では，被合併会社から 時価 によって，資産・負債を引継ぎ，合併会社が株式の交付などを行う。

　　（引継いだ純資産額＜合併により交付する株式などの金額……差額はのれん〔資産〕
　　（引継いだ純資産額＞合併により交付する株式などの金額……差額は負ののれん発生益
　　　　　　　　　　　　　　　　　　　　　　　　　　　　　　　　　　　〔収益〕

合併会社では，発行した株式のうち，増加させる資本金の額は合併契約に従い計上し，資本金に計上されない額は 資本準備金勘定 （純資産（資本））の貸方に記入する。

4 開 業 費

会社設立後，開業準備のために支出した費用を開業費という。開業費も繰延資産として処理する。開業費を支払ったら 開業費勘定 （資産）の借方に記入し，償却したら，開業費勘定（資産）の貸方と 開業費償却勘定 （費用）の借方に記入する。開業費は開業後 5年 以内に毎決算期に均等額以上の償却をする。

— 57 —

1 基礎問題　次の金額を記入する勘定を示しなさい。
(1) 新株を発行したとき，払込金額のうち資本金に組み入れない金額
(2) 新株を発行するために支出した諸費用
(3) 吸収合併に伴い，被合併会社の株主に新株を発行交付したとき，発行価額のうち資本金に計上されない金額

(1)	勘定	(2)	勘定	(3)	勘定

2 基礎問題　次の株式を新たに発行した場合，会社法の規定により，資本金に組み入れなくてはならない最低額を示しなさい。

(1)	A 社 株 式	500株	1株の払込金額￥100,000	￥
(2)	B 社 株 式	500株	1株の払込金額￥ 90,000	￥

3 基礎問題　岡山商事株式会社は，増資のため，株式300株を1株￥80,000で発行することになり，募集したところ，全株数300株の申込み・払込みが行われ，別段預金に預け入れた。同社は，払込期日に，別段預金を当座預金勘定に振り替え，同時に申込証拠金を払込金に充当して資本金に振り替えた。なお，払込金額のうち会社法で認められる最低額を資本金に組み入れた。仕訳を完成しなさい。

借　方　科　目	金　　　額	貸　方　科　目	金　　　額
当　座　預　金	24,000,000	（　　　　　　）	24,000,000
（　　　　　　）	（　　　　）	資　本　金	（　　　　）
		（　　　　　　）	（　　　　）

4 基礎問題　姫路商事株式会社は，天理物産株式会社を吸収合併し，株式100株（1株の時価￥65,000）を新たに発行し交付した。合併により引継いだ天理物産株式会社の時価による資産総額は￥8,000,000　負債総額は￥2,000,000であった。資本金には交付した株式1株につき￥32,500を計上するものとする。この取引について，次の金額を計算しなさい。
(1) 引継いだ純資産額　　(2) のれんの金額　　(3) 資本金への組入額
(4) 資本準備金

(1)	￥	(2)	￥	(3)	￥	(4)	￥

5 練習問題　次の取引を仕訳しなさい。

(1) 山口商事株式会社は，株式700株を1株¥90,000で新たに発行し，払込金を当座預金とした。なお，払込金額のうち会社法で認められる最低額を資本金に組み入れることにした。また，新株発行の諸費用¥600,000を小切手を振り出して支払った。

(2) 浜田興産株式会社は，増資のため，株式200株を1株¥110,000で発行し，全額の引受け，払込みを受け，払込金は当座預金とした。なお，資本金は会社法上の最低限度額を組み入れるものとする。

(3) 徳山商事株式会社は，増資のため，株式1,000株を1株¥80,000で発行し，全額の払込みを受け，これを当座預金とした。ただし，1株につき¥60,000を資本金に組み入れることにした。なお，株式発行のための諸費用¥3,000,000を小切手を振り出して支払った。

	借方科目	金額	貸方科目	金額
(1)	当座預金 株式交付費	63,000,000 600,000	資本金 資本準備金 当座預金	31,500,000 31,500,000 600,000
(2)	当座預金	22,000,000	資本金 資本準備金	11,000,000 11,000,000
(3)	当座預金 株式交付費	80,000,000 3,000,000	資本金 資本準備金 当座預金	60,000,000 20,000,000 3,000,000

6 練習問題　次の取引を仕訳しなさい。

(1) 長門産業株式会社は，未発行株式のうち株式2,000株を1株につき発行価額¥80,000で募集し，申込期日までに全株数が申し込まれ，発行価額の全額を申込証拠金として受け入れ，別段預金とした。

(2) 上記の申込証拠金をもって払込金に充当し，払込期日に，資本金に振り替え，同時に別段預金を当座預金に預け替えた。なお，資本金には払込金額のうち会社法で認められる最低額を組み入れることとした。

	借方科目	金額	貸方科目	金額
(1)	別段預金	160,000,000	新株式申込証拠金	160,000,000
(2)	新株式申込証拠金 当座預金	160,000,000 160,000,000	資本金 資本準備金 別段預金	80,000,000 80,000,000 160,000,000

7 練習問題　次の取引を仕訳しなさい。
(1) 下関商事株式会社は，開業準備中の家賃¥200,000を現金で支払った。
(2) 下関商事株式会社は，決算にあたり，開業準備のための諸費用¥1,500,000を5年間で均等償却することにした。

	借方科目	金　　額	貸方科目	金　　額
(1)				
(2)				

8 練習問題　次の取引を仕訳しなさい。
　宝塚商事株式会社は，株式会社西宮商会を吸収合併して，株式600株（1株当たりの時価¥75,000）を新たに発行し交付した。なお，合併によって引継いだ西宮商会の時価による資産総額は¥60,000,000　負債総額は¥20,000,000であった。また，交付した株式1株あたり¥37,500を資本金に組み入れることにした。仕訳にあたっては，資産は諸資産，負債は諸負債として示すこと。

借方科目	金　　額	貸方科目	金　　額

9 検定問題　次の取引を仕訳しなさい。
(1) 日商株式会社は，新株500株（1株の発行価額¥80,000）を発行し，払込期日までに申込証拠金の全額が払い込まれ，別段預金に預け入れていたが，本日（払込期日），申込証拠金を資本金勘定へ振り替えるとともに，別段預金を当座預金に預け替えた。なお，資本金には会社法規定の最低額を組み入れた。　　（第108回　類題）
(2) 日商株式会社は，取締役会の決議により，未発行株式のうち株式2,000株を1株につき発行価額¥80,000で発行し，全株式について払込みを受け，払込金額を当座預金に預け入れた。なお，払込金額のうち会社法で認められる最低限度額を資本金に組み入れることとした。また，株式発行のための諸費用¥1,850,000は小切手を振り出して支払った。　　（第92回　類題）

	借方科目	金　　額	貸方科目	金　　額
(1)				
(2)				

10 **検定問題** 次の取引を仕訳しなさい。

(1) 大分商事株式会社は，増資のため，株式30株を1株¥120,000で発行し，全額の引受け・払込みを受け，払込金は当座預金とした。なお，資本金には会社法上の原則額を組み入れるものとする。
(第91回 類題)

(2) 新株の発行にさいして，払込期日までに払い込まれ，別段預金に預け入れられていた申込証拠金を払込期日に資本金に振り替え，同時に別段預金を当座預金に預け入れた。なお，発行する新株は600株で，発行価額1株¥90,000の全額が払い込まれていた。資本金には会社法で認められる最低額を組み入れる。
(第87回 類題)

(3) 米子商事株式会社は，かねて募集していた新株400株について，払込期日に申込証拠金を資本金に振り替え，同時に別段預金を当座預金に預け入れた。なお，申込期日までに全株数の申込みがあり，発行価額1株¥90,000の全額が申込証拠金として払い込まれ，別段預金としていた。また，会社法で認められる最低額を資本金に組み入れる。
(第85回 類題)

(4) 関西商事株式会社は，中国商事株式会社を吸収合併して，株式1,000株（1株当たり時価¥60,000）を新たに発行し交付した。なお，合併によって引き継いだ中国商事株式会社の時価による資産総額は¥126,000,000 負債総額は¥70,000,000であった。資本金には交付した株式1株あたり¥30,000を組み入れる。なお，仕訳にあたっては，資産は「諸資産」，負債は「諸負債」とすること。
(第102回 類題)

	借 方 科 目	金　　額	貸 方 科 目	金　　額
(1)				
(2)				
(3)				
(4)				

第16回 純損益の計上と繰越利益剰余金

要点整理

1. **純利益の計上** 株式会社では，損益勘定で計算した純利益を 繰越利益剰余金勘定 （純資産（資本））の貸方に振り替えて，次期に繰り越す。

2. **剰余金の処分** 繰越利益剰余金は，株主総会の決議によって，次のような項目に処分する。残額は，この勘定で繰り越す。

   ① 利益準備金 …剰余金の処分として支出した金額②の10分の1を，資本準備金とあわせて資本金の4分の1に達するまで積み立てる。 利益準備金勘定

   ② 株主配当金 …株主に対する利益の分配である。 未払配当金勘定

   ③ 任意積立金 … 配当平均積立金勘定 ・ 新築積立金勘定 ・ 別途積立金勘定 などがある。

   例 3月31日 当期純利益￥1,300,000を計上した。

繰越利益剰余金				損　　　益	
3/31次期繰越 1,300,000	3/31 1,300,000 ←			（総費用）6,800,000	（総収益）8,100,000
				〈純利益〉1,300,000	
				8,100,000	8,100,000

   例 6月25日 繰越利益剰余金を次のように処分することを決議した。
   　　利益準備金　￥100,000　　　株主配当金　￥1,000,000
   　　別途積立金　￥100,000

利益準備金			繰越利益剰余金	
	6/25　100,000 ←	6/25 1,200,000	4/1前期繰越 1,300,000	
未払配当金				
	6/25 1,000,000 ←			
別途積立金				
	6/25　100,000 ←			

3. **純損失の計上**
   純損失が生じたときは，損益勘定から繰越利益剰余金勘定の借方に振り替える。
   前期から繰り越された繰越利益剰余金の額より，当期純損失の額の方が多ければ，繰越利益剰余金勘定は借方残高になる。これは，マイナスの繰越利益剰余金である。

   例 3月31日 当期純損失￥300,000を計上した。

   （借）繰越利益剰余金　300,000　　（貸）損　　　益　300,000

4. **損失の処理**
   繰越利益剰余金の借方残高は，株主総会で，そのてん補を決定する。別途積立金などを取り崩して，てん補し，残額があれば繰越利益剰余金勘定の借方残高のまま繰り越すことになる。

> [例] 6月25日 株主総会で繰越利益剰余金の借方残高￥300,000を別途積立金￥250,000を取り崩してん補し、残額は次期に繰り越した。
>
> (借)別 途 積 立 金　250,000　　(貸)繰越利益剰余金　250,000
>
> [例] 当期純利益 ￥2,600,000を計上した。ただし、繰越利益剰余金は借方残高￥800,000である。
>
> (借)損　　　　　益　2,600,000　　(貸)繰越利益剰余金　2,600,000
>
> この結果、繰越利益剰余金は、貸方残高￥1,800,000になる。
>
> [付] 役員賞与金
> 会社法では、株主総会の決議事項であるが、役員報酬と同様費用処理される。
> 決算時に、役員賞与を費用処理するときは、役員賞与引当金繰入勘定（費用）の借方と役員賞与引当金勘定（負債）の貸方に記入する。

1 基礎問題　次の取引を仕訳しなさい。

(1) A株式会社は、当期純利益￥1,500,000を計上した。
(2) B株式会社は、当期純損失￥1,500,000を計上した。

	借 方 科 目	金　額	貸 方 科 目	金　額
(1)				
(2)				

2 基礎問題　次の取引を仕訳しなさい。

株主総会で、繰越利益剰余金を次のように処分することを決定した。なお、繰越利益剰余金は貸方残高￥2,500,000である。

利益準備金　￥210,000　　株主配当金　￥2,100,000
別途積立金　￥100,000

借 方 科 目	金　額	貸 方 科 目	金　額

3 **基礎問題** 次の会社の会社法で定められた利益準備金の最低積立額を計算しなさい。

	資 本 金	資本準備金	利益準備金	(処 分 額)	
				別途積立金	株主配当金
A社	¥20,000,000	¥2,000,000	¥2,800,000	¥300,000	¥2,500,000
B社	¥10,000,000	¥1,000,000	¥1,250,000	¥200,000	¥2,100,000

A社 ¥_____   B社 ¥_____

4 **練習問題** 次の取引を仕訳しなさい。
(1) 下関商事株式会社は，当期純利益¥2,000,000を計上した。ただし，繰越利益剰余金勘定の貸方残高が¥300,000ある。
(2) 下関商事株式会社（資本金¥10,000,000）は，株主総会において，繰越利益剰余金を次のように処分することを決定した。ただし，決算日の利益準備金勘定残高は¥1,200,000であり，資本準備金勘定残高は¥600,000である。
　　利益準備金　会社法が規定する最低額　　株主配当金　¥1,800,000
　　別途積立金　¥　200,000
(3) 株主配当金¥1,800,000を小切手を振り出して支払った。
(4) 下関商事株式会社は，当期純損失¥650,000を計上した。

	借 方 科 目	金　　額	貸 方 科 目	金　　額
(1)				
(2)				
(3)				
(4)				

5 **練習問題** 次の取引を仕訳しなさい。
(1) 西宮産業株式会社は，決算の結果，当期純損失¥2,750,000を計上した。ただし，繰越利益剰余金勘定は貸方残高¥800,000である。
(2) 西宮産業株式会社は，繰越利益剰余金の借方残高¥1,950,000を別途積立金¥1,500,000を取り崩して，てん補し，残額は繰り越すことにした。

	借 方 科 目	金　　額	貸 方 科 目	金　　額
(1)				
(2)				

6 検定問題　次の取引を仕訳しなさい。

(1) 日本商工株式会社は平成×年9月27日の定時株主総会において繰越利益剰余金¥2,430,000を次のとおり処分することが承認された。
　　利益準備金：会社法で認められる最低額
　　株主配当金：1株につき¥60　　　　別途積立金：¥500,000
　　なお，平成×年6月30日（決算日）現在の資本金，資本準備金，利益準備金の勘定残高はそれぞれ¥10,000,000，¥1,500,000，¥500,000であり，発行済株式数は20,000株であった。
　　　　　　　　　　　　　　　　　　　　　　　　　　　　　　　（第90回　類題）

(2) 出雲商事株式会社（3月末決算，資本金¥20,000,000）は，平成×年6月25日に開催された年次株主総会において剰余金の処分の決議を行った。当期純利益¥10,000,000，前期から繰り越された繰越利益剰余金¥800,000，株主配当金¥6,000,000の場合，利益準備金への積立てに関する仕訳のみを示しなさい。なお，利益準備金残高は¥3,100,000，資本準備金残高は¥1,500,000であり，会社法が規定する最低の金額を積み立てるものとする。　　（第86回　類題）

(3) 平成×年9月26日の定時株主総会において，繰越利益剰余金¥1,850,000を次のとおり処分することが承認された。
　　利益準備金：会社法で認められる最低額　　株主配当金：¥1,200,000
　　　　　　　　　　　　　　　　　　　　　　別途積立金：¥　350,000
　　なお，平成×年6月30日（決算日）現在の資本金，資本準備金および利益準備金の勘定残高は，それぞれ¥30,000,000，¥2,000,000，¥4,000,000であった。
　　　　　　　　　　　　　　　　　　　　　　　　　　　　　　　（第79回　類題）

(4) B社（3月31日決算）は，定時株主総会（6月30日）において，前期から繰り越された純損失¥1,500,000をてん補するため別途積立金¥1,000,000を取り崩した。
　　　　　　　　　　　　　　　　　　　　　　　　　　　　　　　（第89回　類題）

	借方科目	金額	貸方科目	金額
(1)	繰越利益剰余金	1,820,000	未払配当金 利益準備金 別途積立金	1,200,000 120,000 500,000
(2)	繰越利益剰余金	400,000	利益準備金	400,000
(3)	繰越利益剰余金	1,670,000	未払配当金 利益準備金 別途積立金	1,200,000 120,000 350,000
(4)	別途積立金	1,000,000	繰越利益剰余金	1,000,000

7 練習問題　次の取引を仕訳しなさい。

(1) 大阪商事株式会社（3月末決算）は、決算にさいして、役員賞与金として¥280,000の引当金を計上した。

(2) 大阪商事株式会社は、6月26日の株主総会において、前期末に引当金を計上した役員賞与金¥280,000が決議された。

(3) 福岡物産株式会社は、6月25日株主総会において、役員賞与金¥340,000の支払が決議された。なお、前期末に役員賞与金に関する引当金は計上されていない。

	借方科目	金額	貸方科目	金額
(1)				
(2)				
(3)				

第17回 社債の発行・利払い

要点整理

1 社債の発行
① 株式会社は，社債を発行して長期の借入れを行うことができる。社債を発行したときは，社債勘定（負債）の貸方に払込金額で記入する。
② 社債の発行方法には，次のものがある。

　　割引発行……額面金額より低い価額で発行する。
　　平価発行……額面金額と同じ価額で発行する。
　　打歩発行……額面金額より高い価額で発行する。

2 社債発行費等
社債発行のために支出した諸費用を社債発行費といい，新株予約権（1級の範囲）の発行のための費用を含めて，社債発行費等という。これらの費用を支出したときは，社債発行費等勘定（資産）の借方に記入する。

3 利払い
① 社債の利息を支払ったら，社債利息勘定（費用）の借方に記入する。
② 社債の利息は，次のように計算する。（年2回払いの場合）

$$額面金額 × 年利率 × \frac{1}{2} = 社債利息（半年分）$$

　[例] 倉敷物産株式会社は，期中の11月1日に，額面総額￥10,000,000，償還期限5年，年利率3％（利払年2回　4月末，10月末），払込金額@￥98の条件で社債を発行していたが，10月末日につき半年分の利息を小切手を振り出して支払った。

（借）社 債 利 息	150,000※	（貸）当 座 預 金	150,000

　※ ￥10,000,000（額面総額）×0.03（年利率）× $\frac{1}{2}$ ＝￥150,000

③ 社債の利払日と決算日が相違している場合は，決算にあたって，前回の利払日の翌日から決算日までの社債利息の未払分を計上する。

　[例] 倉敷物産株式会社は，決算（12月31日）にあたり，上記の社債利息の未払分を計上した（月割計算による）。

（借）社 債 利 息	50,000※	（貸）未払社債利息	50,000

　※ ￥10,000,000（額面総額）×0.03（年利率）× $\frac{2（月）}{12（月）}$ ＝￥50,000

1 **基礎問題** 次の取引を仕訳しなさい。
(1) 守口物産株式会社は，次の条件で社債額面総額￥20,000,000を発行し，払込金を当座預金とした。
　　償還期限　5年　年利率　3％（利払い3月末，9月末）　払込金額　@￥99
(2) 上記の社債の半年分の利息を小切手を振り出して支払った。

	借方科目	金額	貸方科目	金額
(1)				
(2)				

2 **練習問題** 次の取引を仕訳しなさい。ただし，勘定科目は次の中から最も適当と思われるものを選ぶこと。
　　　当座預金　　売買目的有価証券　　社債発行費等
　　　社　　債　　有価証券利息　　　　社債利息

(1) 天王子商工株式会社は，額面総額￥30,000,000の社債を償還期限5年，年利率2％（利払い年2回，@￥98）で発行し，払込金は当座預金とした。
(2) 天王子商工株式会社は，上記の社債の利息（半年分）を小切手を振り出して支払った。
(3) 三原商事株式会社は，額面総額￥50,000,000の社債を償還期限10年，年利率4％（利払い4月と10月の末日）@￥98で発行し，払込金は当座預金とした。なお，社債発行のための諸費用￥3,000,000を小切手を振り出して支払った。
(4) 三原商事株式会社は，上記の社債の半年分の利息を小切手を振り出して支払った。
(5) 中国物産株式会社は，額面総額￥100,000,000の社債を下記の条件で発行し，全額の払込みを受け，当座預金とした。なお，社債の発行の費用￥6,000,000を小切手を振り出して支払った。
　　払込金額　@￥98　　利払い年2回　　利率年3％　　償還期限　5年後

	借方科目	金額	貸方科目	金額
(1)				
(2)				
(3)				
(4)				
(5)				

3 **練習問題** 次の取引を仕訳しなさい。
(1) 岩国物産株式会社（決算日5月31日）は，社債総額￥50,000,000を償還期限10年，利率年3％（利払い年2回，2月と8月の末日），@￥98で発行し，手取金を当座預金とした。なお，社債の発行費用￥1,500,000は，小切手を振り出して支払った。
(2) 決算にあたり，上記の社債利息の未払分を計上した（月割計算による）。

	借 方 科 目	金　　　額	貸 方 科 目	金　　　額
(1)				
(2)				

4 **検定問題** 次の取引を仕訳しなさい。
(1) 山手商事株式会社は額面総額￥10,000,000の社債を額面￥100につき￥98.20で発行し，全額の払込みを受け，当座預金とした。 　　　　　　　　　　　　（第94回 出題）
(2) 社債額面総額￥30,000,000を額面￥100につき￥98で発行し，払込金額を当座預金とした。なお，社債発行に要した費用￥600,000は現金で支払った。
　　　　　　　　　　　　　　　　　　　　　　　　　　　　　　　　　　　（第82回 類題）
(3) 社債額面@￥100，年利率3％（年2回払い），償還期限5年，総額￥10,000,000，発行価額@￥99.50で発行した社債について，第1回の利払期が到来したため利息を現金で支払った。　　　　　　　　　　　　　　　　　　　　　　　　　　（第76回 類題）
(4) 山口商事株式会社は，額面総額￥30,000,000の社債を償還期限10年，利率5％（年2回払い），額面￥100につき￥98.50の条件で発行し，払込金は当座預金とした。なお，社債発行のための諸費用￥500,000は，小切手を振り出して支払った。
(5) 上記の社債について，第1回の利息（半年分）は，小切手を振り出して支払った。
　　　　　　　　　　　　　　　　　　　　　　　　　　　　　　　　　　　（第60回 類題）

	借 方 科 目	金　　　額	貸 方 科 目	金　　　額
(1)				
(2)				
(3)				
(4)				
(5)				

第18回 社債の期末評価・社債発行費等の償却・償還

要点整理

1 社債の期末評価

社債の額面金額と払込金額とが異なるときは，その差額を償還期限までに，毎決算期に均等額を払込金額（帳簿価額）に加減して，満期の時点で社債勘定の残高を額面金額と一致させるように処理する。この処理方法を償却原価法（定額法）という。

割引発行のときは，社債利息勘定（費用）の借方と社債勘定（負債）の貸方に記入して加算する。

例 決算にあたり，当期首に額面総額￥10,000,000を￥100につき￥98で発行した社債（償還期間5年）について，評価替をした。ただし，償却原価法（定額法）による。

（借）社 債 利 息　　40,000※　　（貸）社　　　債　　　40,000

※　$(￥10,000,000 - ￥10,000,000 × \dfrac{￥98}{￥100}) ÷ 5 = ￥40,000$

2 社債発行費等の償却

社債発行費等は，社債の償還期間内に，毎決算期に均等額の償却をする。社債発行費等を償却したときは，社債発行費等償却勘定（費用）の借方と社債発行費等勘定（資産）の貸方に記入する。

例 決算にあたり，社債発行費等￥240,000について，5年間で均等償却することにした。

（借）社債発行費等償却　　48,000　　（貸）社債発行費等　　48,000

3 社債の償還

① 社債を償還したときは，社債勘定の借方に記入する。
② 社債の償還には，次の方法がある。

　　満 期 償 還……償還期限がきたときに償還する。
　　抽せん償還……期日前に分割して償還する方法で，抽せんで償還する社債を決定する。
　　買 入 償 還……社債市場から時価で買い入れて償還する。

買入償還では，償還した社債の帳簿価額と買入価額との差額が生じるのがふつうである。この差額は，社債償還益勘定（収益）または社債償還損勘定（費用）で処理する。

例 額面総額￥10,000,000，償還期限5年，@￥98の条件で発行していた社債のうち￥5,000,000を発行後4年目初頭に@￥99で買入償還し，小切手を振り出して支払った。

（借）社　　　債　　4,960,000　　（貸）当 座 預 金　　4,950,000
　　　　　　　　　　　　　　　　　　　社 債 償 還 益　　　 10,000

※　買入社債の帳簿価額の計算：
　　発行時の割引額　$￥5,000,000 - ￥5,000,000 × \dfrac{￥98}{￥100} = ￥100,000$

> 3年間の評価替額　¥100,000 × $\frac{3}{5}$ = ¥60,000
>
> 4年目初頭の帳簿価額　¥5,000,000 × $\frac{¥98}{¥100}$ + ¥60,000 = ¥4,960,000
>
> 買入価額　¥5,000,000 × $\frac{¥99}{¥100}$ = ¥4,950,000

1 〈基礎問題〉　次の取引の仕訳をしなさい。

(1) 期首に，社債額面¥10,000,000を¥100につき¥95で発行し，払込金額は当座預金とした。社債発行費用¥150,000を現金で支払った。

(2) 決算にあたり，上記社債の評価替をした。ただし，償還期間は5年，評価替は償却原価法（定額法）による。

(3) (2)と同時に，社債発行費等を¥30,000償却した。

	借方科目	金　額	貸方科目	金　額
(1)				
(2)				
(3)				

2 〈基礎問題〉　次の取引について，下記の(1)(2)のおのおのの場合の仕訳をしなさい。

発行済社債額面¥20,000,000のうち，額面¥10,000,000を買入償還し，小切手を振り出して支払った。なお，社債勘定の残高は¥19,700,000であった。

(1) 額面¥100につき¥97で買入償還した場合

(2) 額面¥100につき¥99で買入償還した場合

	借方科目	金　額	貸方科目	金　額
(1)				
(2)				

3 **練習問題** 次の取引を仕訳しなさい。

(1) 01年10月1日　額面総額¥50,000,000の社債を次の条件で発行し、払込金を当座預金とした。なお、この社債の発行費用¥900,000を小切手を振り出して支払った。
　払込金額　@¥98　　年利率　5％　　利払い　年2回（3月と9月の末日）
　償還期限　10年

(2) 02年9月30日　決算にあたり、社債の評価替（償却原価法（定額法））と社債発行費等を会社法の定める期間で均等償却した。

	借　方　科　目	金　　　額	貸　方　科　目	金　　　額
(1)				
(2)				

4 **練習問題** 次の取引を仕訳しなさい。

(1) 決算（年1回決算）にあたり、期首に発行した社債の評価替と社債発行費等を償却した。社債発行時の割引額総額は¥2,000,000、社債償還期間は5年であり、社債発行のために直接要した費用は¥600,000である。なお、社債の評価替は、償却原価法（定額法）により、社債発行費等は償還期間にわたり均等償却する。

(2) 額面総額¥30,000,000、年利率6％（年2回払）、償還期限10年、払込金額@¥102で発行した社債について、発行後1年経過した後決算日が到来し、社債の評価替（償却原価法（定額法））を行った。

	借　方　科　目	金　　　額	貸　方　科　目	金　　　額
(1)				
(2)				

5 **練習問題** 期首（4月1日）に，次の条件で発行した社債について，下記の取引を仕訳しなさい。

　　額面総額￥20,000,000　　払込金額＠￥98.50　　社債発行費等￥450,000
　　年利率3％　　利払い年2回（2月，8月の末日）　　償還期限5年

(1) 8月31日第1回目の社債利息を小切手を振り出して支払った。
(2) 社債発行後1年目の決算（3月31日）にあたり，社債の評価替（償却原価法（定額法））と社債発行費等の償却（5年間均等償却），未払社債利息の計上を行った。
(3) 社債発行後3年目の初めに，額面総額￥10,000,000を額面￥100につき￥99で買入償還し，小切手を振り出して支払った。
(4) 5年経過した満期日（3月31日）に，社債の評価替をして，社債利息とともに，小切手を振り出して社債の償還をした。

	借方科目	金　　額	貸方科目	金　　額
(1)	社債利息	300,000	当座預金	300,000
(2)	社債利息 社債発行費償却 社債利息	60,000 90,000 50,000	社債 社債発行費 未払社債利息	60,000 90,000 50,000
(3)	社債	9,910,000	当座預金 社債償還益	9,900,000 10,000
(4)	社債利息 社債 社債利息	30,000 10,000,000 25,000	社債 当座預金	30,000 10,025,000

6 **検定問題** 次の取引を仕訳しなさい。

　　名古屋商事株式会社（年1回9月末日決算）は，平成11年10月1日に，社債額面総額￥40,000,000を額面￥100につき￥98で買入償還し，代金は小切手を振り出して支払った。この社債は，平成8年10月1日に，額面総額￥100,000,000を額面￥100につき￥93，償還期間5年で発行したものである。　　　　　　　　　　　（第95回　類題）

借方科目	金　　額	貸方科目	金　　額
社債 社債償還損	38,880,000 320,000	当座預金	39,200,000

第19回 株式会社の税金

要点整理

1 法人税

(1) 申告と納税

　法人税は，決算の結果，計上された純利益をもとにして税法の定めにしたがって計算した所得に課せられる国税である。原則として，決算日から2か月以内に申告（ 確定申告 ）して納税する。

　年1回決算の会社は，事業年度（会計年度）開始後6か月経過した日から2か月以内に 中間申告 を行い，前年度の法人税額の2分の1を納付するか，6か月を仮に1事業年度として仮決算を行い，算出した法人税額を納付する。

(2) 法人税の記帳

① 中間申告をして法人税を納付したときは， 仮払法人税勘定 の借方に記入する（仮払金勘定を用いることもある）。

② 決算の結果，その年度の法人税額を算出したら， 法人税勘定 の借方に記入するとともに中間申告分を差し引く意味で，仮払法人税勘定の貸方に中間申告納付額を記入し，差し引き，未納分を 未払法人税勘定 （負債）の貸方に記入する。

例　11月25日　法人税の中間申告を行い，昨年度の法人税￥600,000の2分の1を小切手を振り出して納付した。

（借）仮 払 法 人 税	300,000	（貸）当 座 預 金	300,000

　　　3月31日　決算の結果，当期法人税￥850,000を計上した。

（借）法　　人　　税	850,000	（貸）仮 払 法 人 税	300,000
		未 払 法 人 税	550,000

2 住民税

　道府県民税・市町村民税を住民税という。会社の規模により一律に課せられる均等割額と法人税額をもとに課せられる法人税割額の合計額を納付する。

　住民税の申告と納付の方法は法人税と同じである。住民税勘定を用いて，法人税に準じて記帳してもよいが，法人税と合わせて， 仮払法人税等勘定 ， 法人税等勘定 ， 未払法人税等勘定 を用いることが多い。

3 消費税

　消費税は，商品の販売やサービスの提供に対して課せられる税金であり，商品の価額に加算され，消費者が最終的に負担するが，税金の納付は企業が行う。したがって，企業は仕入れたときに仕入代金とともに消費税を仕入先に支払い，商品を販売したときに商品価額とともに消費税を受け取る。売上先から受け取った消費税額と仕入先に支払った消費税額との差額を，一定期間ごとに計算して納付する。

① 仕入先に消費税を支払ったときは， 仮払消費税勘定 の借方に記入する。

② 売上先から消費税を受け取ったときは， 仮受消費税勘定 の貸方に記入する。

③ 一定期間ごとに，原則として，仮受消費税勘定の残高と仮払消費税勘定の残高との差額を計算し納付する。

[例] 商品￥100,000を仕入れ，代金は消費税￥5,000とともに現金で支払った。

（借）仕　　　　入　　100,000　　（貸）現　　　　金　　105,000
　　　仮 払 消 費 税　　　5,000

[例] 商品￥50,000を売り渡し，代金は消費税￥2,500とともに現金で受け取った。

（借）現　　　　金　　 52,500　　（貸）売　　　　上　　 50,000
　　　　　　　　　　　　　　　　　　　仮 受 消 費 税　　　2,500

[例] 消費税￥550,000を現金で納付した。ただし，仮受消費税勘定の残高は￥6,700,000，仮払消費税勘定の残高は，￥6,150,000である。

（借）仮 受 消 費 税　6,700,000　（貸）仮 払 消 費 税　6,150,000
　　　　　　　　　　　　　　　　　　　現　　　　金　　550,000

上の例の記帳法は 税抜処理 による方法であるが，消費税を仕入価額，売上価額に含めて処理する方法（ 税込処理 ）もある。この方法では，消費税を納付したときに 租税公課勘定 （費用）（または 消費税勘定 ）の借方に記入すればよい。

4 事 業 税

事業税は，事業を行う法人が，各事業年度の所得などをもとにして，都道府県に納付する税金である。申告と税金の納付の方法は法人税に準じて行えばよい。ふつう， 法人税等 に含めて処理する。

1 **基礎問題** 次の連続した取引の仕訳を完成しなさい。

(1) 鳥取興産株式会社は，法人税の中間申告を行い，￥260,000を現金で納付した。
(2) 決算の結果，当期の法人税￥630,000を計上した。
(3) 法人税の確定申告を行い，未納法人税￥370,000を現金で納付した。

	借　方　科　目	金　　　額	貸　方　科　目	金　　　額
(1)	(　　　　　　)	260,000	現　　　　金	260,000
(2)	(　　　　　　)	630,000	(　　　　　　) (　　　　　　)	260,000 370,000
(3)	(　　　　　　)	370,000	現　　　　金	370,000

2 **基礎問題** 次の取引の仕訳を完成しなさい。

(1) 商品￥10,000を仕入れ，代金は消費税￥500とともに現金で支払った。
(2) 商品￥3,000を売り渡し，代金は消費税￥150とともに現金で受け取った。
(3) 期末に消費税の未納額￥60,000を計上した。ただし，仮払消費税勘定残高は￥800,000，仮受消費税勘定残高は￥860,000である。

	借方科目	金　　額	貸方科目	金　　額
(1)	仕　　入 （　　　　）	10,000 500	現　　金	10,500
(2)	現　　金	3,150	売　　上 （　　　　）	3,000 150
(3)	（　　　　）	860,000	（　　　　） （　　　　）	800,000 60,000

3 練習問題　宇治商事株式会社の次の取引を仕訳しなさい。
(1) 法人税・住民税・事業税の中間申告を行い，¥3,600,000を小切手を振り出して支払った。
(2) 決算の結果，当期の法人税¥5,700,000と住民税¥850,000，事業税¥300,000を計上した。
(3) 法人税と住民税・事業税の確定申告を行い，中間申告の納付額を差し引き，残額を小切手を振り出して支払った。

	借方科目	金　　額	貸方科目	金　　額
(1)				
(2)				
(3)				

4 練習問題　山口物産株式会社の次の取引を仕訳しなさい。
(1) 商品¥200,000を仕入れ，代金は消費税¥10,000とともに来月10日払いとした。
(2) 商品¥50,000を売り渡し，消費税¥2,500とともに現金で受け取った。
(3) 消費税額¥580,000を現金で納付した。ただし，仮払消費税勘定残高が¥8,300,000，仮受消費税勘定残高¥8,880,000がある。

	借方科目	金　　額	貸方科目	金　　額
(1)				
(2)				
(3)				

5 練習問題　次の取引を仕訳しなさい。

岡山商事株式会社（決算年1回）は，法人税・住民税と事業税の中間申告を行い，次の税額を，それぞれ現金で支払った。

法人税　¥200,000　　　住民税　¥35,000　　　事業税　¥60,000

借　方　科　目	金　　　額	貸　方　科　目	金　　　額

6 検定問題　次の取引を仕訳しなさい。

(1) 決算にさいして，消費税の納付額¥125,500を計算し，これを確定した。なお，消費税の会計処理は税込方式によっている。　　　　　　　　　　　（第124回　出題）

(2) 決算にさいし，法人税¥7,000,000と住民税¥1,200,000を計上するとともに，その金額の中間納付額¥3,680,000（法人税¥3,200,000，住民税¥480,000）を控除した差額を未払分として計上した。なお，中間納付額は仮払法人税等勘定で処理されている。　　　（第81回　類題）

(3) 決算にさいし，法人税¥3,800,000，住民税¥600,000を計上するとともに，この金額から中間納付額¥2,400,000（法人税¥2,100,000，住民税¥300,000）を控除した金額を未払分として計上した。なお，法人税および住民税の中間納付額は仮払法人税等勘定に記入されている。　　　　　　　　　　　　　　　　　　　（第55回　類題）

(4) 決算にさいし，本年度の法人税等が¥5,600,000と確定したので，この金額から中間納付額¥2,500,000を控除した金額を未払法人税等勘定に計上した。なお，法人税等の中間納付額は仮払金勘定で処理していた。　　　　　　（第69回　類題）

(5)イ　第63期（平成12年4月1日から平成13年3月31日）の法人税等について中間申告を行い，税額¥1,200,000を小切手を振り出して納付した。

ロ　第63期の決算の結果，税引前当期純利益にもとづいて法人税等は¥2,800,000と計算された。　　　　　　　　　　　　　　　　　　　　　　　　　　　　　　　（第63回　類題）

		借　方　科　目	金　　　額	貸　方　科　目	金　　　額
(1)					
(2)					
(3)					
(4)					
(5)	イ				
	ロ				

第20回 本支店間・支店間取引

要点整理

1 本支店間の取引

① 本店勘定と支店勘定

支店会計を本店会計から独立させると，本支店間で取引を行うと本支店間に債権・債務が生じる。この債権・債務は，本店の総勘定元帳には 支店勘定 ，支店の総勘定元帳には 本店勘定 を設けて記帳する。本支店間の取引を本店・支店とも記入済であれば，本店勘定・支店勘定の残高は，貸借反対で一致する。

例

(1) 本店は，支店に商品￥100,000（原価）を送り，支店は，この商品を受け取った。

（本店の仕訳）
| （借）支　　　　店 | 100,000 | （貸）仕　　　　入 | 100,000 |

（支店の仕訳）
| （借）仕　　　　入 | 100,000 | （貸）本　　　　店 | 100,000 |

(2) 支店は，本店に現金￥50,000を送付し，本店は，この現金を受け取った。

（支店の仕訳）
| （借）本　　　　店 | 50,000 | （貸）現　　　　金 | 50,000 |

（本店の仕訳）
| （借）現　　　　金 | 50,000 | （貸）支　　　　店 | 50,000 |

(3) 本店は，支店の売掛金￥20,000を支店に代わって現金で回収し，支店は，この通知を受けた。

（本店の仕訳）
| （借）現　　　　金 | 20,000 | （貸）支　　　　店 | 20,000 |

（支店の仕訳）
| （借）本　　　　店 | 20,000 | （貸）売　掛　金 | 20,000 |

(4) 本店は，支店の営業費￥5,000を現金で立替払いし，支店は，この通知を受けた。

（本店の仕訳）
| （借）支　　　　店 | 5,000 | （貸）現　　　　金 | 5,000 |

（支店の仕訳）
| （借）営　業　費 | 5,000 | （貸）本　　　　店 | 5,000 |

	支　　店				本　　店		
(1)	100,000	(2)	50,000	(2)	50,000	(1)	100,000
(4)	5,000	(3)	20,000	(3)	20,000	(4)	5,000
借方残高	35,000	— 致				貸方残高	35,000

② 純損益の処理

支店が純損益を計上したときは，損益勘定から本店勘定に振り替える。本店は，支店から純損益の通知を受けたら，支店勘定と損益勘定に記入する。

例 支店は，当期純利益￥1,200,000を計上し，本店は，この通知を受けた。
（支店の仕訳）
| （借）損　　益 | 1,200,000 | （貸）本　　店 | 1,200,000 |

（本店の仕訳）
| （借）支　　店 | 1,200,000 | （貸）損　　益 | 1,200,000 |

2 支店間の取引

支店が二つ以上設けられている場合，支店間の取引の記帳法には，次の二つの方法がある。

① 支店間の取引は，支店だけで記帳する方法である。この方法では，元帳に相手支店の勘定を設けて記帳する。

例 大阪支店は，京都支店に現金￥100,000を送り，京都支店は，この現金を受け取った。
（大阪支店の仕訳）
| （借）京都支店 | 100,000 | （貸）現　　金 | 100,000 |

（京都支店の仕訳）
| （借）現　　金 | 100,000 | （貸）大阪支店 | 100,000 |

② 支店間の取引を，各支店は本店と取引したように記帳し，この取引の通知を受けた本店は，それぞれの支店と取引をしたように，各支店勘定に記帳する。この方法では支店は相手支店勘定を設けず，本店勘定だけを設ければよい。この方法を 本店集中計算制度 という。

上記の 例 を本店集中計算制度によって，仕訳すると，次のようになる。

（大阪支店の仕訳）
| （借）本　　店 | 100,000 | （貸）現　　金 | 100,000 |

（京都支店の仕訳）
| （借）現　　金 | 100,000 | （貸）本　　店 | 100,000 |

（本店の仕訳）
| （借）京都支店 | 100,000 | （貸）大阪支店 | 100,000 |

```
              大阪支店から現金を受け取り，京都支店へ送ったように記帳する
                              ┌─────────┐
                              │  本　　店  │
                              └─────────┘
        本店へ送ったように記帳する         本店から送られたように記帳する

   ┌─────────┐                                    ┌─────────┐
   │  大 阪 支 店  │ ────── 現金　￥100,000 ──────→ │  京 都 支 店  │
   └─────────┘                                    └─────────┘
```

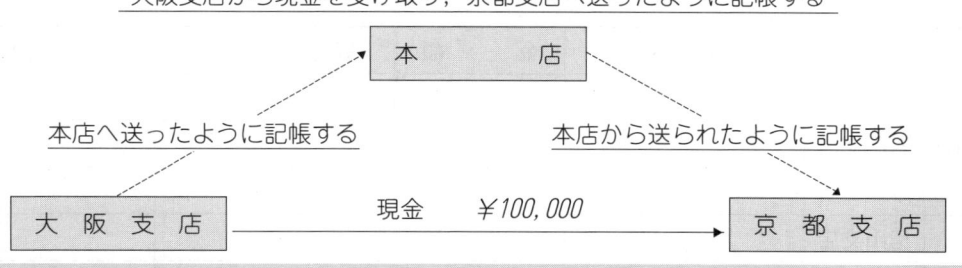

（注）本店では，実際には現金は受払いしないから，仕訳で現金は省略する。

1 基礎問題　次の取引を仕訳しなさい。

(1) 本店は，支店に現金¥200,000を送り，支店は，この現金を受け取った。
(2) 支店は，本店の売掛金¥50,000を現金で回収し，本店は，この通知を受けた。
(3) 本店は，支店の買掛金¥30,000を小切手を振り出して支払い，支店は，この通知を受けた。
(4) 本店は，支店の営業費¥10,000を現金で支払い，支店は，この通知を受けた。
(5) 支店は，純利益¥1,000,000を計上し，本店は，この通知を受けた。

		借方科目	金額	貸方科目	金額
(1)	本店				
	支店				
(2)	本店				
	支店				
(3)	本店				
	支店				
(4)	本店				
	支店				
(5)	本店				
	支店				

2 基礎問題　次の取引を仕訳しなさい。ただし，本店集中計算制度を採用し，本店は，取引の通知を受けた。

(1) 下関支店は，岩国支店に現金¥350,000を送り，岩国支店は，この現金を受け取った。
(2) 徳山支店は，長門支店の得意先から売掛金¥100,000を現金で受け取り，長門支店は，この通知を受けた。

		借方科目	金額	貸方科目	金額
(1)	下関支店				
	岩国支店				
	本店				
(2)	徳山支店				
	長門支店				
	本店				

3 **練習問題** 次の取引を仕訳しなさい。

(1) 本店は，支店に商品￥150,000（原価）を送り，支店は，この商品を受け取った（本店の仕訳）。
(2) 本店は，広告料￥160,000を小切手を振り出して支払ったが，このうち￥50,000は，支店の負担であり，支店は，この通知を受けた（支店の仕訳）。
(3) 本店は，売掛代金として，支店振出しの約束手形￥250,000を受け取り，支店は，この通知を受けた（支店の仕訳）。
(4) 支店は，決算の結果，純損失￥680,000を計上し，本店は，この通知を受けた（支店の仕訳）。

	借 方 科 目	金 額	貸 方 科 目	金 額
(1)				
(2)				
(3)				
(4)				

4 **練習問題** 次の取引を仕訳しなさい。ただし，本店集中計算制度を採用している。なお，本店は，この通知を受けている。

(1) 豊中支店は，守口支店の仕入先に掛代金￥85,000を小切手を振り出して支払い，守口支店は，この通知を受けた（豊中支店の仕訳）。
(2) 富山支店は，金沢商店へ商品￥300,000を売り上げ，代金のうち￥200,000は，倉敷支店振出しの約束手形を受け取り，残りは掛けとした（富山支店の仕訳）。
(3) 名古屋支店は，米子支店の得意先から掛代金￥250,000を同店振出しの小切手で受け取り，米子支店は，この通知を受けた（名古屋支店の仕訳）。
(4) 奈良支店は，宝塚支店の従業員の旅費￥10,000を現金で立て替えて支払い，宝塚支店は，この通知を受けた（本店の仕訳）。
(5) 本店は，横浜支店から水戸支店へ現金￥100,000を送金した旨の通知を受け取った（本店の仕訳）。

	借 方 科 目	金 額	貸 方 科 目	金 額
(1)				
(2)				
(3)				
(4)				
(5)				

第21回 未達事項の整理，内部利益の控除

要点整理

1 未達事項の整理

本店勘定と支店勘定は，貸借反対で残高は一致するのが原則であるが，次のような場合は一致しない。

① 一方の店（本店あるいは支店）から，現金や商品を送ったが，他方の店（本店あるいは支店）には到着していないので未記帳である場合
② 一方の店（本店あるいは支店）から，取引の通知を出したが，他方の店（本店あるいは支店）には到着していないので未記帳である場合

このように，一方の店で記帳済みであるのに，他方の店では未記帳となっている取引を 未達事項 （または未達取引）という。

決算日に未達事項があれば，その現金・商品や取引の通知が到着したものとして，関連の勘定を修正し，本店勘定と支店勘定の残高を一致させる必要がある。

例 3月31日現在の本店勘定残高は貸方￥1,500,000，支店勘定残高は借方￥1,660,000であった。調査の結果，次の未達事項が判明した。未達事項による修正を仕訳の形式で示して，本店勘定・支店勘定の一致額を求める。

a 本店から支店へ現金￥100,000を送ったが，支店に未達。
b 支店が本店の買掛金￥50,000を立替払いしたが，本店に，この通知が未達。
c 本店が支店の営業費￥10,000を立替払いしたが，支店に，この通知が未達。

未達事項の整理

a	（支店）	（借）未 達 現 金	100,000		（貸）本	店	100,000
b	（本店）	（借）買 掛 金	50,000		（貸）支	店	50,000
c	（支店）	（借）営 業 費	10,000		（貸）本	店	10,000

本　　店		支　　店	
	1,500,000	1,660,000	b　　50,000
a　　100,000			
c　　10,000			

貸方残高 ￥1,610,000 ＝ 借方残高 ￥1,610,000

2 内部利益の控除

① 本店から支店へ商品を送る場合，原価に一定の利益を加算した価額による場合がある。この場合は，「本店から仕入」「支店へ売上」の勘定を用いて，一般の仕入・売上と区別する。

例 本店は，支店へ原価￥200,000の商品を送り，支店は，この商品を受け取った。本店は，支店へ原価の20％の利益を加えた価額で商品を送っている。

(本店の仕訳)	(借)支 店	240,000	(貸)支店へ売上	240,000	
(支店の仕訳)	(借)本店より仕入	240,000	(貸)本 店	240,000	

② 期末に本店から送られた商品が在庫となっていると，利益加算分だけ期末棚卸高が過大に計上され，その結果，売上総利益・当期純利益ともに過大に計上される。この企業内部の取引による利益を 内部利益 といい，決算にあたって，この内部利益を控除しなければならない。なお，未達商品(本店が支店に送付した商品で支店に到着していない商品)も期末在庫となるので，内部利益を控除する必要がある。

内部利益＝
（期末棚卸高のうち本店から送付された商品（未達分を含む）$\times \dfrac{\text{利益加算率}}{1+\text{利益加算率}}$

例 次の資料によって，内部利益を計算する。ただし，本店は，原価の10％の価額で支店に商品を送っている。
　a　支店の期末棚卸高のうち¥220,000は，本店から仕入れたものである。
　b　未達商品が¥55,000ある。
　　内部利益　$(¥220,000＋55,000) \times \dfrac{0.1}{1＋0.1} ＝¥25,000$

---

1 基礎問題　未達事項整理前の本店勘定残高は貸方¥800,000，支店勘定残高は借方¥900,000である。

(1)未達事項の整理仕訳を示し，(2)整理後の本店勘定と支店勘定の残高の一致額を示しなさい。

未達事項
　a　本店から支店へ商品¥110,000（原価）を発送したが，支店に未達である。
　b　支店が本店の得意先から売掛代金¥30,000を回収したが，本店に，この通知が未達である。
　c　本店が支店の広告料¥20,000を立替払いしたが，この通知が，支店に未達である。

(1)
	借方科目	金額	貸方科目	金額
a				
b				
c				

(2)　本店勘定と支店勘定の一致額　¥

2 基礎問題　次の資料から，本支店合併の下記の金額を計算しなさい。ただし，内部取引を相殺し，内部利益は控除すること。ただし，本店は支店に原価の10％の利益を加算した価額で商品を送付している。

	本　店	支　店
期首棚卸高	¥ 100,000	¥ 60,000 （本店からの仕入分は含まれていない）
仕入高	1,800,000	850,000
本店より仕入高		440,000
売上高	2,500,000	1,200,000
支店への売上高	473,000	

未達事項
　本店は支店に商品¥33,000を送付したが，支店に未達である。

期末整理事項
　期末商品棚卸高　本店　¥120,000
　　　　　　　　　支店　¥85,000（うち¥22,000は，本店より仕入れた分である）

売　上　高	仕　入　高	期末棚卸高	売　上　原　価
¥	¥	¥	¥

3 練習問題　本店の支店勘定は借方残高¥4,050,000，支店の本店勘定は貸方残高¥3,800,000であった。両勘定の不一致の原因は，次の未達事項によるものであることがわかった。よって，次の問いに答えなさい。

(1) 本店または支店が勘定残高を修正するために行う整理を仕訳の形式で示しなさい。
(2) 本店勘定残高と支店勘定残高は，いくらで一致するか，その金額を示しなさい。

未達事項
　a　本店から支店へ発送した商品¥400,000（原価）が未達である。
　b　支店から本店へ送った現金¥250,000が未達である。
　c　本店が支店の売掛金¥500,000を回収したが，この通知が支店に未達である。
　d　支店が本店の営業費¥100,000を立て替えて支払ったが，この通知が本店に未達である。

(1)

	借方科目	金　額	貸方科目	金　額
a				
b				
c				
d				

(2) 本店勘定と支店勘定の一致額　¥

4 練習問題
次の資料によって，本支店合併の下記の金額を答えなさい。ただし，
i 本店から支店へ発送した商品の価額は原価に対して10％の利益が加算されている。
ii 支店の期首棚卸高は本店から仕入れたものはない。

試算表

借 方	本 店	支 店	貸 方	本 店	支 店
現 金 預 金	100,000	?	買 掛 金	200,000	152,000
売 掛 金	280,000	130,000	貸 倒 引 当 金	7,000	3,000
支 店	166,000		本 店		?
繰 越 商 品	120,000	80,000	資 本 金	400,000	
備 品	140,000	18,000	売 上	700,000	456,000
仕 入	560,000	420,000	支 店 へ 売 上	79,000	
本 店 よ り 仕 入	―	?			
営 業 費	20,000	14,000			
	1,386,000	?		1,386,000	?

未達事項
a 本店から支店に商品発送高　　　　　　¥ 11,000
b 支店から本店に送金高　　　　　　　　¥ 9,000
c 本店で回収した支店の売掛金　　　　　¥ 23,000
d 本店で立て替えた支店の営業費　　　　¥ 2,000

決算整理事項
a 期末商品棚卸高　　本　店　¥ 85,000
　　　　　　　　　　支　店　¥ 46,000（うち本店より仕入れ分¥ 33,000）
b 貸倒引当金　　売掛金の5％設定する（差額補充法）。
c 減価償却高　　本　店　¥ 3,000　　支　店　¥ 1,000

(1) 売　上　高	¥	(2) 現 金 預 金	¥
(3) 売　掛　金	¥	(4) 営　業　費	¥
(5) 売 上 原 価	¥		

（注）貸倒引当金繰入と減価償却費は営業費に含めること。

5 練習問題
次の本店および支店の損益計算書（売上総利益計算の部）と未達事項によって，本支店合併の損益計算書（売上総利益計算の部）を完成しなさい。

本店損益計算書
平成×年10月1日から平成×1年9月30日まで

期首商品棚卸高	150,000	売　上　高	730,000
仕　入　高	650,000	支 店 へ 売 上	220,000
売 上 総 利 益	270,000	期末商品棚卸高	120,000
	1,070,000		1,070,000

支店損益計算書
平成×年10月1日から平成×1年9月30日まで

期首商品棚卸高	85,000	売　上　高	600,000
仕　入　高	272,000	期末商品棚卸高	95,000
本 店 よ り 仕 入	198,000		
売 上 総 利 益	140,000		
	695,000		695,000

未達事項　本店から支店に送った商品￥22,000が未達である。
(注) 1　支店の期末棚卸高のうち￥66,000は，本店から仕入れたものである。なお，支店の期首棚卸高には，本店から仕入れたものはない。
　　 2　本店から支店に送付した商品には，原価に10％の利益を加えてある。
　　 3　内部取引は相殺し，内部利益は控除する。

損 益 計 算 書
平成×年10月1日から平成×1年9月30日まで

費　　　　　用	金　　額	収　　　　益	金　　額
期首商品棚卸高		売　上　高	
仕　入　高		期末商品棚卸高	
売上総利益			

6　練習問題　次の資料によって，本支店合併の損益計算書に記載する下記の金額を計算しなさい。

Ⓐ　勘定残高
　　　　　　　　　　　　本　　店　　　　　　　　　　　支　　店
　繰　越　商　品　　￥　215,000　　　　　　　　￥　96,000
　仕　　　　　入　　　1,160,000　　　　　　　　　230,000
　本店より仕入　　　　　　　　　　　　　　　　　253,000
　売　　　　　上　　　1,350,000　　　　　　　　692,500
　支　店　へ　売　上　　　275,000

Ⓑ　期末整理事項
　　期末商品棚卸高
　　　帳簿棚卸高　　本店　￥200,000　　支店　￥115,000
　　　実地棚卸高　　本店　　180,000　　支店　　102,000
　　　(注)　支店の期末棚卸高のうち￥55,000は本店から仕入れたものであり，棚卸減耗のうち￥8,800は本店より仕入分についてのものである。棚卸減耗損は営業外費用とする。
　　　　　　支店の期首棚卸高のうち￥88,000は，本店から仕入れたものである。
　　　　　　本店から支店に送付した商品には，原価に10％の利益を加えてある。

Ⓒ　未達事項　本店より支店へ商品発送高　　￥22,000

(1)	期首商品棚卸高	￥	(2)	仕　入　高	￥
(3)	棚卸減耗損	￥	(4)	期末商品棚卸高	￥

第22回 損益計算書・貸借対照表の合併

要点整理

1 損益計算書・貸借対照表の合併

支店会計が独立している場合には，支店は独自に決算を行い，財務諸表（損益計算書・貸借対照表など）を作成する。しかし，企業の外部の利害関係者に対して，本店・支店の財務諸表を合併して，企業としての財務諸表を公表しなければならない。

2 合併財務諸表の作成手続き

合併財務諸表は，本支店それぞれの試算表または財務諸表にもとづいて作成される。ここでは，本支店の試算表から合併財務諸表を作成する手続きを学習する。

① 未達事項の整理仕訳を行い，残高試算表の該当する科目を修正する。

未達事項の整理を行うと，本店勘定と支店勘定の残高は貸借反対で一致するから相殺する。また，「本店より仕入」勘定と「支店へ売上」勘定も残高が貸借反対で一致するから相殺する。

② 期末整理事項によって，決算整理仕訳を行い，関係の勘定を修正する。この場合，期首商品棚卸高や期末商品棚卸高に内部利益が含まれているときは，内部利益を計算して控除する。

③ 科目ごとに本店と支店の金額を合計して，①，②で修正の必要があるものは，修正した金額で損益計算書・貸借対照表に記入する。この場合，未達現金は現金に，未達商品は商品に加える。なお，貸倒引当金繰入・減価償却費などの費用は，営業費に加算することがある（問題文の指示をよく読むこと）。

例 次の残高試算表・未達事項・期末整理事項によって，本支店合併の損益計算書・貸借対照表を作成しなさい。

なお，i 本店から支店へ発送した商品には，原価の10％の利益が加算されている。
ii 内部取引は相殺し，内部利益は商品棚卸高から控除する。
iii 貸倒引当金繰入・減価償却費は営業費に，未達現金は現金預金に，未達商品は商品（期末棚卸高）に含める。

残 高 試 算 表　　　　　　　　　　　　単位：千円

借　　方	本　店	支　店	貸　　方	本　店	支　店
現 金 預 金	300	160	買 掛 金	330	140
売 掛 金	480	360	備品減価償却累計額	300	100
支　　店	1,000		貸 倒 引 当 金	20	10
繰 越 商 品	500	200	本　　店		884
備　　品	600	500	資 本 金	1,700	
仕　　入	4,700	600	繰越利益剰余金	300	
本店より仕入		1,320	売　　上	4,344	2,406
営 業 費	800	400	支 店 へ 売 上	1,386	
	8,380	3,540		8,380	3,540

— 87 —

未 達 事 項
 a　本店から支店への商品発送高　　　　66千円
 b　支店から本店への送金高　　　　　　49千円
 c　本店が支店の営業費立替払い　　　　 1千円

期末整理事項
 a　商品棚卸高　本店 800千円　支店 190千円（未達商品は含まない）
  なお，支店の棚卸高のうち22千円は，本店から仕入れたものである。また，支店の期首棚卸高の中には，本店から仕入れたものはない。
 b　貸倒引当金　売掛金の5％を設定する。（差額補充法）
 c　減価償却　定額法　本支店とも耐用年数15年　残存価額　取得価額の10％

(1)　未達事項の整理

a （借）未 達 商 品	66	（貸）本　　　　店	66
b （借）未 達 現 金	49	（貸）支　　　　店	49
c （借）営 業 費	1	（貸）本　　　　店	1

本店勘定と支店勘定の残高は，一致するから相殺する。
 本店勘定　884千円＋a 66千円＋c 1千円＝951千円
 支店勘定　1,000千円－b 49千円＝951千円

「本店より仕入」勘定と「支店へ売上」勘定は，一致するから相殺する。
 「本店より仕入」　1,320千円＋未達商品66千円＝1,386千円
 「支店へ売上」　1,386千円

(2)　期末整理事項の整理
 a　期首棚卸高　試算表の繰越商品　本店 500千円＋支店 200千円＝700千円
  期末棚卸高　内部利益……（支店の棚卸高のうち本店から仕入れた分22千円
    ＋未達商品66千円）×$\dfrac{0.1}{1+0.1}$＝8千円
  本店 800千円＋支店 190千円＋未達商品66千円－内部利益 8千円
  ＝1,048千円

 b　貸倒引当金（差額補充法）
  （売掛金本店 480千円＋支店 360千円）×0.05－貸倒引当金30＝12千円

（借）営 業 費	12	（貸）貸 倒 引 当 金	12

 c　減価償却
  ｛(本店備品600千円＋支店備品500千円)－(残存価額60千円＋50千円)｝÷15(年)
  ＝66千円

（借）営 業 費	66	（貸）備品減価償却累計額	66

損益計算書　　　　　　　単位：千円

費　　用	金　　額	収　　益	金　　額
期首商品棚卸高	700	売　上　高	6,750
仕　入　高	5,300	期末商品棚卸高	1,048
営　業　費	① 1,279		
当 期 純 利 益	519		
	7,798		7,798

貸借対照表　　　　　　　単位：千円

資　　産	金　　額	負債・純資産	金　　額
現　金　預　金	② 509	買　掛　金	470
売　掛　金　　840		資　本　金	1,700
貸倒引当金　③ 42	798	繰越利益剰余金	⑤ 819
商　　　品	1,048		
備　　　品　 1,100			
減価償却累計額 ④ 466	634		
	2,989		2,989

① 試算表本店800千円＋支店400千円＋未達事項c 1千円＋期末整理事項b 12千円
　　　　　　　　　　　　　　　　　　　　　　　　＋c 66千円＝1,279千円
② 試算表本店300千円＋160千円＋未達事項b 49千円＝509千円
③ 試算表本店20千円＋支店10千円＋期末整理仕訳b 12千円＝42千円
④ 試算表本店300千円＋100千円＋期末整理仕訳c 66千円＝466千円
⑤ 試算表本店300千円＋当期純利益519千円＝819千円

1 基礎問題

次の残高試算表と未達事項，期末整理事項とによって，本支店合併の損益計算書と貸借対照表を作成しなさい。ただし，本店から支店へ発送した商品の価額には，原価に対して10％の利益が加えてある。また，支店の期首棚卸高のなかには，本店から仕入れたものはない。なお，減価償却費は営業費に含める。

残高試算表

借　　　方	本　店	支　店	貸　　　方	本　店	支　店
現　金　預　金	178,000	36,000	買　　掛　　金	105,000	41,200
売　　掛　　金	226,000	58,400	本　　　　　店		182,400
支　　　　　店	190,000		資　　本　　金	500,000	
繰　越　商　品	120,000	96,000	繰越利益剰余金	110,000	
備　　　　　品	172,000	21,600	売　　　　　上	720,000	250,000
仕　　　　　入	640,000	110,000	支　店　へ　売　上	150,000	
本 店 よ り 仕 入		132,400			
営　　業　　費	59,000	19,200			
	1,585,000	473,600		1,585,000	473,600

未達事項
1. 本店から支店への商品発送高　¥17,600
2. 支店から本店への送金高　¥4,000
3. 本店で回収した支店の売掛金　¥14,000

期末整理事項
a. 期末商品棚卸高　本店　¥16,400
　　　　　　　　　支店　¥126,000（未達商品は含まない）
　　　　　　　　　　　　（このうち本店より仕入分¥68,200）
b. 減価償却　備品　本店¥20,000　支店¥10,000（直接法）

本支店合併損益計算書

費　　　用	金　　額	収　　　益	金　　額
期首商品棚卸高	216,000	売　上　高	970,000
仕　入　高	750,000	期末商品棚卸高	152,200
営　業　費	108,200		
当　期　純　利　益	48,000		
	1,122,200		1,122,200

本支店合併貸借対照表

資　　　産	金　　額	負債・純資産	金　　額
現　金　預　金	218,000	買　掛　金	146,200
売　　掛　　金	270,400	資　本　金	500,000
商　　　　品	152,200	繰越利益剰余金	158,000
備　　　　品	163,600		
	804,200		804,200

2 練習問題

次の資料によって，本支店合併の損益計算書と貸借対照表を作成しなさい。本店から支店へ発送する商品の価額には原価に対して10％の利益が加算されている。支店の期首商品棚卸高のうち¥27,500（振替価格）は，本店から仕入れたものである。未実現の内部利益は商品棚卸高から直接控除する。

残高試算表

借 方	本 店	支 店	貸 方	本 店	支 店
現 金 預 金	159,000	127,500	買 掛 金	35,000	124,000
売 掛 金	100,000	50,000	貸 倒 引 当 金	3,000	1,000
支 店	148,000		減価償却累計額	15,000	5,000
繰 越 商 品	50,000	37,500	本 店		110,000
備 品	80,000	30,000	資 本 金	400,000	
仕 入	500,000	115,000	繰越利益剰余金	20,000	
本 店 よ り 仕 入		232,000	売 上	380,000	387,000
営 業 費	70,000	35,000	支 店 へ 売 上	254,000	
	1,107,000	627,000		1,107,000	627,000

未達事項
1. 本店から支店への商品発送高　　　　　¥ 22,000
2. 本店から支店への送金高　　　　　　　¥ 10,000
3. 本店で支払った支店の買掛金　　　　　¥ 6,000

期末整理事項
1. 商品棚卸高　　本店 ¥90,000　　支店 ¥70,000（未達商品は含まない）
   なお，支店の棚卸高のうち¥66,000は，本店から仕入れたものである。
2. 売掛金の期末残高に対して4％の貸倒引当金を設定する。
3. 備品について定率法（償却率20％）で減価償却を行う。

本支店合併損益計算書

費 用	金 額	収 益	金 額
期首商品棚卸高	(　　　)	売 上 高	(　　　)
仕 入 高	(　　　)	期末商品棚卸高	(　　　)
営 業 費	(　　　)		
(　　　)	(　　　)		
	(　　　)		(　　　)

本支店合併貸借対照表

資 産	金 額	負債・純資産	金 額
現 金 預 金	(　　　)	買 掛 金	(　　　)
売 掛 金 (　　　)		資 本 金	(　　　)
貸倒引当金 (　　　)	(　　　)	繰越利益剰余金	(　　　)
商 品	(　　　)		
備 品 (　　　)			
減価償却累計額 (　　　)	(　　　)		
	(　　　)		(　　　)

3 練習問題

次の残高試算表，未達事項および期末整理事項にもとづいて，(1)本店における支店勘定の修正前残高を求め，(2)未達事項の整理仕訳を示し，(3)本支店合併の損益計算書と本支店合併の貸借対照表を作成しなさい。ただし，試算表の □ は，各自推定すること。

(注) i 本店より支店へ発送する商品には原価に対し20％の利益が加算されている。内部利益は商品（棚卸高）から直接控除すること。
ii 未達現金は現金預金に，未達商品は商品（棚卸高）に含めて示すこと。

残 高 試 算 表

借　　方	本　店	支　店	貸　方	本　店	支　店
現 金 預 金	465,500	79,000	支 払 手 形	120,000	80,000
受 取 手 形	130,000	100,000	買 掛 金	450,000	150,000
売 掛 金	260,000	180,000	貸 倒 引 当 金	8,000	3,000
繰 越 商 品	□	81,000	減価償却累計額	80,000	40,000
支 店	□		本 店		251,000
備 品	200,000	150,000	資 本 金	500,000	
仕 入	1,300,000	280,000	繰越利益剰余金	300,000	
本 店 よ り 仕 入		474,000	売 上	1,300,000	1,000,000
営 業 費	400,000	180,000	支 店 へ 売 上	□	
	□	1,524,000			1,524,000

未達事項

1. 本店は支店へ商品¥36,000を発送したが，支店へ未達
2. 支店は本店へ現金¥37,500を送金したが，本店へ未達
3. 支店は本店の買掛金¥40,000を立替払いしたが，この通知が本店へ未達
4. 本店で支払った営業費のうち支店負担分¥13,000の通知が支店へ未達
5. 支店で受け取った本店振出しの約束手形¥60,000を本店へ送付したが，本店に未達
6. 本店で支店の売掛金¥25,000を回収したが，この通知が支店に未達

期末整理事項

1. 期末商品棚卸高
   本　店　帳簿棚卸高　¥125,000　実地棚卸高　¥115,000
   支　店　　〃　　　　¥105,000　　〃　　　　¥87,000

   (注) 1　支店の期首商品棚卸高のうち¥48,000は，本店から仕入れたものである。
   2　支店の期末棚卸高のうち¥60,000は，本店から仕入れたものである。
   3　帳簿棚卸高と実地棚卸高の差額は，すべて棚卸減耗によるもので，棚卸減耗損はすべて営業外費用とする。支店の棚卸減耗損のうち¥3,000は，本店から仕入れた商品について生じたものである。

2. 売上債権の期末勘定残高に対し，本支店ともに5％の貸倒引当金の設定を差額補充法により行う。
3. 備品に対し，本支店とも定率法（償却率25％）で減価償却を行う。
4. 営業費の未払額　本店　¥10,000　　　支店　¥6,000

(1) 支店勘定の修正前残高　￥[　　　　　]

(2)

	借方科目	金額	貸方科目	金額
1				
2				
3				
4				
5				
6				

(3)

損益計算書

費用	金額	収益	金額
期首商品棚卸高	(　　　)	売上高	(　　　)
仕入高	(　　　)	期末商品棚卸高	(　　　)
営業費	(　　　)		
貸倒引当金繰入	(　　　)		
減価償却費	(　　　)		
棚卸減耗損	(　　　)		
当期純利益	(　　　)		
	(　　　)		(　　　)

貸借対照表

資産	金額	負債・純資産	金額
現金預金	(　　　)	支払手形	(　　　)
受取手形 (　　　)		買掛金	(　　　)
売掛金 (　　　)		未払費用	(　　　)
貸倒引当金 (　　　)	(　　　)	資本金	
商品	(　　　)	繰越利益剰余金	(　　　)
備品 (　　　)			
減価償却累計額 (　　　)	(　　　)		
	(　　　)		(　　　)

4 検定問題

次の(Ⅰ)残高試算表,(Ⅱ)未達事項および(Ⅲ)期末整理事項にもとづいて,本支店合併の損益計算書と貸借対照表を作成しなさい。　(第113回　類題)

なお,解答にさいしては次の点に留意すること。
(1) 本店から支店へ発送する商品の価格には原価の15%の利益が加算されている。
(2) 本支店間の仕入および売上は相殺し,内部利益は期末商品棚卸高から直接控除すること。
(3) 未達現金は現金預金に,未達商品は期末商品棚卸高および商品に含めて表示すること。
(4) 会計期間は平成○年1月1日から12月31日までの1年とする。

(Ⅰ)
残　高　試　算　表

借　　方	本　店	支　店	貸　　方	本　店	支　店
現　金　預　金	340,000	118,000	買　掛　金	151,000	83,000
売　掛　金	200,000	100,000	借　入　金	400,000	
繰　越　商　品	80,000	50,000	繰延内部利益	4,500	
支　　店	167,000		本　　店		91,000
建　　物	1,000,000		貸倒引当金	4,000	1,000
備　　品	800,000	400,000	建物減価償却累計額	300,000	
仕　　入	630,000	232,000	備品減価償却累計額	270,000	300,000
本店より仕入		138,000	資　本　金	1,000,000	
給　　料	72,000	41,000	繰越利益剰余金	180,000	
支　払　家　賃	49,000	30,000	売　　上	812,000	625,000
旅　費　交　通　費	26,000	18,000	支店へ売上	184,000	
支　払　利　息	7,000		受取手数料	65,500	27,000
	3,371,000	1,127,000		3,371,000	1,127,000

(Ⅱ) 未達事項
(1) 支店から本店へ送金した¥30,000が,本店に未達
(2) 本店から支店へ発送した商品¥46,000が,支店に未達
(3) 支店で本店の買掛金¥15,000を立替払いしたが,その通知が本店に未達
(4) 本店で支店の売掛金¥20,000を取り立てたが,その通知が支店に未達
(5) 本店で支店従業員の旅費交通費¥5,000を立替払いしたが,その通知が支店に未達

(Ⅲ) 期末整理事項
(1) 期末商品棚卸高
　　　本　店　甲商品　帳簿棚卸高　¥57,000
　　　支　店　甲商品　帳簿棚卸高　¥23,000　(未達分は含んでいない)
　　　　　　　乙商品　帳簿棚卸高　¥25,000
(2) 売掛金の期末残高に対して5%の貸倒引当金を差額補充法により設定する。
(3) 固定資産の減価償却を次のとおり行う。

建物：定額法（耐用年数；30年，残存価額；取得原価の10％）で減価償却を行う。
備品：定率法　本・支店ともに定率法（償却率20％）で減価償却を行う。
(4) 短期借入金は，本店が平成〇年10月1日に借入期間8か月，利率年5％の条件で借り入れたもので，利息は元金とともに返済時に支払うことになっている。利息については月割り計算による。
(5) 支払家賃の前払分が本店に¥7,000ある。

損益計算書
平成〇年1月1日から平成〇年12月31日まで

費　　　　用	金　　　額	収　　　　益	金　　　額
期首商品棚卸高	(　　　　)	売　上　高	(　　　　)
当期商品仕入高	(　　　　)	期末商品棚卸高	(　　　　)
貸倒引当金繰入	(　　　　)	受取手数料	(　　　　)
減価償却費	(　　　　)		
給　　　　料	(　　　　)		
支　払　家　賃	(　　　　)		
旅費交通費	(　　　　)		
支　払　利　息	(　　　　)		
当期純利益	(　　　　)		
	(　　　　)		(　　　　)

貸借対照表
平成〇年12月31日

資　　　産	金　　　額	負債・純資産	金　　　額
現金預金	(　　　　)	買　掛　金	(　　　　)
売　掛　金	(　　　)	借　入　金	(　　　　)
貸倒引当金	(　　　)(　　　)	未　払　費　用	(　　　　)
商　　　品	(　　　　)	資　本　金	(　　　　)
前　払　費　用	(　　　　)	繰越利益剰余金	(　　　　)
建　　　物	(　　　)		
減価償却累計額	(　　　)(　　　)		
備　　　品	(　　　)		
減価償却累計額	(　　　)(　　　)		
	(　　　　)		(　　　　)

5 検定問題

東京商店(株)の第×期（平成×年4月1日～平成×1年3月31日）の資料にもとづいて，次の各問に答えなさい。

(1) 本店の損益勘定を作成しなさい。なお，支店の純利益は，決算日において本店の損益勘定に振り替える。

(2) 東京商店(株)の第×期における本支店合併の損益計算書と貸借対照表に記載される次の各科目の金額を求めなさい。　　　　　　　　　　　　（第127回　類題）
　　① 売　上　高　　② 売 上 原 価　　③ 売 掛 金（貸倒引当金控除後）
　　④ 商　　　品（内部利益控除後）　　⑤ 繰越利益剰余金

[資料1]　平成×1年3月31日現在の残高試算表

残　高　試　算　表

借　方　科　目	本　店	支　店	貸　方　科　目	本　店	支　店
現　　　　　　金	14,000	3,700	買　　掛　　金	26,800	19,000
当　座　預　金	25,000	5,000	未　　払　　金	12,000	
売　　掛　　金	40,000	20,000	借　　入　　金	200,000	
支　　　　　店	66,000		貸 倒 引 当 金	500	200
繰　越　商　品	19,000	12,200	建物減価償却累計額	20,000	10,000
土　　　　　地	108,000	20,700	備品減価償却累計額	4,000	4,000
建　　　　　物	100,000	50,000	繰 延 内 部 利 益	1,200	
備　　　　　品	10,000	8,000	本　　　　　店		65,800
仕　　　　　入	246,000	120,000	資　　本　　金	60,000	
本店から仕入		141,600	利　益　準　備　金	10,000	
販　　売　　費	29,000	44,800	繰越利益剰余金	14,900	
広　告　宣　伝　費	4,000	1,000	売　　　　　上	170,000	330,000
一　般　管　理　費	3,000	2,000	支 店 へ 売 上	142,800	
支　払　利　息	4,200		受　取　地　代	6,000	
	668,200	429,000		668,200	429,000

注1．本店は支店に対して商品を外部仕入原価に2割増の価格で販売している。なお，支店の期首商品棚卸高には，本店から仕入れた商品¥7,200が含まれている。

注2．未達取引の整理は，決算日の日付で本店または支店の帳簿に記入する方法による。

注3．繰越商品に含まれる内部利益は，本店の帳簿上，繰延内部利益勘定を用いて次期に繰り越す。

[資料2]　未達事項

1．本店は，支店に商品¥1,200（振替価格）を売り上げたが，支店に未達であった。
2．支店は，本店に現金¥800を送金したが，本店に未達であった。
3．本店は，支店の売掛金¥2,000を現金で回収したが，その通知が支店に未達であった。
4．支店は，本店負担の広告宣伝費¥700を小切手を振り出して支払ったが，その通知が本店に未達であった。
5．支店は，本店が受け取るべき地代¥500を現金で受け取ったが，その通知が本店に未達であった。

[資料３] 決算整理事項
1. 期末商品棚卸高　　本店¥22,000, 支店¥10,800（うち本店からの仕入分は
　　　　　　　　　　¥4,800。未達分を含まない）
2. 本支店ともに, 貸倒引当金を期末売掛金残高に対して３％計上する（差額補充法）。
3. 建物の減価償却費　　本店¥10,000, 支店¥5,000（間接法により記帳する）
4. 備品の減価償却費　　本店¥2,000, 支店¥2,000（間接法により記帳する）
5. 販売費の前払い　　　本店¥600, 支店¥400
6. 一般管理費の未払い　本店¥300, 支店¥150
7. 地代の前受け　　　　本店¥800

(1)

損	益		
仕　　　　　入	（　　　　）	売　　　　　上	（　　　　）
販　売　費	（　　　　）	支 店 へ 売 上	（　　　　）
貸倒引当金繰入	（　　　　）	受　取　地　代	（　　　　）
広 告 宣 伝 費	（　　　　）	支　　　　　店	（　　　　）
一 般 管 理 費	（　　　　）	内 部 利 益 戻 入	（　　　　）
減 価 償 却 費	（　　　　）		
支　払　利　息	（　　　　）		
内 部 利 益 控 除	（　　　　）		
繰越利益剰余金	（　　　　）		
	（　　　　）		（　　　　）

(2)

①	②	③	④	⑤

第23回 現金出納帳・収入帳・支払帳

要点整理

1 現金出納帳の記入

現金出納帳を特殊仕訳帳としたときには，現金収入取引はこの帳簿の借方に記入し，現金支出取引はこの帳簿の貸方に記入する。

2 現金出納帳から総勘定元帳への転記

a 現金出納帳の借方から相手勘定の貸方に，貸方から相手勘定の借方に転記する。このとき，特別欄を設けてある科目は 合計転記 ，諸口欄のものは 個別転記 する。

b 現金出納帳の借方収入合計を現金勘定の借方に，貸方支出合計を現金勘定の貸方に合計転記する。

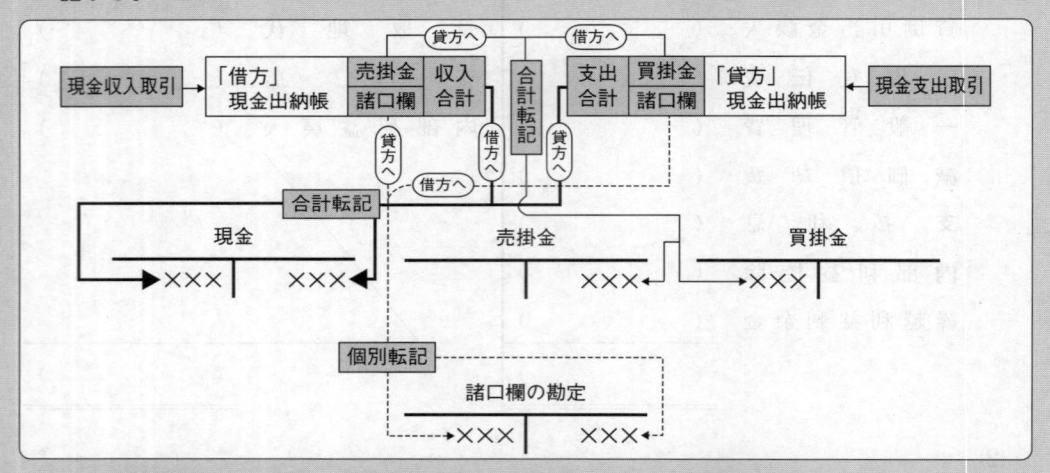

※ 特別欄の売掛金・買掛金は，得意先元帳・仕入先元帳には個別転記する。

c 転記したつど現金出納帳の元丁欄に総勘定元帳のページ数や得意先元帳・仕入先元帳のページ数（得1・仕1）を，総勘定元帳および得意先元帳・仕入先元帳の仕丁欄には現金出納帳のページ数を「現1」のように記入する。（現1……現金出納帳1ページの意味）

※ 摘要欄に現金出納帳と記入したときは，仕丁欄はページ数のみでよい。

d 現金出納帳の締切りは，借方の収入合計の次の行に前月繰越高を記入し，借方合計を算出する。この借方合計を貸方の合計欄に移記し，支出合計をマイナスすることによって，次月繰越高（赤記）を求める。

3 収入帳 （収納帳ともいう）・支払帳

現金出納帳を2冊に分割し，現金出納帳の借方を 収入帳 ，貸方を 支払帳 とすることがある。

収入帳・支払帳の記入および総勘定元帳への転記は，現金出納帳に準じて行う。

1 基礎問題

次の取引を特殊仕訳帳としての現金出納帳に記入して締め切り，総勘定元帳および得意先元帳，仕入先元帳に転記しなさい。

- 4月4日　水戸商店から，商品¥200,000を現金で買い入れた。
- 8日　土浦商店に，商品¥300,000を現金で売り渡した。
- 12日　取手商店から，売掛金¥280,000を現金で回収した。
- 16日　日立商店に，買掛金¥360,000を現金で支払った。
- 20日　金庫¥400,000を現金で買い入れた。
- 25日　給料¥150,000を現金で支払った。
- 26日　石岡商店から，売掛金¥180,000を現金で回収した。

現金出納帳　　1

日付	勘定科目	摘要	元丁	売掛金	諸口	日付	勘定科目	摘要	元丁	買掛金	諸口
		売掛金						買掛金			
		現金						現金			
		前月繰越						次月繰越			

総勘定元帳

現　金　　1
4/1 前月繰越　1,000,000

売掛金　　3
4/1 前月繰越　800,000

備　品　　5

買掛金　　8
　　　　　　　　　　4/1 前月繰越　920,000

売　上　　12

仕　入　　15

給　料　　16

得意先元帳

取手商店　　1
4/1 前月繰越　400,000

石岡商店　　2
4/1 前月繰越　280,000

仕入先元帳

日立商店　　1
　　　　　　　　　4/1　前月繰越　500,000

2 **基礎問題** 次の取引を特殊仕訳帳としての収入帳に記入し,総勘定元帳と得意先元帳に転記しなさい。

4月5日 千葉商店から,売掛金¥120,000を現金で回収した。
　10日 東西銀行から,現金¥300,000を借り入れた。
　20日 銚子商店から,売掛金¥80,000を現金で回収した。
　25日 市川商店から,商品売買の仲介手数料¥50,000を小切手で受け取った。

収　入　帳　　　　　　　　　　　　1

日付	勘定科目	摘　　要	元丁	売掛金	諸　口
		売　掛　金			
		現　　　金			
		前　月　繰　越			

総　勘　定　元　帳

現　　金　　1

日付	摘　要	仕丁	借　方	貸　方
4 1	前月繰越	✓	260,000	

売　掛　金　　2

日付	摘　要	仕丁	借　方	貸　方
4 1	前月繰越	✓	850,000	

借　入　金　　8

日付	摘　要	仕丁	借　方	貸　方
4 1	前月繰越	✓		140,000

受取手数料　　13

日付	摘　要	仕丁	借　方	貸　方

得　意　先　元　帳

千　葉　商　店　　1

日付	摘　要	仕丁	借　方	貸　方
4 1	前月繰越	✓	300,000	

銚　子　商　店　　2

日付	摘　要	仕丁	借　方	貸　方
4 1	前月繰越	✓	150,000	

3 **練習問題** 次の特殊仕訳帳としての支払帳から，下記の総勘定元帳と仕入先元帳に転記しなさい。

支　払　帳　　　　　2

日付		勘定科目	摘　要	元丁	買　掛　金	諸　　口
5	6	買　掛　金	神奈川商店		60,000	
	9	貸　付　金	横浜商店に貸付け			100,000
	11	備　　　品	買　入　れ			70,000
	18	買　掛　金	川崎商店		80,000	
	25	給　　　料	5　月　分			50,000
	28	消耗品費				30,000
	31		買　掛　金			
	〃		現　　金			
			次月繰越			

総　勘　定　元　帳

現　　金　　　　1

日付		摘　要	仕丁	借　方	貸　方
5	1	前月繰越	✓	120,000	
	31	収入帳	2	440,000	

貸　付　金　　　　5

日付		摘　要	仕丁	借　方	貸　方

備　　品　　　　7

日付		摘　要	仕丁	借　方	貸　方
5	1	前月繰越	✓	60,000	

買　掛　金　　　　9

日付		摘　要	仕丁	借　方	貸　方
5	1	前月繰越	✓		230,000

給　　料　　　　15

日付		摘　要	仕丁	借　方	貸　方

消耗品費　　　　18

日付		摘　要	仕丁	借　方	貸　方

仕　入　先　元　帳

神奈川商店　　　　1

日付		摘　要	仕丁	借　方	貸　方
5	1	前月繰越	✓		100,000

川崎商店　　　　2

日付		摘　要	仕丁	借　方	貸　方
5	1	前月繰越	✓		130,000

4 **練習問題** 次の特殊仕訳帳としての現金出納帳の締切りの記入を完成し、総勘定元帳と得意先元帳・仕入先元帳に転記しなさい。

現金出納帳　1

日付	勘定科目	摘要	元丁	売掛金	諸口	日付	勘定科目	摘要	元丁	買掛金	諸口
4 5	売掛金	所沢商店		180,000		4 10	買掛金	大宮商店		160,000	
8	売上				210,000	14	営業費				30,000
17	受取手形				300,000	19	仕入				240,000
28	売掛金	川越商店		150,000		25	買掛金	浦和商店		100,000	
30		( )		( )	( )	30		( )		( )	( )
〃		( )				〃		次月繰越			( )
		前月繰越			( )						( )
					( )						

総勘定元帳

現金　1

日付	摘要	仕丁	借方	貸方
4 1	前月繰越	✓	53,000	

受取手形　2

日付	摘要	仕丁	借方	貸方
4 1	前月繰越	✓	420,000	

売掛金　3

日付	摘要	仕丁	借方	貸方
4 1	前月繰越	✓	480,000	

買掛金　7

日付	摘要	仕丁	借方	貸方
4 1	前月繰越	✓		360,000

売上　13

日付	摘要	仕丁	借方	貸方

仕入　18

日付	摘要	仕丁	借方	貸方

営業費　20

日付	摘要	仕丁	借方	貸方

得意先元帳

所沢商店　1

日付	摘要	仕丁	借方	貸方
4 1	前月繰越	✓	280,000	

川越商店　2

日付	摘要	仕丁	借方	貸方
4 1	前月繰越	✓	200,000	

仕入先元帳

大宮商店　1

日付	摘要	仕丁	借方	貸方
4 1	前月繰越	✓		210,000

浦和商店　2

日付	摘要	仕丁	借方	貸方
4 1	前月繰越	✓		150,000

第24回 当座預金出納帳

要点整理

1. **当座預金出納帳の記入**
   当座預金出納帳を特殊仕訳帳としたときには，当座預金に預け入れた取引は，この帳簿の借方に記入し，引き出した取引は，この帳簿の貸方に記入する。

2. **当座預金出納帳から総勘定元帳への転記および締切り**
   当座預金出納帳から総勘定元帳への転記および締切りは，現金出納帳に準じて行う。

3. **二重仕訳された場合の転記**

   (イ) 現金を当座預金へ預け入れた取引 ⇒ 当座預金 ××× 現金 ××× → 当座預金出納帳の借方へ／現金出納帳の貸方へ

   (ロ) 当座預金から現金を引き出した取引 ⇒ 現金 ××× 当座預金 ××× → 現金出納帳の借方へ／当座預金出納帳の貸方へ

   一つの取引が二種の仕訳帳に記入（二重仕訳という）されたことになる。現金勘定・当座預金勘定へは，合計転記されるため，現金出納帳・当座預金出納帳から相手勘定に個別転記すると，元帳への転記が重複する（二重転記という）から，相手勘定へは転記はしない。そのしるしに元丁欄に✓印をつける。

4. 手形の割引を当座預金出納帳だけで記入するには，手形額面を全額預け入れたものとして借方に記入し，手形売却損（割引料）は貸方に記入すればよい。

---

1 基礎問題　次の文章の（　）に適切な語を記入し，完成しなさい。

(1)　「商品を仕入れ，代金は小切手を振り出した」場合，特殊仕訳帳として当座預金出納帳を用いているとき，当座預金出納帳の①（　　　）方に相手勘定は②（　　　）として記入する。

(2)　「東京商店から売掛金の回収として当座預金口座に振り込みがあった」場合，特殊仕訳帳として当座預金出納帳を用いているとき，当座預金出納帳の③（　　　）方に相手勘定は④（　　　）として記入する。なお，特別欄として「売掛金」欄が設けられているときは，相手勘定として商店名を記入することもある。

(3)　「小切手を振り出して，現金を引き出した」場合，特殊仕訳帳として現金出納帳・当座預金出納帳を用いているとき，この取引は，⑤（　　　）と⑥（　　　）の二つの仕訳帳に記入される。これを⑦（　　　）という。この場合，現金勘定や当座預金勘定への転記は，現金出納帳や当座預金出納帳から⑧（　　　）される。したがって，現金出納帳に記入する相手勘定の「当座預金」，当座預金出納帳に記入する相手勘定の「現金」に個別転記すると転記が重複する。これを⑨（　　　）といい，これを避けるために，それぞれの元丁欄に⑩（　　　）印をつける。

2 基礎問題
次の取引を当座預金出納帳に記入し，総勘定元帳と得意先元帳・仕入先元帳に転記しなさい。なお，現金出納帳も特殊仕訳帳として用いている。

6月16日 福岡商店から売掛金¥300,000を同店振出しの小切手で受け取り，ただちに当座預金に預け入れた。

20日 小切手を振り出して，現金¥100,000を引き出した。

24日 筑前商店に，買掛金¥200,000を小切手を振り出して支払った。

27日 北九州商店から商品¥3,000,000の注文を受け，代金の一部¥500,000の当座振込みがあった。

30日 所有の約束手形¥400,000を割り引き，割引料¥7,000を差し引かれ，手取金を当座預金とした（当座預金出納帳のみで処理すること）。

当座預金出納帳　　2

平成○年	勘定科目	摘要	元丁	売掛金	諸口	平成○年	勘定科目	摘要	元丁	買掛金	諸口
		前ページから		250,000	150,000			前ページから		200,000	400,000

総勘定元帳

当座預金　　2

平成○年	摘要	仕丁	借方	貸方
6　1	前月繰越	✓	900,000	

受取手形　　3

平成○年	摘要	仕丁	借方	貸方
6　1	前月繰越	✓	500,000	

売掛金　　5

平成○年	摘要	仕丁	借方	貸方
6　1	前月繰越	✓	700,000	

買掛金　　13

平成○年	摘要	仕丁	借方	貸方
6　1	前月繰越	✓		650,000

前受金　　16

平成○年	摘要	仕丁	借方	貸方

手形売却損　　22

平成○年	摘要	仕丁	借方	貸方

得意先元帳

福岡商店　　1

6/1 前月繰越	400,000		

仕入先元帳

筑前商店　　1

		6/1 前月繰越	300,000

3 **練習問題** 次の当座預金出納帳の記入から，(1)当座預金出納帳の7月末の締切りをして，(2)総勘定元帳と補助元帳へ転記しなさい。ただし，現金出納帳も特殊仕訳帳として用いている。

当座預金出納帳　　　　　　　　　　　　　　　　　　1

平成○年		勘定科目	摘要	元丁	売掛金	諸口	平成○年		勘定科目	摘要	元丁	買掛金	諸口
7	5	売掛金	佐賀商店		200,000		7	3	買掛金	大分商店		250,000	
	11	売上	肥前商店			300,000		9	仕入	津久見商店			400,000
	15	現金	預入れ			150,000		13	買掛金	別府商店		80,000	
	23	売掛金	唐津商店		100,000			20	現金	引出し			100,000
	29	受取手形	割引き			250,000		29	手形売却損	割引料			4,000
		( )							( )				
		( )							( )				
		( )							( )				

総勘定元帳

当座預金　　2
7/1 前月繰越　160,000

受取手形　　3
7/1 前月繰越　450,000

売掛金　　4
7/1 前月繰越　600,000

買掛金　　8
　　　　　　　　7/1 前月繰越　500,000

売上　　16

仕入　　18

手形売却損　　21

得意先元帳

佐賀商店　　1
7/1 前月繰越　400,000

唐津商店　　2
7/1 前月繰越　200,000

仕入先元帳

大分商店　　1
　　　　　　　　7/1 前月繰越　350,000

別府商店　　2
　　　　　　　　7/1 前月繰越　150,000

4 練習問題

次の取引を特殊仕訳帳としての現金出納帳と当座預金出納帳に記入し、総勘定元帳と得意先元帳・仕入先元帳に転記しなさい。なお、特殊仕訳帳は、月末に締切りなさい。

取　引

4月5日　秋田商店から売掛金¥150,000を同店振出しの小切手で受け取り、ただちに当座預金とした。

　10日　青森商店に対する買掛金のうち¥200,000を小切手を振り出して支払った。

　15日　現金¥80,000を当座預金に預け入れた。

　27日　宮城商店へ商品¥160,000を売り上げ、代金は同店振出しの小切手で受け取った。

現金出納帳　3

平成○年	勘定科目	摘要	元丁	売掛金	諸口	平成○年	勘定科目	摘要	元丁	買掛金	諸口
		前ページから		250,000	120,000			前ページから		200,000	100,000

当座預金出納帳　3

平成○年	勘定科目	摘要	元丁	売掛金	諸口	平成○年	勘定科目	摘要	元丁	買掛金	諸口
		前ページから		210,000	180,000			前ページから		150,000	130,000

総勘定元帳

現　金　1

4/1 前月繰越	180,000		

当座預金　2

4/1 前月繰越	350,000		

売　掛　金　5

4/1 前月繰越	700,000		

買　掛　金　9

		4/1 前月繰越	580,000

売　上　15

得意先元帳

秋田商店　1

4/1 前月繰越	350,000		

仕入先元帳

青森商店　1

		4/1 前月繰越	420,000

第25回 仕 入 帳

要点整理

1 仕入帳の記入
仕入帳を特殊仕訳帳としたときには，仕入取引はこの帳簿に記入し，仕入返品・値引きの取引は赤で記入する。掛けによる仕入取引が多いときは，特別欄として買掛金欄を設け，掛け仕入高は買掛金欄に，その他は諸口欄に記入する。

2 仕入帳から総勘定元帳・補助元帳（仕入先元帳）への転記
a 特別欄からは相手勘定の貸方に合計転記，諸口欄からは相手勘定の貸方に原則として個別転記する。なお，買掛金欄に記入した金額は，仕入先元帳の貸方（赤字記入は借方）に個別転記する。

b 仕入帳の合計金額（総仕入高）を仕入勘定の借方に合計転記し，赤字記入の合計金額は買掛金勘定の借方と仕入勘定の貸方に合計転記する。

c 転記したつど仕入帳の元丁欄には総勘定元帳と仕入先元帳のページ数を，総勘定元帳・仕入先元帳の仕丁欄には仕入帳のページ数を記入する。

3 二重仕訳した取引の総勘定元帳への転記
一つの取引が二種の仕訳帳に記入されたときは，それぞれの仕訳帳から各々の勘定に合計転記されるので，相手勘定からは個別転記をしてはならない。個別転記が行われた場合には，同一金額が二重に転記されることになる。そのため，それぞれの仕訳帳の元丁欄に✓印をつけて二重転記を防止する。

---

1 基礎問題 次の文章の（　）に適切な語を記入し，完成しなさい。

(1) 「商品￥250,000を仕入れ，代金のうち￥50,000は現金で支払い，残額は小切手を振り出して支払った」場合，特殊仕訳帳として現金出納帳，当座預金出納帳・仕入帳を用いているとき，記入される金額は現金出納帳に①￥（　　　），当座預金出納帳に②￥（　　　），仕入帳に③￥（　　　）と④￥（　　　）を分けて記入する。それぞれの帳簿の元丁欄には⑤（　　　）印をつけ，⑥（　　　）を防止する。

(2) 仕入帳には，仕入取引を記入し，仕入返品・値引き取引は⑦（　　　）で記入する。

(3) 仕入帳と当座預金出納帳を特殊仕訳帳として用いている場合，仕入帳の金額欄を「買掛金」「諸口」の欄としているとき，現金による仕入れは⑧（　　　）欄に記入し，現金勘定の貸方に個別転記する。また，小切手振り出しによる仕入れは，諸口欄に記入するが当座預金勘定には⑨（　　　）しない。当座預金勘定は⑩（　　　）から合計転記されるためである。

—107—

2 基礎問題　次の取引を特殊仕訳帳としての仕入帳に記入して、月末に締切り、総勘定元帳と買掛金元帳に転記しなさい。ただし、ほかに特殊仕訳帳として現金出納帳を用いている。なお、4月8日の記帳済取引についても転記すること。

　4月12日　宮崎商店からA品200個　@¥1,300　¥260,000の商品を掛けで仕入れた。
　　15日　宮崎商店から仕入れた上記商品のうち20個を品違いのため返品した。
　　18日　延岡商店からB品100個　@¥2,000　¥200,000の商品を仕入れ、代金は現金で支払った。
　　22日　日向商店からC品150個　@¥3,000　¥450,000の商品を仕入れ、代金は約束手形を振り出して支払った。

仕　入　帳　　　　　1

日付		勘定科目	摘　　　　　要	元丁	買掛金	諸　口
4	8	日南商店	C品　100個　@¥3,200			320,000

総　勘　定　元　帳

現　　　金　　1

平成○年	摘要	仕丁	借方	平成○年	摘要	仕丁	貸方
4	1	前月繰越	✓	760,000			

支　払　手　形　　13

平成○年	摘要	仕丁	借方	平成○年	摘要	仕丁	貸方
				4	1	前月繰越	✓	350,000

買　　掛　　金　　14

平成○年	摘要	仕丁	借方	平成○年	摘要	仕丁	貸方
				4	1	前月繰越	✓	860,000

仕　　　入　　20

平成○年	摘要	仕丁	借方	平成○年	摘要	仕丁	貸方

買　掛　金　元　帳

日　南　商　店　　1

平成○年	摘要	仕丁	借方	貸方	借または貸	残高
4	1	前月繰越	✓		210,000	貸	210,000

宮　崎　商　店　　2

平成○年	摘要	仕丁	借方	貸方	借または貸	残高
4	1	前月繰越	✓		440,000	貸	440,000

3 **練習問題** 鹿児島商店が特殊仕訳帳として用いている次に示す仕入帳の記入から，仕入帳を締め切り，総勘定元帳・仕入先元帳に転記しなさい。ただし，仕入帳のほかに，当座預金出納帳を特殊仕訳帳として用い，合計転記は月末に特殊仕訳帳から行っている。

仕　入　帳　　　　　　　1

日付		勘定科目	摘　要	元丁	当座預金	買掛金	諸　口
4	7	諸口（枕崎商会）			250,000	300,000	
	15	桜 島 商 会				180,000	
	18	桜 島 商 会	返　　品			18,000	
	24	諸口（支払手形）			140,000		200,000
	30		当 座 仕 入 高				
	〃		掛 仕 入 高				

総　勘　定　元　帳

当　座　預　金　　　2

4/1 前月繰越	500,000		

支　払　手　形　　　9

		4/1 前月繰越	150,000

買　掛　金　　　10

		4/1 前月繰越	170,000

仕　　入　　　15

仕　入　先　元　帳

枕　崎　商　会　　　1

日付		摘　要	仕丁	借　方	貸　方
4	1	前月繰越	✓		100,000

桜　島　商　会　　　2

日付		摘　要	仕丁	借　方	貸　方
4	1	前月繰越	✓		70,000

4 次の仕入帳から，総勘定元帳と仕入先元帳への転記を行い，仕入帳を締め切りなさい。
なお，仕入帳のほかに，現金出納帳を特殊仕訳帳として用いている。

仕　入　帳　　　　　　　　3

平成○年		仕入先	摘　　　要	元丁	現　金	買掛金	諸　口
6	5	長崎商会	A品 50個 @¥2,000		100,000		
	8	長崎商会	C品 100個 @¥3,000			300,000	
	12	長崎商会	A品 200個 @¥1,800 (支払手形)			110,000	250,000
	19	佐世保商会	B品 150個 @¥3,100		65,000	400,000	
	22	佐世保商会	B品 30個 @¥3,100 (返品)			93,000	
	30	長崎商会	A品 150個 @¥2,200 (支払手形)		30,000		300,000
			現 金 仕 入 高				
			掛 仕 入 高 (　　　勘定　方)				
			総 仕 入 高 (　　　勘定　方)				
			仕入戻し高 (　　　勘定　方 　　　　　　　勘定　方)				
			純 仕 入 高				

総 勘 定 元 帳

現　　金　　　　2

日付	摘　要	仕丁	借　方	貸　方
6	1	前月繰越	✓	420,000	

支 払 手 形　　　　8

日付	摘　要	仕丁	借　方	貸　方
6	1	前月繰越	✓		270,000

買　掛　金　　　　9

日付	摘　要	仕丁	借　方	貸　方
6	1	前月繰越	✓		240,000

仕　　入　　　　13

日付	摘　要	仕丁	借　方	貸　方

仕 入 先 元 帳

長 崎 商 会　　　　1

日付	摘　要	仕丁	借　方	貸　方
6	1	前月繰越	✓		80,000

佐世保商会　　　　2

日付	摘　要	仕丁	借　方	貸　方
6	1	前月繰越	✓		160,000

第26回 売上帳

要点整理

1 売上帳の記入
売上帳を特殊仕訳帳としたときには，売上取引はこの帳簿に記入し，売上戻り・値引きの取引は赤で記入する。掛けによる売上取引が多いときは，特別欄として売掛金欄を設け，掛け売上高は売掛金欄に，その他は諸口欄に記入する。

2 売上帳から総勘定元帳・補助元帳（得意先元帳）への転記
a 特別欄からは相手勘定の借方に合計転記，諸口欄からは相手勘定の借方に原則として個別転記する。売掛金欄に記入した金額は，得意先元帳の借方（赤字記入は貸方）に個別転記する。

b 売上帳の合計金額（総売上高）を売上勘定の貸方に合計転記し，赤字記入の合計金額は売上勘定の借方と売掛金勘定の貸方に合計転記する。

c 転記したつど売上帳の元丁欄には総勘定元帳・得意先元帳のページ数を，総勘定元帳・得意先元帳の仕丁欄には売上帳のページ数を記入する。

3 二重仕訳した取引の総勘定元帳への転記
一つの取引が二種の仕訳帳に記入されたときは，それぞれの仕訳帳から各々の勘定に合計転記されるので，相手勘定からは個別転記してはならない。個別転記が行われた場合には，同一金額が二重に転記されることになる。そのため，それぞれの仕訳帳の元丁欄に✓印をつけて二重転記を防止する。

1 基礎問題 次の売上帳から下記の文章を完成するため，適切な語または数字を記入しなさい。

売 上 帳

平成○年		勘定科目	摘　　要	元丁	売　掛　金	諸　　口
5	10	備前商店			220,000	
	12	備前商店	戻　り　品		10,000	
	18	現　　金				130,000
					( )	( )
						( )
					( )	
						( )

売上帳のほかに現金出納帳を特殊仕訳帳として用いるとき，10日の取引は総勘定元帳の売掛金勘定には，個別転記しないが，①（　　　）の備前商店の借方には個別転記する。12日の取引は，得意先元帳の備前商店の②（　　　）に個別転記する。18日の取引は，③（　　　）勘定には個別転記しない。また，総売上高は④¥（　　　）で⑤（　　　）勘定の貸方に⑥（　　　）する。

2 基礎問題　特殊仕訳帳として売上帳・現金出納帳を用いている福岡商店の，次の売上帳の記入を完成して，総勘定元帳と得意先元帳に転記しなさい。

売　上　帳　　　　　　　　1

日付		勘定科目	摘　　　　要	元丁	売掛金	諸　口
4	2	新潟商店	A商品　80個　@¥5,000		400,000	
	6	現　　金	B商品　50個　@¥2,000			100,000
	9	新潟商店	A商品　10個　@¥5,000戻り		50,000	
	14	柏崎商店	C商品　20個　@¥10,000		200,000	
	22	受取手形	B商品　150個　@¥2,200			330,000
	27	柏崎商店	C商品　30個　@¥10,000		300,000	
	30		掛売上高			
	〃		総売上高			
	〃		戻り高			
			純売上高			

総　勘　定　元　帳

現　　金　　1

平成○年		摘　要	仕丁	借　方	貸　方
4	1	前月繰越	✓	250,000	

受　取　手　形　　3

平成○年		摘　要	仕丁	借　方	貸　方
4	1	前月繰越	✓	200,000	

売　掛　金　　4

平成○年		摘　要	仕丁	借　方	貸　方
4	1	前月繰越	✓	680,000	

売　　上　　15

平成○年		摘　要	仕丁	借　方	貸　方

得　意　先　元　帳

新　潟　商　店　　1

平成○年		摘　要	仕丁	借　方	貸　方
4	1	前月繰越	✓	150,000	

柏　崎　商　店　　2

平成○年		摘　要	仕丁	借　方	貸　方
4	1	前月繰越	✓	100,000	

3 練習問題

新潟商店の10月中の売上高と現金収入は次のように売上帳と収入帳（いずれも特殊仕訳帳）に記入されている。よって，この売上帳と収入帳から総勘定元帳と得意先元帳への転記について必要な記入を行いなさい。

売　上　帳　　　1

平成年		得　意　先	摘　　　　要	元丁	諸　　口
10	5	上 越 商 店	納 品 書 No.101		500,000
	11	信 越 商 店	〃　　No. 51		300,000
	18	長 岡 商 店	〃　　No.201		400,000
	22	十日町商店	〃　　No. 71		200,000
	25	信 越 商 店	〃　　No. 52		100,000

収　入　帳　　　1

平成年		勘 定 科 目	摘　　　　要	元丁	諸　　口
10	4	売　掛　金	上 越 商 店		350,000
	8	借　入　金	東 西 銀 行		280,000
	15	売　掛　金	長 岡 商 店		300,000
	20	売　　　上	現 金 売 上		260,000
	28	売　掛　金	十日町商店		180,000

総　勘　定　元　帳

現　　金　　1

日付		摘　要	仕丁	借　方	貸　方
10	1	前月繰越	✓	150,000	

売　掛　金　　4

日付		摘　要	仕丁	借　方	貸　方
10	1	前月繰越	✓	1,120,000	

借　入　金　　8

日付		摘　要	仕丁	借　方	貸　方
10	1	前月繰越	✓		330,000

売　　上　　16

日付		摘　要	仕丁	借　方	貸　方

得　意　先　元　帳

上　越　商　店　　1

日付		摘　要	仕丁	借　方	貸　方
10	1	前月繰越	✓	450,000	

信　越　商　店　　2

日付		摘　要	仕丁	借　方	貸　方
10	1	前月繰越	✓	140,000	

長岡商店					3		十日町商店					4
日付		摘要	仕丁	借方	貸方	日付		摘要	仕丁	借方	貸方
10	1	前月繰越	✓	350,000		10	1	前月繰越	✓	180,000	

4 **検定問題** 福島商店は，現金出納帳，仕入帳および売上帳を特殊仕訳帳として使用し，特殊仕訳帳から総勘定元帳への合計転記を毎月末に行っている。よって，次の取引を解答用紙の現金出納帳，仕入帳および売上帳に記入して締め切り，さらに，特殊仕訳帳から総勘定元帳の諸勘定へ転記しなさい。 (第85回 類題)

(注) 1. 取引の記帳にあたっては特殊仕訳帳の摘要欄の記入は省略してもよいが，元丁欄は記入すること。
　　 2. 総勘定元帳の諸勘定には，日付，摘要および金額を記入すること。ただし，締め切らなくてよい。

(取引)
9月18日　茨城商店へ商品￥50,000を売り上げ，代金は同店振出し，当店宛ての約束手形を受け取った。
　20日　埼玉商店に対する買掛金￥40,000を現金で支払った。
　23日　千葉商店より商品￥35,000を仕入れ，代金は掛とした。
　25日　東京商店より売掛金￥45,000を現金で受け取った。
　27日　神奈川商店へ商品￥30,000を売り上げ，代金は現金で受け取った。
　〃　　パーソナルコンピュータ1台￥90,000を購入し，代金は現金で支払った。
　29日　栃木商店より商品￥40,000を仕入れ，代金は群馬商店振出し，当店宛の約束手形を裏書譲渡して支払った。

現 金 出 納 帳　　　　9

平成○年		勘定科目	摘要	元丁	売掛金	諸口	平成○年		勘定科目	摘要	元丁	買掛金	諸口
9	1	売　上				35,000	9	5	仕　入				30,000
	5	売掛金			55,000			7	買掛金			45,000	
	10	受取手形				30,000		15	支払手形				35,000
		売 掛 金							買 掛 金				
		前月繰越							次月繰越				

仕 入 帳　9

平成○年		勘定科目	摘　要	元丁	買掛金	諸　口
9	5	現　　金				30,000
	15	東西商店			35,000	

売 上 帳　9

平成○年		勘定科目	摘　要	元丁	売掛金	諸　口
9	1	現　　金				35,000
	10	関東商店			50,000	

総勘定元帳

現　金　1

9/1 前月繰越　240,000

支払手形　13

9/1 前月繰越　80,000

買掛金　14

9/1 前月繰越　100,000

売　上　21

（注）　上記以外の諸勘定の丁数は，次のとおりである。
　　　　受取手形 2　　売掛金 3　　備品 8　　仕入 31

第27回 普通仕訳帳

要点整理

普通仕訳帳に記入される取引

1. 開始記入　開業時および前期繰越高を記入する。
2. 決算仕訳　決算のときの整理仕訳や振替仕訳を記入する。
3. 訂正仕訳
4. その他の仕訳　特殊仕訳帳に記入されない取引、たとえば、備品を月末払いで購入したときなどに記入する。
5. 合計仕訳　特殊仕訳帳の合計金額を総勘定元帳に合計転記する方法には、二通りの方法がある。

   第1法　特殊仕訳帳から、直接、総勘定元帳に合計転記する方法
   　　　　この場合、普通仕訳帳には記入しない。

   第2法　特殊仕訳帳から、直接、総勘定元帳に転記しないで、合計額で普通仕訳帳に仕訳を行い、そこから総勘定元帳に転記する方法
   　　　　この場合、特殊仕訳帳の合計金額で普通仕訳帳に行われる仕訳を合計仕訳という。
   　　　　なお、諸口欄の金額は転記済みなので✓印をつける。

仕　入　帳　　1

平成○年		貸方科目	摘　　要	元丁	買掛金	諸　口
～～	～～	～～	～～	～～	～～	～～
					80,000	55,000
4	30		買　掛　金			80,000
	〃		仕　　　入			135,000
	〃		買掛金・仕入			5,000
						130,000

普　通　仕　訳　帳　　1

平成○年		摘　　要		元丁	借　方	貸　方
～～	～～	～～	～～	～～	～～	～～
4	30	（仕　　入）	諸　　口	20	135,000	
			（買掛金）	10		80,000
			（諸　口）	✓		55,000
	〃	（買掛金）		10	5,000	
			（仕　　入）	20		5,000

総勘定元帳

買　掛　金　　　　　　10		仕　　　　入　　　　　　20	
4/30 普通仕訳帳　5,000	4/ 1 繰　越　300,000	4/30 普通仕訳帳　135,000	4/30 普通仕訳帳　5,000
	30 普通仕訳帳　80,000		

1 **基礎問題**　次の4月末の当座預金出納帳・仕入帳・売上帳（すべて特殊仕訳帳）の合計から合計転記を行うための合計仕訳を普通仕訳帳に行いなさい（小書きは省略）。なお，転記不要の金額には元丁欄に✓をつけること。

当座預金出納帳　　1

平成〇年	勘定科目	摘　要	元丁	売掛金	諸　口	平成〇年	勘定科目	摘　要	元丁	買掛金	諸　口
〰	〰	〰	〰	〰	〰	〰	〰	〰	〰	〰	〰
				400,000	250,000					360,000	470,000

仕　入　帳　　1

平成〇年	借方科目	摘　要	元丁	買　掛　金	諸　口
〰	〰	〰	〰	〰	〰
				700,000	520,000

売　上　帳　　2

平成〇年	借方科目	摘　要	元丁	売　掛　金	諸　口
〰	〰	〰	〰	〰	〰
				860,000	650,000

普　通　仕　訳　帳　　1

平成〇年		摘　　　　要	元丁	借　方	貸　方
4	1	前　期　繰　越		6,250,000	6,250,000

2 練習問題

四国商店が特殊仕訳帳として用いている次に示す売上帳から，
(1) 個別転記を必要とする事項を，総勘定元帳に転記しなさい。
(2) 売上帳を締め切り，売上帳から総勘定元帳に合計転記を行う場合の仕訳を普通仕訳帳に示し，合わせて，総勘定元帳に転記しなさい。

なお，四国商店では，売上帳のほかに，当座預金出納帳・仕入帳を特殊仕訳帳として用いている。

売 上 帳　　　3

日付		勘定科目	摘　　　　　要	元丁	当座預金	売掛金	諸　口
6	3	高松商店	A商品10個 @¥8,000　掛			80,000	
	6	高松商店	A商品1個 @¥8,000 戻り			8,000	
	12	諸口(松山商店)	B商品20個 @¥9,500 小切手・掛		100,000	90,000	
	17	当座預金	A商品3個 @¥8,000 小切手		24,000		
	25	諸口(受取手形)	C商品40個 @¥6,000 約手・掛			40,000	200,000
	30		当座売上高				
	〃		掛売上高				
	〃						
	〃						

総 勘 定 元 帳

当 座 預 金　　　2

6/1 前月繰越	230,000		

受 取 手 形　　　3

6/1 前月繰越	180,000		

売 掛 金　　　4

6/1 前月繰越	350,000		

売 上　　　18

〔合計転記のための仕訳〕

普 通 仕 訳 帳　　　2

借方科目	元丁	金　額	貸方科目	元丁	金　額

3 検定問題

東京商店では，普通仕訳帳のほかに当座預金出納帳，仕入帳および売上帳を特殊仕訳帳として使用している。解答用紙に示した4月中の記入にもとづいて，(1)各仕訳帳の（　）内に必要な記入を行い，(2)総勘定元帳の各勘定へ転記しなさい。なお，総勘定元帳には日付・摘要・金額のみを記入し，締め切らなくてもよい。また，マイナスの金額には，△を付しなさい。

(第95回　類題)

当座預金出納帳　1ページ

平成×年		勘定科目	摘要	元丁	売掛金	諸口	平成×年		勘定科目	摘要	元丁	買掛金	諸口
4	8	売　上		( )		190,000	4	6	仕　入		( )		( )
	21	売掛金		( )	370,000			12	買掛金		( )	440,000	
								26	支払手形		( )		170,000
	30	( )	( )	( )				30	( )	( )		( )	( )
	〃	( )	( )					〃	( )	( )		( )	( )
			前月繰越	( )	( )					次月繰越	( )		( )
					( )								( )

仕　入　帳　1ページ

平成×年		勘定科目	摘　　要	元丁	買　掛　金	諸　　口
4	6	当座預金		( )		240,000
	20	買掛金		( )	690,000	
	28	買掛金	返品	( )	△ 31,000	
	30		( )	( )	( )	( )
	〃		( )			( )
	〃		( )	( )		( )
			( )			( )

売　上　帳　1ページ

平成×年		勘定科目	摘　　要	元丁	売　掛　金	諸　　口
4	8	売掛金		( )	380,000	
	〃	当座預金		( )		( )
	26	売掛金	返品	( )	△ 14,000	
	29	売掛金		( )	250,000	
	30		売掛金	( )	( )	( )
	〃		総売上高	( )		( )
	〃		売上戻り高	( )		( )
			純売上高			( )

普通仕訳帳　1ページ

平成×年		摘　　要	元丁	借　方	貸　方
4	10	（買　掛　金）	( )	54,000	
		（売掛金）	( )		54,000

総勘定元帳

当　座　預　金　　　　1		売　　掛　　金　　　　3	
4/ 1 前月繰越　550,000		4/ 1 前月繰越　570,000	

支　払　手　形　　　　6		買　　掛　　金　　　　7	
	4/ 1 前月繰越　410,000		4/ 1 前月繰越　520,000

仕　　　入　　　　　　9		売　　　上　　　　　10	

4 **検定問題** 大阪商店は，現金出納帳，仕入帳，売上帳，支払手形記入帳および受取手形記入帳を特殊仕訳帳として用いている。下記の(A)月初貸借対照表，(B)当月中の各特殊仕訳帳の記入合計および(C)当月中の普通仕訳帳の記入にもとづいて，解答用紙の残高試算表を作成しなさい。

(第90回　類題)

(A) 月初貸借対照表

貸　借　対　照　表
平成○年10月 1 日

資　　　産	金　　額	負債及び純資産	金　　額
現　　　　　金	450,000	支　払　手　形	100,000
受　取　手　形	150,000	買　　掛　　金	230,000
売　　掛　　金	300,000	借　　入　　金	200,000
繰　越　商　品	85,000	貸　倒　引　当　金	9,000
消　耗　品	12,000	減価償却累計額	45,000
備　　　　　品	100,000	資　　本　　金	513,000
	1,097,000		1,097,000

(B) 当月中の各特殊仕訳帳の記入合計

(1) 現金出納帳

（借方）	売　　上欄合計	¥120,000	（貸方）	仕　　入欄合計	¥ 60,000
	売　掛　金欄合計	¥400,000		買　掛　金欄合計	¥ 95,000
	受取手形欄合計	¥310,000		支払手形欄合計	¥265,000
	諸　　口欄合計	¥120,000		諸　　口欄合計	¥375,000
	（内訳：借入金	¥100,000）		（内訳：備　品	¥100,000
	備　品	¥ 20,000		消耗品	¥ 25,000
				給　料	¥250,000）

—120—

(2) 仕 入 帳
　　　現　金欄合計　　¥ 60,000
　　　買 掛 金欄合計　¥575,000
　　　支払手形欄合計　¥165,000
(4) 支払手形記入帳
　　　仕　入欄合計　　¥165,000
　　　買 掛 金欄合計　¥150,000

(3) 売 上 帳
　　　現　金欄合計　　¥120,000
　　　売 掛 金欄合計　¥880,000
　　　受取手形欄合計　¥250,000
(5) 受取手形記入帳
　　　売　上欄合計　　¥250,000
　　　売 掛 金欄合計　¥180,000

(C) 当月中の普通仕訳帳の記入

普 通 仕 訳 帳　　　　　　　　　　　1

平成○年		摘　　　　要	元丁	借　方	貸　方
10	5	（買　掛　金）		80,000	
		（売　掛　金）			80,000
〃	10	（買　掛　金）		70,000	
		（受 取 手 形）			70,000
〃	20	（貸 倒 引 当 金）		5,000	
		（売　掛　金）			5,000
〃	30	諸　　口　　（備　　品）			50,000
		（現　　金）	✓	20,000	
		（減価償却累計額）		18,000	
		（固定資産売却損）		12,000	

残 高 試 算 表
平成○年10月31日

借　方	勘 定 科 目	貸　方
	現　　　　　　金	
	受 取 手 形	
	売　　掛　　金	
	繰 越 商 品	
	消　耗　品	
	備　　　　　品	
	支 払 手 形	
	買　　掛　　金	
	借　　入　　金	
	貸 倒 引 当 金	
	減価償却累計額	
	資　　本　　金	
	売　　　　　上	
	仕　　　　　入	
	給　　　料	
	固 定 資 産 売 却 損	

5 検定問題

日商商店は当座預金出納帳，仕入帳，売上帳，支払手形記入帳および受取手形記入帳を特殊仕訳帳として用いている。(A)解答用紙の残高試算表の4月1日現在欄に示した月初勘定残高および(B)4月中の全取引を記入した各特殊仕訳帳および普通仕訳帳にもとづいて，解答用紙の4月30日現在の残高試算表を完成しなさい。なお，各帳簿について摘要欄と元丁欄の記入および締切りの手続は省略してある。

(第92回 類題)

当座預金出納帳

平成×年		勘定科目	摘要	元丁	売掛金	諸口	平成×年		勘定科目	摘要	元丁	買掛金	諸口
4	5	売 上				16,000	4	3	仕 入				12,000
	10	売 掛 金			15,000			8	買 掛 金			28,000	
	15	受 取 手 形				15,000		12	支 払 手 形				29,000
	20	受 取 手 形				19,200		25	給 料				13,600
	25	売 掛 金			25,000			〃	借 入 金				20,000
	30	貸 付 金				10,000		〃	支 払 利 息				1,600
	〃	受 取 利 息				1,000		30	小 口 現 金				2,700

仕 入 帳

平成×年		勘定科目	摘要	元丁	買掛金	支払手形	諸口
4	3	当 座 預 金					12,000
	10	買 掛 金			62,000		
	20	支 払 手 形				10,000	

売 上 帳

平成×年		勘定科目	摘要	元丁	売掛金	受取手形	諸口
4	5	当 座 預 金					16,000
	15	売 掛 金			74,000		
	25	受 取 手 形				30,000	

支払手形記入帳

平成×年		勘定科目	摘要	元丁	仕入	買掛金
4	15	買 掛 金				25,000
	20	仕 入			10,000	

受取手形記入帳

平成×年		勘定科目	摘要	元丁	売上	売掛金
4	9	売 掛 金				15,000
	25	売 上			30,000	

普通仕訳帳

平成×年		摘　　　　要	元丁	借　方	貸　方
4	10	（買　掛　金）		15,000	
		（売　掛　金）			15,000
	15	（買　掛　金）		10,000	
		（受　取　手　形）			10,000
	20	諸　　　口　（受　取　手　形）			20,000
		（当　座　預　金）		19,200	
		（手　形　売　却　損）		800	
	25	（貸　倒　引　当　金）		1,000	
		（売　掛　金）			1,000
	30	（雑　　　　費）		2,700	
		（小　口　現　金）			2,700

残高試算表

4月30日現在	4月1日現在	勘　定　科　目	4月1日現在	4月30日現在
	3,000	小　口　現　金		
	73,900	当　座　預　金		
	40,000	受　取　手　形		
	55,000	売　掛　金		
	32,000	繰　越　商　品		
	20,000	貸　付　金		
		支　払　手　形	32,000	
		買　掛　金	45,000	
		借　入　金	45,000	
		貸　倒　引　当　金	1,900	
		資　本　金	100,000	
		売　　　上		
		受　取　利　息		
		仕　　　入		
		給　　　料		
		雑　　　費		
		支　払　利　息		
		手　形　売　却　損		
	223,900		223,900	

6 検定問題　埼玉商店（1年決算，決算日は12月31日）にかかわる次の資料(A)および(B)にもとづいて，答案用紙の平成○年11月30日の残高試算表を作成しなさい。

(第127回　類題)

(A)　11月中の特殊仕訳帳の記入内容
(1)　当座預金出納帳

(借方)	売上欄合計	¥ 36,000	(貸方)	仕入欄合計	¥ 31,000
	売掛金欄合計	¥ 98,000		買掛金欄合計	¥ 85,000

諸口欄内訳：
　　　受　取　手　形　¥ 42,000
　　　売買目的有価証券　¥ 45,000
　　　土　　　　　地　¥320,000
　　　固定資産売却益　¥ 30,000

諸口欄内訳：
　　　支　払　手　形　¥ 65,000
　　　売買目的有価証券　¥ 35,000
　　　給　　　　　料　¥ 30,000
　　　支　払　家　賃　¥ 20,000

(2)　仕　入　帳
　　当座預金欄合計　¥ 31,000
　　買掛金欄合計　¥122,000
　　支払手形欄合計　¥ 46,000

(3)　売　上　帳
　　当座預金欄合計　¥ 36,000
　　売掛金欄合計　¥145,500
　　受取手形欄合計　¥ 51,000

(4)　支払手形記入帳
　　仕入欄合計　¥ 46,000
　　買掛金欄合計　¥ 38,000

(5)　受取手形記入帳
　　売上欄合計　¥ 51,000
　　売掛金欄合計　¥ 27,000

(B)　11月中の普通仕訳帳の記入内容

普　通　仕　訳　帳

日付		摘　　　　要	元丁	借　方	貸　方
11	10	(貸倒引当金)		5,000	
		(受取手形)			5,000
	15	(買　掛　金)		10,000	
		(売　掛　金)	(省		10,000
	19	諸　　口　(受取手形)			30,000
		(当座預金)		28,500	
		(手形売却損)	略)	1,500	
	25	諸　　口　(売買目的有価証券)			50,000
		(当座預金)		45,000	
		(有価証券売却損)		5,000	

—124—

残高試算表

借方		勘定科目	貸方	
11月30日現在	10月31日現在		10月31日現在	11月30日現在
	31,600	当座預金		
	92,000	受取手形		
	186,000	売掛金		
	134,000	売買目的有価証券		
	87,000	繰越商品		
	800,000	土地		
		支払手形	71,000	
		買掛金	145,000	
		借入金	200,000	
		貸倒引当金	9,400	
		資本金	800,000	
		売上	1,898,000	
		( )		
	1,285,000	仕入		
	300,000	給料		
	200,000	支払家賃		
	3,800	支払利息		
	3,000	手形売却損		
	1,000	有価証券売却損		
	3,123,400		3,123,400	

第28回 伝票の集計・転記

要点整理

1. 伝票から総勘定元帳へ直接転記してもよいが，伝票の枚数が多いときは，次のような方法で伝票を分類・集計してから合計額で転記したほうが，合理的で誤りが少ない。なお，得意先元帳・仕入先元帳への記入は，伝票から直接行う。

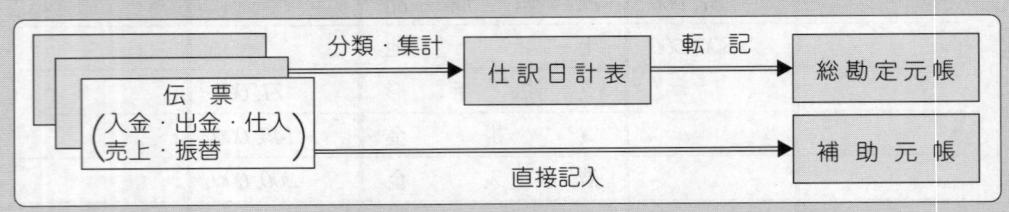

```
                         分類・集計            転記
   伝 票                ┌─────────┐        ┌─────────┐
  (入金・出金・仕入) ──→│仕訳日計表│──→│総勘定元帳│
  (売上・振替    )       └─────────┘        └─────────┘
                                              ┌─────────┐
                         ─────────────────→│補 助 元 帳│
                              直接記入         └─────────┘
```

2. 仕訳日計表は，1日分の伝票の諸勘定の借方と貸方の金額を勘定科目別に分類・集計し，一つの表にまとめたものである。

3. 3伝票を分類，集計する手続きは次のとおりである。
   ① 入金伝票 の金額を合計し，仕訳日計表の 現金 の 借方 に記入する。
   ② 出金伝票 の金額を合計し，仕訳日計表の 現金 の 貸方 に記入する。
   ③ 振替伝票 の 借方 と 出金伝票 の同一科目を集計し，仕訳日計表の各勘定の 借方 に記入する。
   ④ 振替伝票 の 貸方 と 入金伝票 の同一科目を集計し，仕訳日計表の各勘定の 貸方 に記入する。
   ⑤ 仕訳日計表の記入ののち，借方欄と貸方欄の合計を計算し一致することを確認する。

4. 仕入伝票・売上伝票の集計手続きは次のとおりである。
   ① 仕入伝票 の合計額を仕訳日計表の 仕入 の 借方 に記入し，全額掛仕入とする場合は，合計額を買掛金の貸方に記入する。全額掛取引以外の場合は，相手科目を集計して仕訳日計表の貸方に記入する（他の伝票の貸方科目に同一科目があれば合計して記入する）。
   　仕入値引・仕入返品の伝票は，買掛金の借方と仕入の貸方に記入する（買掛金は他の伝票の借方科目に買掛金があれば，合計して記入する）。
   ② 売上伝票 の合計額を仕訳日計表の 売上 の 貸方 に記入し，全額掛売上とする場合は，合計額を売掛金の借方に記入する。全額掛取引以外の場合は，相手科目を集計して仕訳日計表の借方に記入する（他の伝票の借方科目に同一科目があれば合計して記入する）。
   　売上値引・売上返品の伝票は，売上の借方と売掛金の貸方に記入する（売掛金は他の伝票の貸方科目に売掛金があれば，合計して記入する）。

5. 仕訳日計表の 借方金額 を総勘定元帳のその勘定の 借方 に， 貸方金額 をその勘定の 貸方 に，それぞれ転記する。

1 **基礎問題** 次の伝票によって，仕訳日計表を作成しなさい。

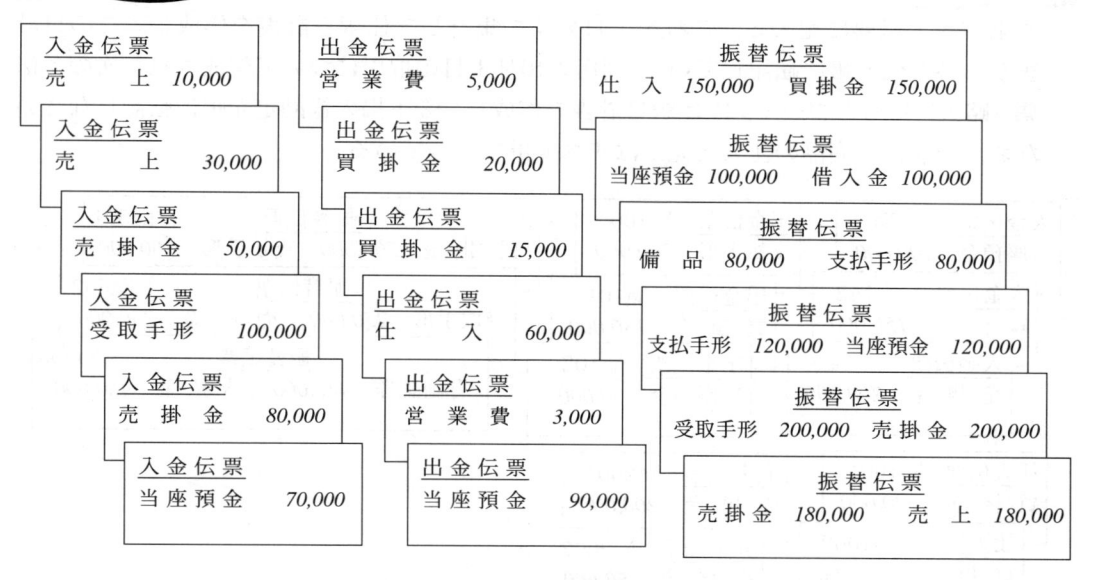

入金伝票
売　　　上　10,000

入金伝票
売　　　上　30,000

入金伝票
売　掛　金　50,000

入金伝票
受取手形　100,000

入金伝票
売　掛　金　80,000

入金伝票
当座預金　70,000

出金伝票
営　業　費　5,000

出金伝票
買　掛　金　20,000

出金伝票
買　掛　金　15,000

出金伝票
仕　　　入　60,000

出金伝票
営　業　費　3,000

出金伝票
当座預金　90,000

振替伝票
仕　入　150,000　　買掛金　150,000

振替伝票
当座預金　100,000　　借入金　100,000

振替伝票
備品　80,000　　支払手形　80,000

振替伝票
支払手形　120,000　　当座預金　120,000

振替伝票
受取手形　200,000　　売掛金　200,000

振替伝票
売掛金　180,000　　売　上　180,000

仕　訳　日　計　表
平成〇年8月1日　　　　　　　　　1

借　　方	元丁	勘　定　科　目	元丁	貸　　方
		現　　　　　金		
		当　座　預　金		
		受　取　手　形		
		売　　掛　　金		
		備　　　　　品		
		支　払　手　形		
		買　　掛　　金		
		借　　入　　金		
		売　　　　　上		
		仕　　　　　入		
		営　　業　　費		

2 **基礎問題** 神戸商店は，毎日の取引を入金伝票，出金伝票，振替伝票，仕入伝票および売上伝票に記入し，これを1日分ずつ集計して仕訳日計表を作成し，この日計表から各関係元帳に転記している。同店の10月1日の取引について作成された次の各伝票（略式）にもとづいて，(1)仕訳日計表を作成し，(2)下掲の総勘定元帳に転記しなさい。なお，同店は，商品の仕入と売上はすべて掛で行っている。

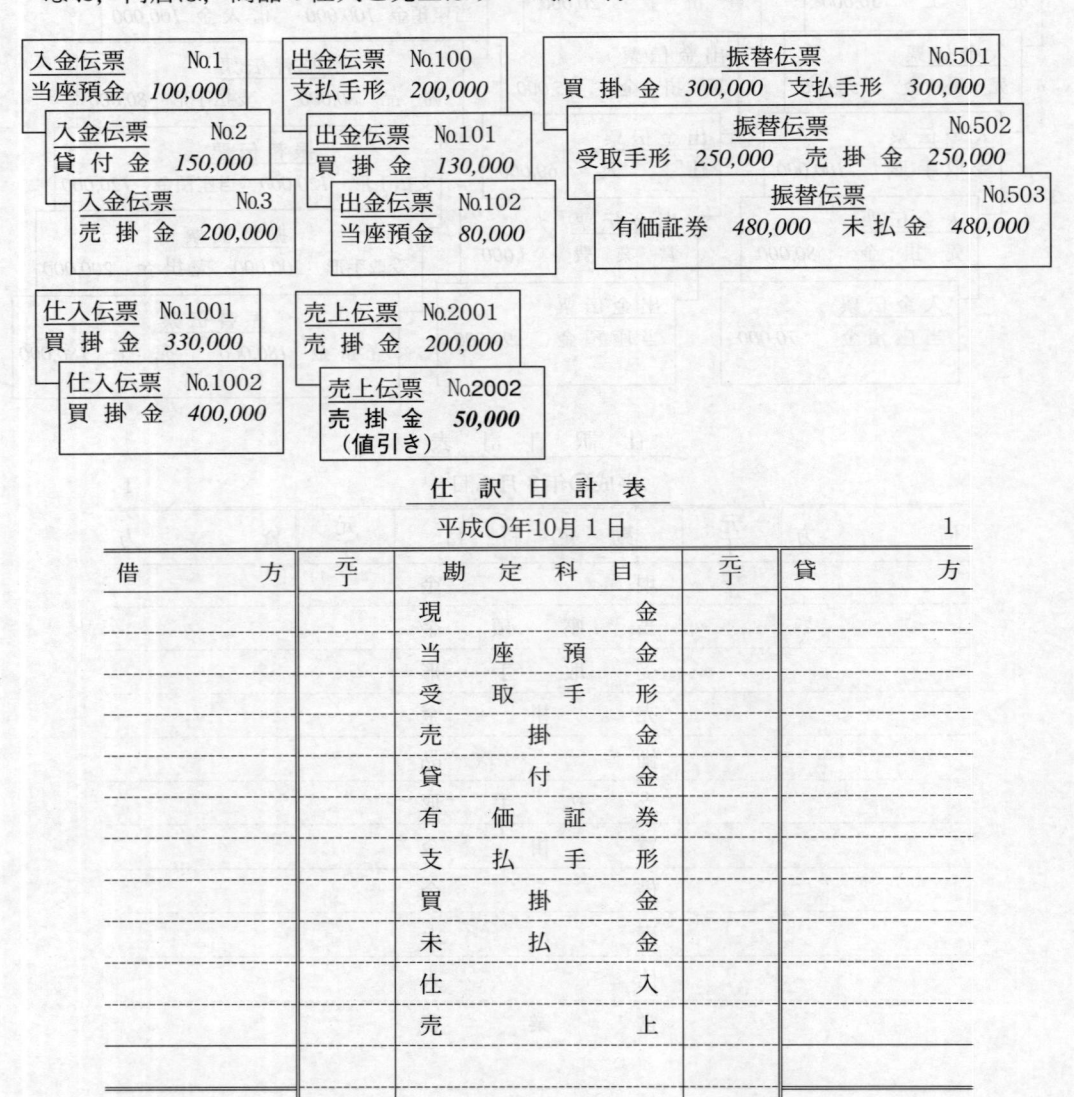

```
入金伝票   No.1       出金伝票   No.100      振替伝票       No.501
当座預金  100,000     支払手形  200,000     買掛金 300,000  支払手形 300,000
  入金伝票   No.2       出金伝票   No.101      振替伝票       No.502
  貸付金  150,000       買掛金  130,000     受取手形 250,000  売掛金 250,000
    入金伝票   No.3       出金伝票   No.102      振替伝票       No.503
    売掛金  200,000       当座預金  80,000     有価証券 480,000  未払金 480,000

    仕入伝票  No.1001     売上伝票  No.2001
    買掛金  330,000       売掛金  200,000
      仕入伝票  No.1002     売上伝票  No.2002
      買掛金  400,000       売掛金   50,000
                            （値引き）
```

仕 訳 日 計 表
平成〇年10月1日　　　　　　　　　　　　1

借　方	元丁	勘　定　科　目	元丁	貸　方
450,000		現　　　　　金		410,000
80,000		当　座　預　金		100,000
250,000		受　取　手　形		
200,000		売　　掛　　金		500,000
		貸　　付　　金		150,000
480,000		有　価　証　券		
200,000		支　払　手　形		300,000
430,000		買　　掛　　金		730,000
		未　　払　　金		480,000
730,000		仕　　　　　入		
50,000		売　　　　　上		200,000
2,870,000				2,870,000

総勘定元帳

現　　　金　　　　　　　　　　1

平成○年		摘　　要	仕丁	借　方	貸　方	借/貸	残　高
10	1	前 月 繰 越	✓	300,000		借	300,000

売　　　上　　　　　　　　　　20

平成○年		摘　　要	仕丁	借　方	貸　方	借/貸	残　高

3 検定問題

関西商店は，毎日の取引を入金伝票，出金伝票，振替伝票，仕入伝票および売上伝票に記入し，これを1日分ずつ集計して仕訳日計表を作成し，この仕入日計表から各関係元帳に転記している。同店の平成×年2月1日の取引について作成された次の伝票（略式）と各関係元帳の記入にもとづいて，解答用紙の仕訳日計表を完成しなさい。なお，（　）の金額は各自推定すること。　　　(第88回　類題)

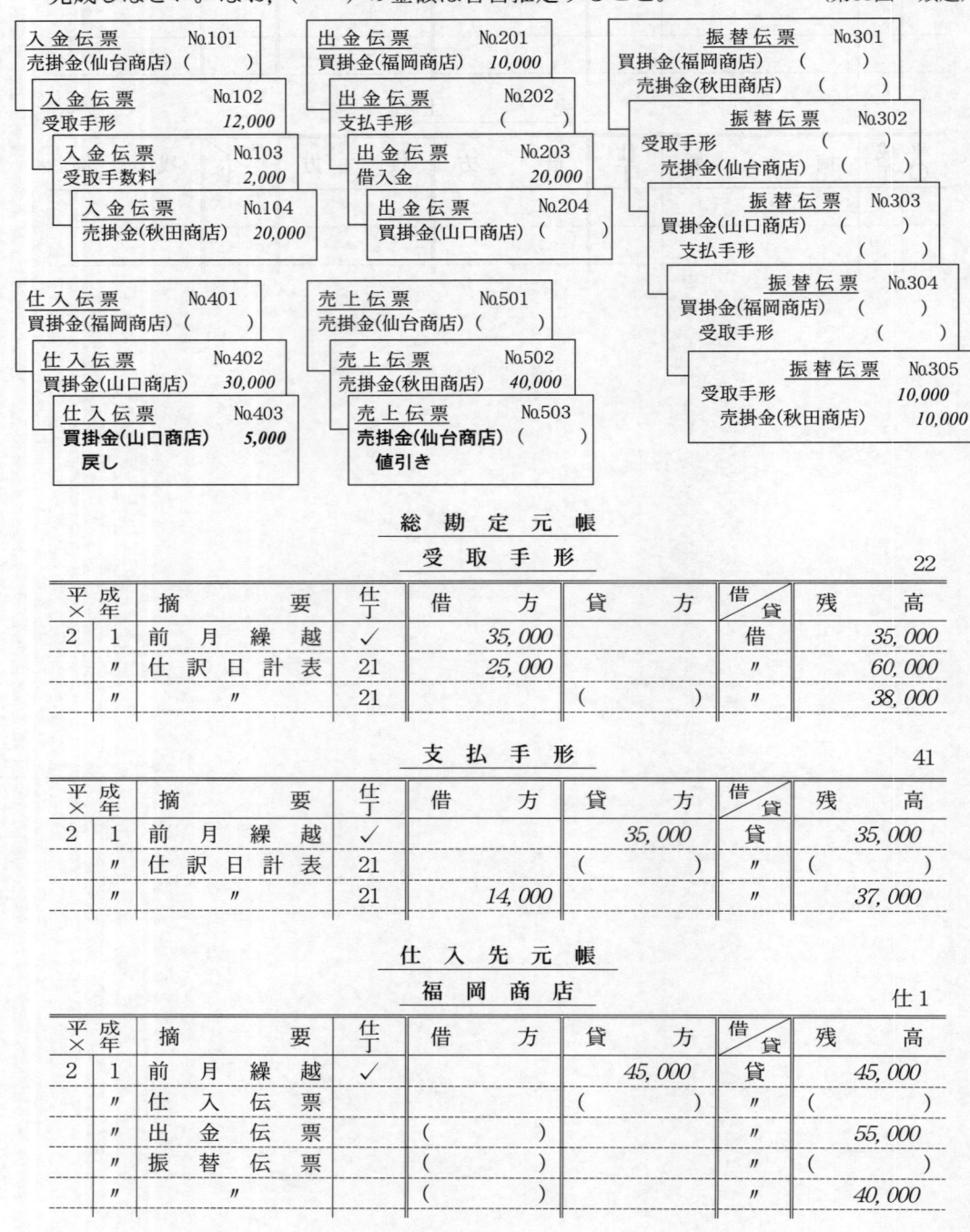

```
入金伝票 No.101          出金伝票 No.201          振替伝票 No.301
売掛金(仙台商店)(   )    買掛金(福岡商店) 10,000   買掛金(福岡商店) (   )
                                                  売掛金(秋田商店) (   )
  入金伝票 No.102          出金伝票 No.202
  受取手形    12,000       支払手形  (   )          振替伝票 No.302
                                                  受取手形      (   )
    入金伝票 No.103          出金伝票 No.203        売掛金(仙台商店)(   )
    受取手数料  2,000        借入金    20,000
                                                    振替伝票 No.303
      入金伝票 No.104          出金伝票 No.204      買掛金(山口商店)(   )
      売掛金(秋田商店) 20,000  買掛金(山口商店)(   ) 支払手形      (   )

                                                      振替伝票 No.304
                                                      買掛金(福岡商店)(   )
                                                      受取手形      (   )

  仕入伝票 No.401          売上伝票 No.501            振替伝票 No.305
  買掛金(福岡商店)(   )    売掛金(仙台商店)(   )      受取手形      10,000
                                                    売掛金(秋田商店) 10,000
    仕入伝票 No.402          売上伝票 No.502
    買掛金(山口商店) 30,000  売掛金(秋田商店) 40,000

      仕入伝票 No.403          売上伝票 No.503
      買掛金(山口商店) 5,000   売掛金(仙台商店)(   )
      戻し                    値引き
```

総勘定元帳

受取手形　22

平成×年		摘要	仕丁	借方	貸方	借/貸	残高
2	1	前月繰越	✓	35,000		借	35,000
	〃	仕訳日計表	21	25,000		〃	60,000
	〃	〃	21		(　　)	〃	38,000

支払手形　41

平成×年		摘要	仕丁	借方	貸方	借/貸	残高
2	1	前月繰越	✓		35,000	貸	35,000
	〃	仕訳日計表	21		(　　)	〃	(　　)
	〃	〃	21	14,000		〃	37,000

仕入先元帳

福岡商店　仕1

平成×年		摘要	仕丁	借方	貸方	借/貸	残高
2	1	前月繰越	✓		45,000	貸	45,000
	〃	仕入伝票			(　　)	〃	(　　)
	〃	出金伝票		(　　)		〃	55,000
	〃	振替伝票		(　　)		〃	(　　)
	〃	〃		(　　)		〃	40,000

山口商店　　　　　　　　　　　　仕2

平成×年		摘要	仕丁	借方	貸方	借/貸	残高
2	1	前月繰越	✓		40,000	貸	40,000
	〃	仕入伝票			30,000	〃	70,000
	〃	〃		5,000		〃	65,000
	〃	出金伝票		( )		〃	( )
	〃	振替伝票		( )		〃	37,000

得意先元帳
仙台商店　　　　　　　　　　　　得1

平成×年		摘要	仕丁	借方	貸方	借/貸	残高
2	1	前月繰越	✓	55,000		借	55,000
	〃	売上伝票		35,000		〃	90,000
	〃	〃			3,000	〃	87,000
	〃	入金伝票			( )	〃	( )
	〃	振替伝票			( )	〃	47,000

秋田商店　　　　　　　　　　　　得2

平成×年		摘要	仕丁	借方	貸方	借/貸	残高
2	1	前月繰越	✓	50,000		借	50,000
	〃	売上伝票		( )		〃	( )
	〃	入金伝票			( )	〃	70,000
	〃	振替伝票			( )	〃	( )
	〃	〃			10,000	〃	55,000

仕訳日計表
平成×年2月1日　　　　　　　　　　　21

借方	元丁	勘定科目	元丁	貸方
		現　　　金		
		受取手形		
		売掛金		
		支払手形		
		買掛金		
		借入金		
		売　　　上		
		仕　　　入		
		受取手数料		

4 検定問題 中京商店は，毎日の取引を入金伝票，出金伝票，振替伝票，仕入伝票，売上伝票に記入し，これを1日分ずつ集計して仕訳日計表を作成し，この仕訳日計表から各関係元帳に転記している。同店の平成○年2月1日の取引に関して作成された次の各伝票（略式）にもとづいて，答案用紙の仕訳日計表と各関係元帳を完成しなさい。
（　）の金額は各自推定すること。なお，中京商店の仕入先は，愛知商店と岐阜商店のみで，得意先は，宮崎商店と大分商店のみである。　　　　　（第121回　出題）

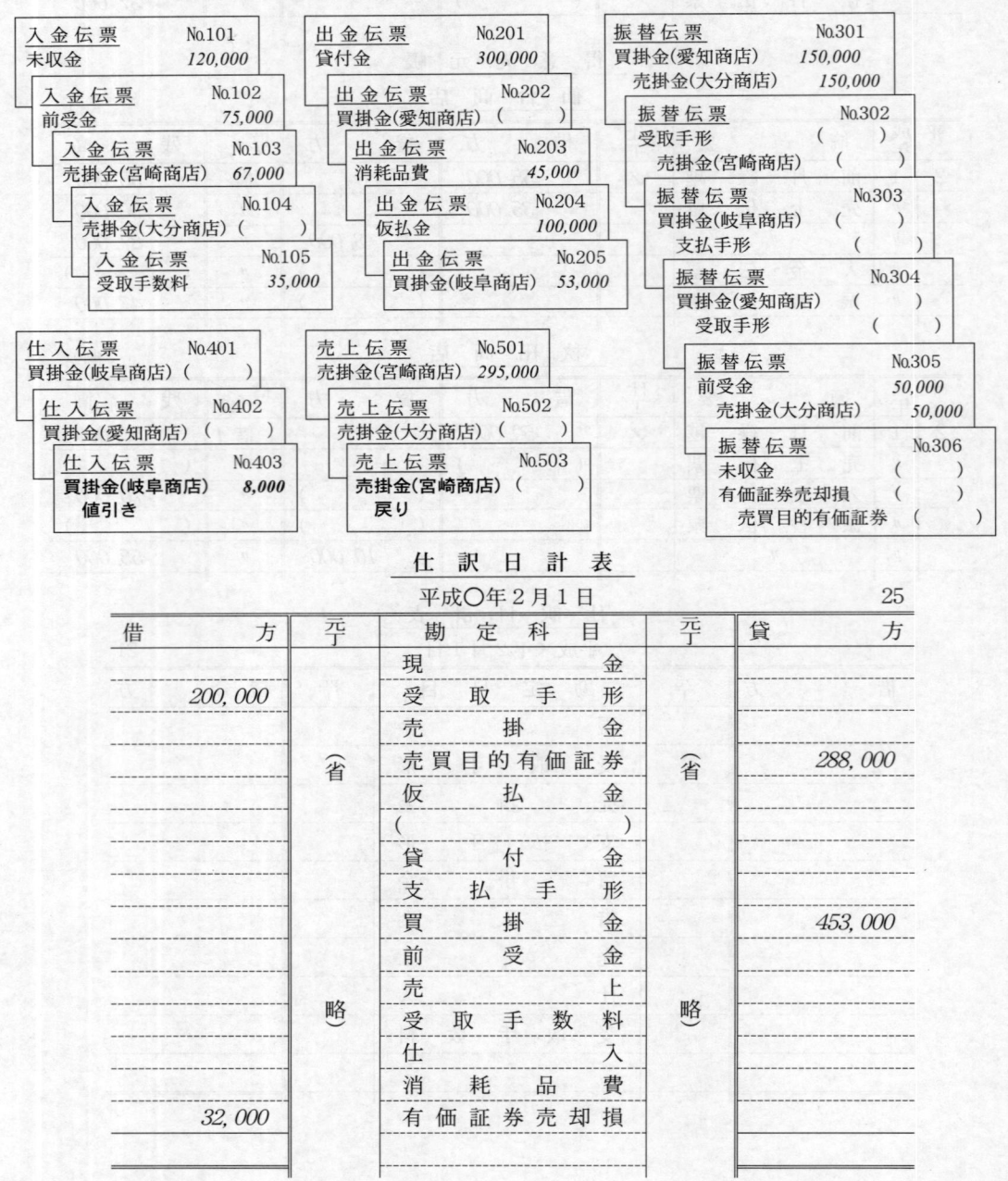

```
入金伝票     No.101      出金伝票     No.201      振替伝票     No.301
未収金      120,000      貸付金      300,000      買掛金(愛知商店) 150,000
                                                  売掛金(大分商店) 150,000
入金伝票     No.102      出金伝票     No.202      振替伝票     No.302
前受金       75,000      買掛金(愛知商店)(     )   受取手形       (     )
                                                  売掛金(宮崎商店)(     )
入金伝票     No.103      出金伝票     No.203      振替伝票     No.303
売掛金(宮崎商店)67,000    消耗品費     45,000      買掛金(岐阜商店)(     )
                                                  支払手形       (     )
入金伝票     No.104      出金伝票     No.204      振替伝票     No.304
売掛金(大分商店)(     )   仮払金      100,000      買掛金(愛知商店)(     )
                                                  受取手形       (     )
入金伝票     No.105      出金伝票     No.205      振替伝票     No.305
受取手数料    35,000      買掛金(岐阜商店)53,000    前受金       50,000
                                                  売掛金(大分商店) 50,000
仕入伝票     No.401      売上伝票     No.501      振替伝票     No.306
買掛金(岐阜商店)(     )   売掛金(宮崎商店)295,000   未収金         (     )
                                                  有価証券売却損  (     )
仕入伝票     No.402      売上伝票     No.502          売買目的有価証券(     )
買掛金(愛知商店)(     )   売掛金(大分商店)(     )
仕入伝票     No.403      売上伝票     No.503
買掛金(岐阜商店) 8,000    売掛金(宮崎商店)(     )
  値引き                    戻り
```

仕　訳　日　計　表
平成○年2月1日　　　　　　　　25

借　　方	元丁	勘　定　科　目	元丁	貸　　方
		現　　　　　金		
200,000		受　取　手　形		
		売　　掛　　金		
	（省	売買目的有価証券	（省	288,000
		仮　　払　　金		
		（　　　　　）		
		貸　　付　　金		
		支　払　手　形		
		買　　掛　　金		453,000
		前　　受　　金		
		売　　　　　上		
	略）	受　取　手　数　料	略）	
		仕　　　　　入		
		消　耗　品　費		
32,000		有価証券売却損		

総勘定元帳

売掛金　3

平成○年		摘要	仕丁	借方	貸方	借/貸	残高
2	1	前月繰越	✓	749,000		借	749,000
〃		仕訳日計表	25	( )		〃	( )
〃		〃	〃		( )	〃	( )

買掛金　16

平成○年		摘要	仕丁	借方	貸方	借/貸	残高
2	1	前月繰越	✓		675,000	貸	675,000
〃		仕訳日計表	25		( )	〃	( )
〃		〃	〃	( )		〃	( )

得意先元帳

宮崎商店　1

平成○年		摘要	仕丁	借方	貸方	借/貸	残高
2	1	前月繰越	✓	351,000		借	351,000
〃		入金伝票	(省略)		67,000	〃	( )
〃		振替伝票			( )	〃	( )
〃		売上伝票		( )		〃	( )
〃		〃			6,000	〃	( )

大分商店　2

平成○年		摘要	仕丁	借方	貸方	借/貸	残高
2	1	前月繰越	✓	398,000		借	398,000
〃		入金伝票	(省略)		( )	〃	( )
〃		振替伝票			150,000	〃	( )
〃		〃			( )	〃	125,000
〃		売上伝票		( )		〃	446,000

仕入先元帳

愛知商店　1

平成○年		摘要	仕丁	借方	貸方	借/貸	残高
2	1	前月繰越	✓		388,000	貸	388,000
〃		出金伝票	(省略)	65,000		〃	( )
〃		振替伝票		150,000		〃	( )
〃		〃		( )		〃	63,000
〃		仕入伝票			( )	〃	300,000

岐阜商店　2

平成○年		摘要	仕丁	借方	貸方	借/貸	残高
2	1	前月繰越	✓		287,000	貸	287,000
〃		出金伝票	(省略)	( )		〃	( )
〃		振替伝票		180,000		〃	( )
〃		仕入伝票			( )	〃	( )
〃		〃			( )	〃	( )

5 検定問題　長崎商店は，毎日の取引を入金伝票，出金伝票，振替伝票，仕入伝票および売上伝票に記入し，これを1日分ずつ集計して仕訳日計表を作成し，この仕訳日計表および各伝票から各関係元帳に転記している。同店の平成×年10月1日の取引に関して作成された次の各伝票（略式）にもとづいて，答案用紙の仕訳日計表と各元帳を完成しなさい。（　）の金額は各自推定すること。なお，長崎商店の仕入先は秋田商店と宮城商店のみで，得意先は，熊本商店，佐賀商店と宮崎商店のみである。

(第123回　出題)

| 入 金 伝 票　　No.101 |
| 仮受金　　　　　（　　　） |

| 入 金 伝 票　　No.102 |
| 売掛金(宮崎商店)　（　　　） |

| 入 金 伝 票　　No.103 |
| 前受金　　　　　45,000 |

| 入 金 伝 票　　No.104 |
| 売掛金(熊本商店)　（　　　） |

| 入 金 伝 票　　No.105 |
| 未収金　　　　　115,000 |

| 出 金 伝 票　　No.201 |
| 買掛金(秋田商店)　121,000 |

| 出 金 伝 票　　No.202 |
| 前払金　　　　　（　　　） |

| 出 金 伝 票　　No.203 |
| 買掛金(宮城商店)　80,000 |

| 出 金 伝 票　　No.204 |
| 立替金　　　　　36,000 |

| 出 金 伝 票　　No.205 |
| 消耗品費　　　　3,200 |

| 振 替 伝 票　　No.301 |
| 買掛金(秋田商店)　40,000 |
| 　前払金　　　　40,000 |

| 振 替 伝 票　　No.302 |
| 買掛金(秋田商店)　（　　　） |
| 　売掛金(熊本商店)（　　　） |

| 振 替 伝 票　　No.303 |
| 受取手形　　　　（　　　） |
| 　売掛金(佐賀商店)（　　　） |

| 振 替 伝 票　　No.304 |
| 買掛金(宮城商店)　（　　　） |
| 　支払手形　　　（　　　） |

| 振 替 伝 票　　No.305 |
| 前受金　　　　　（　　　） |
| 　売掛金(宮崎商店)（　　　） |

| 振 替 伝 票　　No.306 |
| 備品減価償却累計額（　　　） |
| 未収金　　　　　47,000 |
| 固定資産売却損　（　　　） |
| 　備品　　　　　（　　　） |

| 仕 入 伝 票　　No.401 |
| 買掛金(秋田商店)　148,000 |

| 仕 入 伝 票　　No.402 |
| 買掛金(宮城商店)　（　　　） |

| 仕 入 伝 票　　No.403 |
| 買掛金(宮城商店)　19,000 |
| 値引き |

| 売 上 伝 票　　No.501 |
| 売掛金(熊本商店)　186,000 |

| 売 上 伝 票　　No.502 |
| 売掛金(佐賀商店)　（　　　） |

| 売 上 伝 票　　No.503 |
| 売掛金(宮崎商店)　（　　　） |

| 売 上 伝 票　　No.504 |
| 売掛金(佐賀商店)　（　　　） |
| 戻り |

仕 訳 日 計 表
平成×年10月1日　　　　　　21

借　　方	元丁	勘　定　科　目	元丁	貸　　方
		現　　　　　金		
144,000	(省略)	受　取　手　形	(省略)	
		売　　掛　　金		400,000
55,000		前　　払　　金		
		立　　替　　金		
		未　　収　　金		
		備　　　　　品		250,000
195,000		備品減価償却累計額		
		支　払　手　形		135,000
		買　　掛　　金		286,000
25,000		前　　受　　金		
		仮　　受　　金		88,000
		売　　　　　上		
		仕　　　　　入		
		消　耗　品　費		
		（　　　　　　）		

総勘定元帳

現　金　　　　　1

平成×年		摘　　要	仕丁	借　方	貸　方	借/貸	残　高
10	1	前　月　繰　越	✓	118,500		借	118,500
	〃	仕 訳 日 計 表	21				
	〃	〃	〃				

売　掛　金　　　　　4

平成×年		摘　　要	仕丁	借　方	貸　方	借/貸	残　高
10	1	前　月　繰　越	✓				
	〃	仕 訳 日 計 表	21				
	〃	〃	〃				

得意先元帳

熊本商店　　　　　1

平成×年		摘　　要	仕丁	借　方	貸　方	借/貸	残　高
10	1	前　月　繰　越	✓	195,000		借	195,000
	〃	入 金 伝 票	(省略)				140,000
	〃	振 替 伝 票					20,000
	〃	売 上 伝 票					

佐賀商店　　　　　2

平成×年		摘　　要	仕丁	借　方	貸　方	借/貸	残　高
10	1	前　月　繰　越	✓	151,000		借	151,000
	〃	振 替 伝 票	(省略)				
	〃	売 上 伝 票					169,000
	〃	〃					

宮崎商店　　　　　3

平成×年		摘　　要	仕丁	借　方	貸　方	借/貸	残　高
10	1	前　月　繰　越	✓	165,000		借	165,000
	〃	入 金 伝 票	(省略)		35,000		
	〃	振 替 伝 票					
	〃	売 上 伝 票					231,000

第29回 試算表兼用元帳

要点整理

試算表兼用元帳 は，元帳を表で表す表式元帳で試算表を兼ねるものであり，記入の要領は，次のとおりである。残高欄のある日計表は試算表兼用元帳と同じものと考えればよい。

① 伝票を集計して元帳の借方欄・貸方欄に記入し，本日取引合計額の貸借の一致を確かめる。
② 前日残高に元帳の借方欄・貸方欄の金額を加減して残高欄に記入し，借方残高合計と貸方残高合計の貸借残高合計の貸借一致を確かめる。この残高欄が試算表の役割をしている。

---

1 基礎問題 香川商店は，毎日の取引を入金伝票・出金伝票・振替伝票の3種類の伝票に記入し，これを1日分ずつ集計して日計表の合計欄に記載している。日計表の残高欄には，前日の勘定残高に合計欄の金額を加減して求めた本日の勘定残高が記入される。よって，同店の(A) 4月9日の日計表の勘定残高と(B) 4月10日の取引について作成された伝票から，日計表を作成しなさい。

(A) 4月9日の日計表残高

借方残高

現　　　金	¥ 150,000	当座預金	¥ 450,000	受取手形	¥ 400,000
売　掛　金	600,000	繰越商品	200,000	備　　　品	500,000
仕　　　入	1,000,000	営業費	100,000		

貸方残高

| 支払手形 | ¥ 700,000 | 買掛金 | ¥ 600,000 | 資本金 | ¥ 800,000 |
| 売　　　上 | 1,300,000 | | | | |

(B) 4月10日の会計伝票

```
         振替伝票
備　　品   50,000   当座預金   50,000
```

```
         振替伝票
受取手形  220,000   売　　上   220,000
```

```
         振替伝票
当座預金  130,000   受取手形  130,000
```

```
         振替伝票
仕　　入  180,000   買掛金    180,000
```

```
         振替伝票
支払手形  110,000   当座預金  110,000
```

入金伝票	
売　掛　金	120,000

入金伝票	
売　　　上	170,000

入金伝票	
売　　　上	130,000

入金伝票	
売　掛　金	220,000

入金伝票	
当座預金	30,000

出金伝票	
買　掛　金	80,000

出金伝票	
買　掛　金	160,000

出金伝票	
買　掛　金	70,000

出金伝票	
仕　　　入	120,000

出金伝票	
営　業　費	20,000

出金伝票	
仕　　　入	100,000

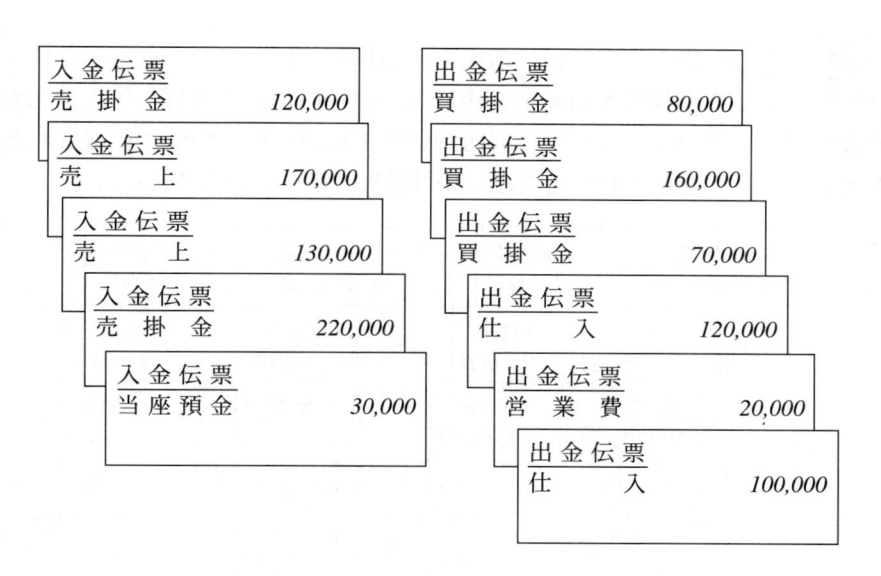

日　計　表
平成○年4月10日

借方残高	借方合計	勘定科目	貸方合計	貸方残高
		現　　　　　金		
		当　座　預　金		
		受　取　手　形		
		売　　掛　　金		
		繰　越　商　品		
		備　　　　　品		
		支　払　手　形		
		買　　掛　　金		
		資　　本　　金		
		売　　　　　上		
		仕　　　　　入		
		営　業　費		

2 **練習問題** 山口商店では，取引を入金伝票，出金伝票，振替伝票に記入し，1日分ずつ集計して試算表兼用元帳を作成し，同時に得意先元帳・仕入先元帳に伝票から直接に記入している。よって，同店の10月1日の取引について作成された次の伝票にもとづいて，(1)試算表兼用元帳と，(2)得意先元帳への記入を行いなさい。

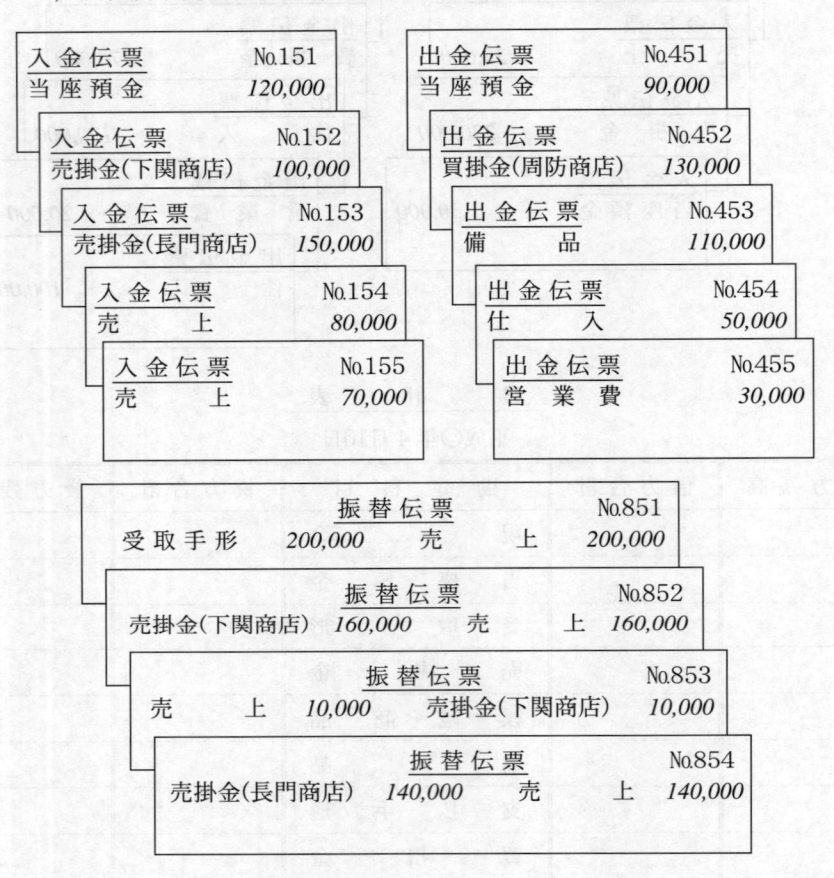

入金伝票	No.151
当座預金	120,000

入金伝票	No.152
売掛金(下関商店)	100,000

入金伝票	No.153
売掛金(長門商店)	150,000

入金伝票	No.154
売上	80,000

入金伝票	No.155
売上	70,000

出金伝票	No.451
当座預金	90,000

出金伝票	No.452
買掛金(周防商店)	130,000

出金伝票	No.453
備品	110,000

出金伝票	No.454
仕入	50,000

出金伝票	No.455
営業費	30,000

振替伝票			No.851
受取手形	200,000	売上	200,000

振替伝票			No.852
売掛金(下関商店)	160,000	売上	160,000

振替伝票			No.853
売上	10,000	売掛金(下関商店)	10,000

振替伝票			No.854
売掛金(長門商店)	140,000	売上	140,000

元　帳
平成〇年10月1日

(平成〇年9月30日の元帳)

勘定科目	借方	貸方	残高	残高
現　　　　金				70,000
当　座　預　金				130,000
受　取　手　形				270,000
売　　掛　　金				420,000
繰　越　商　品				200,000
備　　　　品				150,000
仕　　　　入				660,000
営　業　費				140,000
借方残高合計				2,040,000
買　　掛　　金				330,000
借　　入　　金				300,000
資　　本　　金				600,000
売　　　　上				810,000
貸方残高合計				2,040,000
本日取引合計				

得意先元帳

下関商店

得1

平成〇年		摘要	仕丁	借方	貸方	借/貸	残高
10	1	前月繰越	✓	150,000		借	150,000

長門商店

得2

平成〇年		摘要	仕丁	借方	貸方	借/貸	残高
10	1	前月繰越	✓	200,000		借	200,000

第30回 決算整理

要点整理

1　決算にあたり，帳簿残高を決算日現在の正しい金額に修正することを，決算整理（または決算修正）という。

2　商品に関する勘定の整理

次の手続によって，仕入勘定で売上原価を計算する。
① 期首商品棚卸高を，繰越商品勘定から仕入勘定の借方に振り替える。
② 期末商品棚卸高を，仕入勘定から繰越商品勘定の借方に振り替える。

①・②の結果，仕入勘定の残高は売上原価を示すことになる。

売上原価＝期首商品棚卸高＋純仕入高－期末商品棚卸高

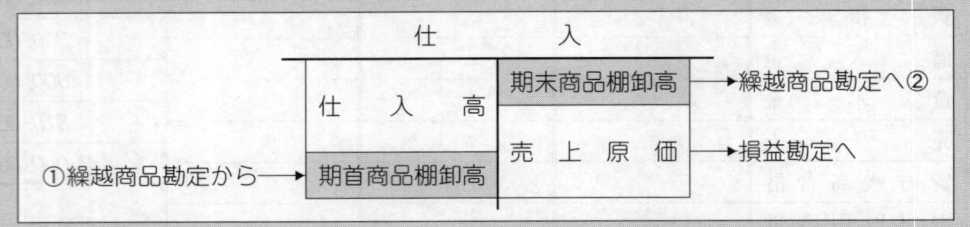

	仕　　　入	
	仕 入 高	期末商品棚卸高 →繰越商品勘定へ②
①繰越商品勘定から→	期首商品棚卸高	売 上 原 価 →損益勘定へ

3　棚卸減耗損，商品評価損

棚卸減耗損＝原価×（帳簿棚卸数量－実地棚卸数量）…数量不足による損失
商品評価損＝（原価－時価）×実地棚卸数量……………時価の下落による損失

棚卸減耗損および商品評価損を売上原価に算入するときは仕入勘定に振り替え，営業外費用などとするときは損益勘定に振り替える。

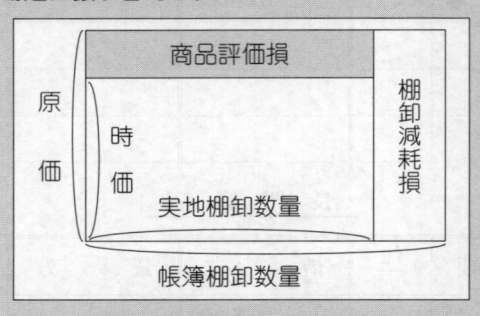

4　貸倒引当金の設定方法

差額補充法　当期の貸倒見積額から前期に設定した貸倒引当金残高を差し引いた額を追加計上する方法。過去の貸倒実績率を基礎として計上する（実績法）。

5　有価証券の評価

売買を目的として所有する有価証券は時価で評価する。この場合，帳簿価額と時価との差額を有価証券評価損勘定または有価証券評価益勘定に記入する。

6 減価償却費の計算と記帳方法

① 減価償却費の計算（その1）（平成19年3月31日以前に取得）

ア 定額法　　減価償却費 = $\dfrac{\text{取得原価} - \text{残存価額}}{\text{耐用年数}}$

イ 定率法　　減価償却費 = 未償却残高（初年度は取得原価）× 償却率

ウ 生産高比例法　減価償却費 = $\dfrac{\text{取得原価} - \text{残存価額}}{\text{予測総生産高}}$ × 各期の実際生産高

② 減価償却費の計算（その2）（平成19年4月1日以後に取得）

ア 定額法　　減価償却費 = $\dfrac{\text{取得原価}}{\text{耐用年数}}$

イ 定率法（第1段階）　減価償却費 = 未償却残高 × 償却率

（第2段階については，本文p.40参照）

ウ 生産高比例法　減価償却費 = $\dfrac{\text{取得原価}}{\text{予測総生産高}}$ × 各期の実際生産高

③ 減価償却費の記帳法

ア 直接法　（借）減 価 償 却 費　×××　（貸）備　　　　　　品　×××
イ 間接法　（借）減 価 償 却 費　×××　（貸）備品減価償却累計額　×××

7 費用・収益の繰延べ・見越し

① 費用の繰延べ

費用の勘定残高 − 前払費用 = 当期費用 ──→ 損益計算書
　　　　　　　　　└──────────→ 貸借対照表（資産）

② 収益の繰延べ

収益の勘定残高 − 前受収益 = 当期収益 ──→ 損益計算書
　　　　　　　　　└──────────→ 貸借対照表（負債）

③ 費用の見越し

費用の勘定残高 + 未払費用 = 当期費用 ──→ 損益計算書
　　　　　　　　　└──────────→ 貸借対照表（負債）

④ 収益の見越し

収益の勘定残高 + 未収収益 = 当期収益 ──→ 損益計算書
　　　　　　　　　└──────────→ 貸借対照表（資産）

---

1 基礎問題　次の商品に関する勘定記録から，(1)純仕入高　(2)純売上高　(3)売上原価　(4)商品売買益の金額を計算しなさい。ただし，期首商品棚卸高は￥70,000で，期末商品棚卸高は￥80,000である。

仕　　　　入		売　　　　上	
310,000	10,000	20,000	400,000

(1)	(2)	(3)	(4)

2 練習問題　次の資料によって，決算整理の仕訳を示しなさい。ただし，棚卸減耗損は営業外費用とし，商品評価損は売上原価に算入する。

　　仕　入　高　￥4,800,000　　　　売　上　高　￥5,600,000
　　期首商品棚卸高　￥370,000
　　期末商品棚卸高　帳簿棚卸高　1,000個（原価＠￥400）
　　　　　　　　　　実地棚卸高　　950個（時価＠￥380）

借方科目	金　　額	貸方科目	金　　額

3 練習問題　次の資料によって，決算整理の仕訳を示しなさい。

　受取手形勘定残高￥4,000,000　売掛金勘定残高￥2,500,000であるが，売上債権の期末残高に対して，2％の貸倒引当金を設定する。ただし，貸倒引当金残高が￥40,000あり，当期の設定は差額補充法によること。

借方科目	金　　額	貸方科目	金　　額

4 練習問題　次の資料によって，決算整理の仕訳を示しなさい。
(1)　備品勘定残高￥1,200,000，備品減価償却累計額勘定残高￥300,000であるが，備品に対して定率法（償却率25％）による減価償却を行う。
(2)　有価証券勘定残高は￥2,000,000であるが，これを￥1,800,000に評価替えする。

	借方科目	金　　額	貸方科目	金　　額
(1)				
(2)				

5 練習問題　次の取引（決算整理事項に関するもの）の仕訳を示しなさい。
1．期首商品棚卸高　￥2,900,000
　　期末商品棚卸高　帳簿棚卸数量　3,000個　原価＠￥950
　　　　　　　　　　実地棚卸数量　2,950個　時価＠￥930
　　　　　　　ただし，商品評価損は，売上原価に算入し，棚卸減耗損は営業外費用として処理する。
2．貸倒引当金　受取手形の残高￥4,000,000　売掛金の残高￥2,500,000に対し，それぞれ2％とする。貸倒引当金の設定は，差額補充法による。決算直前の貸倒引当金残高が￥80,000ある。
3．有価証券評価額　有価証券￥1,600,000は，売買目的で所有する次の2銘柄の株式であり，時価により評価する。

	数量	原　　価	時　　価
A社株式	10株	@¥60,000	@¥57,000
B社株式	20株	@¥50,000	@¥55,000

4．減　価　償　却　額　　建物　　取得原価¥6,000,000　耐用年数30年　残存価額を取得原価の10％とし，定額法による。

　　　　　　　　　　　　備品　　取得原価¥1,000,000　毎期の償却率を25％とし，定率法による。減価償却累計額勘定残高は¥250,000である。

5．保　険　料　前　払　高　　保険料¥240,000は，1年分の支払高で，このうち3か月分は当期の未経過分である。

6．法　人　税　等　　¥1,200,000　中間申告納付分が¥650,000ある。

7．退職給付引当金繰入額　　¥230,000

8．利　息　未　収　高　　¥15,000

9．広　告　料　未　払　高　　¥130,000

10．の　れ　ん　償　却　　のれん¥200,000はY社を当期首に買収した際に生じたものであり，10年間で毎期均等額の償却をする。

11．社　債　の　評　価　替　　社債は前期首に額面¥2,000,000を額面¥100につき¥96で発行したもので，償還期間は5年である。社債の評価替（償却原価法（定額法））を行う。また，社債発行費等の残高は¥60,000であり，会社法の定める期間にわたって毎期均等額の償却をしている。

	借　方　科　目	金　　額	貸　方　科　目	金　　額
1				
2				
3				
4				
5				
6				
7				
8				
9				
10				
11				

第31回 精算表

要点整理

1. 試算表残高を決算整理事項によって修正し，損益計算書と貸借対照表を作成する決算の流れを一つの表にまとめたものを 精算表 という。

2. 精算表の作成方法
   ① 残高試算表の金額欄に元帳勘定残高を記入し，借方と貸方の合計金額の一致によって正しいことを確かめる。
   ② 決算整理事項により，整理記入欄に決算整理仕訳を記入し，借方と貸方の合計額が正しいことを確かめる。
   ③ 残高試算表欄と整理記入欄の金額が貸借同じ側にあるときは加算し，反対側にあるときは減算して，費用・収益は損益計算書欄に，資産・負債・純資産は貸借対照表欄に記入する。
   ④ 損益計算書欄および貸借対照表欄の借方・貸方の金額をそれぞれ合計し，その差額を当期純利益（または当期純損失）として，合計金額の少ない側に記入する。
   ⑤ 損益計算書欄および貸借対照表欄の借方・貸方の金額を合計して締め切る。

3. 事 例
   次の決算整理事項によって，精算表（一部）の記入を示しなさい。

   (1) 期末商品棚卸高 ￥10,000
   〔決算整理仕訳〕
   （借）仕　　　　入　11,000　　（貸）繰 越 商 品　11,000
   （借）繰 越 商 品　10,000　　（貸）仕　　　　入　10,000

精 算 表

勘定科目	試算表 借方	試算表 貸方	整理記入 借方	整理記入 貸方	損益計算書 借方	損益計算書 貸方	貸借対照表 借方	貸借対照表 貸方
繰 越 商 品	11,000		(+)10,000	(-)11,000			10,000	
仕　　　　入	200,000		(+)11,000	(-)10,000	201,000			
売　　　　上		300,000				300,000		

   (2) 売掛金の期末残高に対して2%の貸倒れを見積もる。（差額補充法）
   〔決算整理仕訳〕
   （借）貸倒引当金繰入　3,000　　（貸）貸倒引当金　3,000

勘定科目	試算表 借方	試算表 貸方	整理記入 借方	整理記入 貸方	損益計算書 借方	損益計算書 貸方	貸借対照表 借方	貸借対照表 貸方
売　掛　金	400,000						400,000	
貸 倒 引 当 金		5,000		(+)3,000				8,000
貸倒引当金繰入			3,000		3,000			

   (3) 備品に対して定率法により減価償却を行う。（償却率30%）

〔決算整理仕訳〕
（借）減 価 償 却 費　42,000　　（貸）備品減価償却累計額　42,000

備　　　　　品	200,000				200,000	
備品減価償却累計額		60,000	(+)42,000			102,000
減 価 償 却 費			42,000	42,000		

1 【基礎問題】次の決算整理事項の仕訳をし，精算表を完成しなさい。
(1) 期末商品棚卸高　¥90,000
(2) 貸倒引当金　売掛金の期末残高に対して5％の貸倒れを見積もる。（差額補充法）
(3) 備品減価償却高　¥18,000

決算整理仕訳

	借　方　科　目	金　　額	貸　方　科　目	金　　額
(1)				
(2)				
(3)				

精　算　表

勘 定 科 目	試　算　表		整 理 記 入		損 益 計 算 書		貸 借 対 照 表	
	借 方	貸 方	借 方	貸 方	借 方	貸 方	借 方	貸 方
現　　　　　金	15,000							
当 座 預 金	30,000							
売 　掛　 金	400,000							
繰 越 商 品	100,000							
備　　　　　品	120,000							
買 　掛　 金		180,000						
貸 倒 引 当 金		9,000						
備品減価償却累計額		36,000						
資 　本　 金		300,000						
売　　　　　上		845,000						
仕　　　　　入	630,000							
給　　　　　料	70,000							
雑　　　　　費	5,000							
貸倒引当金繰入								
減 価 償 却 費								
当 期 純 利 益								
	1,370,000	1,370,000						

2 練習問題 次の精算表を完成しなさい。

精算表

勘定科目	試算表 借方	試算表 貸方	整理記入 借方	整理記入 貸方	損益計算書 借方	損益計算書 貸方	貸借対照表 借方	貸借対照表 貸方
現　　　　金	4,000						(4,000)	
当　座　預　金	126,000						(126,000)	
受　取　手　形	95,000						(95,000)	
売　掛　金	110,000						(110,000)	
貸倒引当金		(2,000)		(2,100)				4,100
繰　越　商　品	120,000		(140,000)	(120,000)			140,000	
売買目的有価証券	(72,000)			2,000			70,000	
貸　付　金	(80,000)						80,000	
備　　　　品	(150,000)						150,000	
減価償却累計額		54,000		(27,000)				(81,000)
支　払　手　形		69,000						(69,000)
買　掛　金		(70,000)						70,000
借　入　金		(40,000)						40,000
資　本　金		(450,000)						(450,000)
売　　　　上		813,400				813,400		
受　取　利　息		1,600		(500)		(2,100)		
仕　　　　入	589,000		(120,000)	(140,000)	569,000			
給　　　　料	92,000				(92,000)			
広　告　料	37,000				(37,000)			
支　払　家　賃	24,000			1,500	(22,500)			
支　払　利　息	1,000		(1,400)		2,400			
貸倒引当金繰入			(2,100)		2,100			
減価償却費			(27,000)		27,000			
有価証券評価損			(2,000)		(2,000)			
未　収　利　息			(500)				500	
前　払　家　賃			1,500				(1,500)	
未　払　利　息				(1,400)				(1,400)
当期純利益					(61,500)			(61,500)
	1,500,000	1,500,000	294,500	294,500	815,500	815,500	777,000	777,000

3 練習問題

次の決算整理事項その他にもとづいて，答案用紙の精算表を完成しなさい。会計期間は1年，決算日は3月31日である。

(第119回 類題)

[決算整理事項その他]

1. 当期首に買い入れたA社社債（額面¥50,000；満期までの期間は当期を含めて5年）の利札¥500の支払期日が決算日に到来していることが判明した。

2. 当座預金の帳簿残高と銀行の残高証明書の金額は一致していなかったため，不一致の原因を調べたところ，次の事実が判明した。
   (1) 得意先から売掛金の決済代金として¥10,000の小切手を受け取り，決算日に当座預金に預け入れたが，銀行ではそれを翌日付で記帳していた。
   (2) 借入金の利息¥2,300が当座預金から引き落とされていたが，銀行からの通知はまだ届いていなかった。

3. 売掛金のうち¥10,000は得意先が倒産したため回収不能であることが判明した。この売掛金は前期から繰り越されたものである。

4. 受取手形と売掛金の期末残高に対して3％の貸倒れを見積もる。貸倒引当金は差額補充法により設定する。

5. 有価証券の内訳は次のとおりである。

	帳簿価額	時　価	保有目的
A社社債	¥49,500	¥49,700	満期保有目的
B社株式	¥84,000	¥82,500	売 買 目 的
C社株式	¥63,300	¥65,000	売 買 目 的

   なお，満期保有目的の債券については，償却原価法（定額法）により評価する。

6. 商品の期末棚卸高は次のとおりである。なお，売上原価は「仕入」の行で計算し，商品評価損は売上原価に含めて表示する。

   帳簿棚卸高　数量　650個　　原価　@¥100
   実地棚卸高　数量　640個　　うち { 600個の時価　@¥105
                                    40個の時価　@¥ 90

   なお，商品40個の時価の下落は品質低下を原因とするものである。

7. 有形固定資産の減価償却は次の要領で行う。
   建物：耐用年数は30年，残存価額は取得原価の10％として，定額法により計算する。
   備品：償却率は年20％として，定率法により計算する。

8. 繰延資産として計上している株式交付費は当期の9月1日に増資したさいに生じたものであり，その効果のおよぶ期間は3年間（36か月間）と見積もり，定額法により月割りで償却する。

9. 商品保証引当金の残高¥5,800は，保証期間中の設定に対する残高である。決算にあたり保証費用の見積額¥37,200を商品保証引当金として設定するため，不足額を計上した。

10. 支払保険料は，当期の6月1日に向こう1年分（12か月分）の保険料を一括して支払ったものである。

精 算 表

勘定科目	残高試算表 借方	残高試算表 貸方	修正記入 借方	修正記入 貸方	損益計算書 借方	損益計算書 貸方	貸借対照表 借方	貸借対照表 貸方
現 金 預 金	221,250							
受 取 手 形	150,000							
売 掛 金	210,000							
売買目的有価証券	147,300							
繰 越 商 品	58,000							
建 物	4,000,000							
備 品	800,000							
満期保有目的債券	49,500							
株 式 交 付 費	9,000							
支 払 手 形		130,000						
買 掛 金		210,000						
借 入 金		400,000						
商品保証引当金		5,800						
貸 倒 引 当 金		11,200						
建物減価償却累計額		720,000						
備品減価償却累計額		390,400						
資 本 金		3,000,000						
利 益 準 備 金		115,000						
繰越利益剰余金		222,550						
売 上		3,720,000						
有 価 証 券 利 息		500						
仕 入	2,700,000							
給 料	570,000							
支 払 保 険 料	6,600							
支 払 利 息	3,800							
	8,925,450	8,925,450						
貸倒引当金(　　)								
有価証券評価(　　)								
棚 卸 減 耗 損								
商 品 評 価 損								
減 価 償 却 費								
(　　　　)償却								
(　　　　)繰入								
(　　　　)保険料								
当期純(　　　)								

4 検定問題
次の〔資料Ⅰ〕および〔資料Ⅱ〕にもとづいて，精算表を完成しなさい。なお，会計期間は平成×6年4月1日から平成×7年3月31日までの1年である。
(第114回　一部修正)

〔資料Ⅰ〕　決算にあたって調査したところ，以下のことが判明したため，適切な修正を行う。
1．当座預金について銀行勘定調整表を作成したところ，次の事実が判明した。
　(1)　売掛金の振込みのうち未記帳分　　　　　　　　　　　　　¥48,000
　(2)　買掛金支払いのため振り出した小切手のうち未取付分　　　¥70,000
　(3)　広告宣伝費支払いのため振り出した小切手のうち未渡分　　¥47,000
　(4)　支払手形の決済の未記帳分　　　　　　　　　　　　　　　¥72,000
2．新築中だった店舗が完成し，10月1日に引渡しを受けていたが，この取引が未記帳であった。本工事に関する支出額全額を建物勘定へ振り替える。ただし，工事代金は全額前払いしており，建設仮勘定の残高のうち，新店舗に関する前払分は¥700,000である。
3．前期に品質保証付きで販売した商品について顧客から修理の申し出があったため，修理業者に修理を依頼し，修理代金¥18,000を現金で支払っていたが，この取引が未記帳であった。

〔資料Ⅱ〕　期末整理事項は以下のとおりである。
1．受取手形および売掛金の期末残高に対して4％の貸倒引当金を設定する（差額補充法）。
2．期末商品棚卸高は，以下のとおりである。なお，売上原価は仕入の行で計算することとし，棚卸減耗損は売上原価に算入せず，商品評価損は売上原価に算入する。
　　　帳簿棚卸高　数量120個　　原価　@¥2,600
　　　実地棚卸高　数量115個　　時価　@¥2,480
3．売買目的有価証券の内訳は以下のとおりである。決算にあたって時価法により評価替えをする。

銘　柄	帳簿価額		時　価
甲社株式	@¥　141	3,000株	@¥　130
乙社株式	@¥3,500	100株	@¥3,240
丙社社債	@¥98.50	2,000口	@¥98.70

4．固定資産の減価償却を以下のとおり行う。
　　建　物：定額法；耐用年数30年　残存価額　取得原価の10％
　　備　品：定率法；償却率20％
　　なお，新店舗についても，従来の建物と同様に減価償却費の計算を行うが，月割り計算による。
5．満期保有目的債券は，平成×4年4月1日に，額面¥800,000の日本商工株式会社社債（満期平成×9年3月31日）を¥100につき¥98.20で購入したものである。満期保有目的債券の評価は，償却原価法（定額法）による。
6．商品に付した品質保証のために設定した引当金の残高は保証期間中のものであり，決算にあたり保証費用の見積額¥117,400を商品保証引当金として設定するため，不足額を計上した。
7．保険料は，全額建物に対する火災保険料で，旧建物に対する保険料については，毎年同額を6月1日に向こう12か月分として支払っている。また，新店舗に対する保険料¥48,000については，引渡しを受けた時に向こう12か月分を支払ったものである。
8．長期貸付金は，平成×5年12月1日に貸付期間5年，年利率5％，利払日年1回11月末日の条件で貸し付けたものである。決算にあたって利息の未収分を計上する。
9．地代の未払分が¥12,000ある。

精算表

勘定科目	試算表 借方	試算表 貸方	修正記入 借方	修正記入 貸方	損益計算書 借方	損益計算書 貸方	貸借対照表 借方	貸借対照表 貸方
現　　　　　金	127,800							
当　座　預　金	326,840							
受　取　手　形	360,000							
売　　掛　　金	348,000							
売買目的有価証券	970,000							
繰　越　商　品	280,000							
建　　　　　物	3,000,000							
備　　　　　品	900,000							
建　設　仮　勘　定	900,000							
満期保有目的債券	791,360							
長　期　貸　付　金	840,000							
支　払　手　形		352,000						
買　　掛　　金		458,000						
未　払　　金		20,000						
貸　倒　引　当　金		21,000						
商品保証引当金		51,000						
建物減価償却累計額		720,000						
備品減価償却累計額		576,000						
資　　本　　金		5,500,000						
利　益　準　備　金		130,000						
繰越利益剰余金		110,000						
売　　　　　上		11,740,000						
受　取　手　数　料		80,000						
受　取　利　息		28,000						
有　価　証　券　利　息		12,000						
仕　　　　　入	7,631,000							
給　　　　　料	1,520,000							
支　払　地　代	936,000							
広　告　宣　伝　費	423,000							
通　　信　　費	192,000							
保　　険　　料	174,000							
雑　　　　　費	78,000							
	19,798,000	19,798,000						
貸倒引当金(　　)								
棚　卸　減　耗　損								
商　品　評　価　損								
有価証券評価(　　)								
減　価　償　却　費								
商品保証引当金繰入								
(　　)保険料								
(　　)利息								
(　　)地代								
当期純(　　)								

第32回 帳簿の締切り・繰越試算表・修正後試算表

要点整理

1. 帳簿の締切りは次の順序で行う。
   ① 試算表を作成し，元帳記録の正確性を確かめる。
   ② 決算修正事項により，元帳を修正する。減価償却費の計上，費用・収益の見越し・繰延べなどの仕訳をし，元帳に転記する。修正仕訳→元帳へ転記
   ③ 収益・費用の諸勘定を損益勘定に振り替える。振替仕訳→元帳へ転記

費用の諸勘定	損　益	収益の諸勘定
修正後残高 → 費用	収益 ←	修正後残高

   ④ 損益勘定で純利益を計算し，繰越利益剰余金勘定へ振り替える。

   損益勘定貸方（収益総額）－損益勘定借方（費用総額）＝純利益

   ⑤ 収益・費用の諸勘定と損益勘定を締め切る。
   ⑥ 資産・負債・純資産勘定の残高を「次期繰越」として締め切り，繰越試算表を作成する。

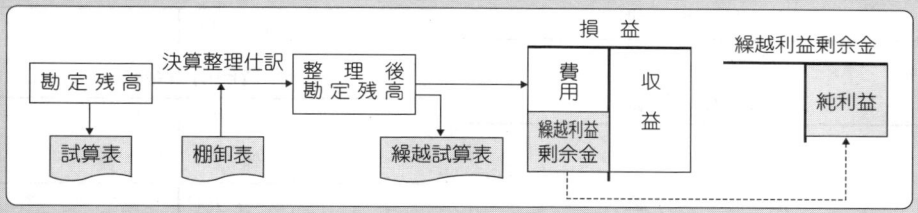

   勘定残高 →決算整理仕訳→ 整理後勘定残高 →損益（費用／収益，繰越利益剰余金）→ 繰越利益剰余金（純利益）
   試算表　棚卸表　繰越試算表

2. 繰越利益剰余金勘定の記入内容は，次のとおりである。
   ① 損益勘定で計算した純利益（損失）の額を繰越利益剰余金勘定の貸方（借方）に記入する。
   ② 次期に入って開催される株主総会で剰余金の処分が決定されたら，繰越利益剰余金勘定の借方に記入する。処分残額は，そのまま，繰越利益剰余金勘定に残しておく。

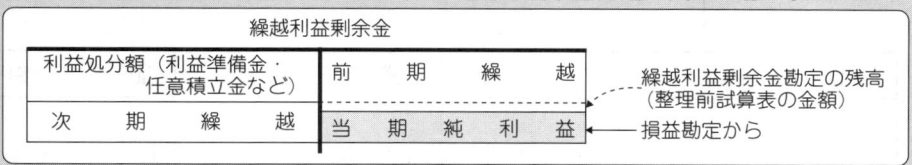

   繰越利益剰余金

利益処分額（利益準備金・任意積立金など）	前　期　繰　越	←繰越利益剰余金勘定の残高（整理前試算表の金額）
次　期　繰　越	当　期　純　利　益	←損益勘定から

3. 試算表作成の流れ

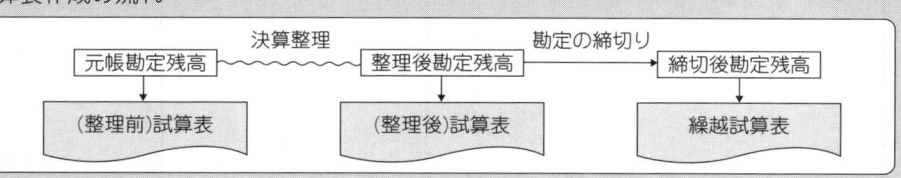

   元帳勘定残高 →決算整理→ 整理後勘定残高 →勘定の締切り→ 締切後勘定残高
   （整理前）試算表　（整理後）試算表　繰越試算表

1 **基礎問題** 各勘定の決算整理後の勘定残高は次のとおりである。各勘定を締め切るとともに，勘定を締め切るために必要な振替仕訳を示しなさい。なお，売上原価は仕入勘定で計算されている（日付は省略）。

現　　　　金		売　掛　金	
35,000		90,000	

繰 越 商 品		備　　　品	
64,000		200,000	

土　　　地		買　掛　金	
500,000			69,000

貸 倒 引 当 金		備品減価償却累計額	
	1,500		78,000

資　本　金		繰越利益剰余金	
	700,000		12,000

売　　　上			
	740,000	受 取 手 数 料	
			6,000

仕　　　入		給　　　料	
581,500		104,000	

支 払 地 代		貸倒引当金繰入	
7,000		1,400	

減 価 償 却 費		雑　　　費	
19,500		4,100	

損　　　益

借　方　科　目	金　　額	貸　方　科　目	金　　額

2 練習問題

次の資料（Ⅰ）および（Ⅱ）によって，損益勘定，繰越利益剰余金勘定および残高勘定の記入を示しなさい。会計期間は決算日を毎年12月末とする1年間である。

（Ⅰ）決算整理後の各勘定残高

現　　金	¥328,000	売　掛　金	¥1,250,000	繰 越 商 品	¥640,000
建　　物	4,000,000	土　　地	7,000,000	買　掛　金	960,000
貸倒引当金	25,000	建物減価償却累計額	720,000	資　本　金	10,000,000
利益準備金	360,000	繰越利益剰余金	130,000	売　　上	9,360,000
受取利息	8,000	仕　　入	7,100,000	給　　料	900,000
支払保険料	180,000	貸倒引当金繰入	15,000	減価償却費	144,000
雑　　費	6,000				

（Ⅱ）剰余金の処分について

1. 繰越利益剰余金の前期繰越高　¥900,000
2. 繰越利益剰余金を当期3月26日に次のように処分した。
　　利益準備金¥70,000　株主配当金¥700,000

損　益

12/31 仕　　入	(　　)	12/31 売　　上	(　　)
〃	(　　)	(　　)	〃	(　　)	(　　)
〃	(　　)	(　　)		
〃	(　　)	(　　)		
〃	(　　)	(　　)		
〃	(　　)	(　　)		
〃	(　　)	(　　)		
	(　　)		(　　)

繰越利益剰余金

3/26 利益準備金	(　　)	1/1 開始残高	900,000
〃 未払配当金	(　　)	12/31 (　　)	(　　)
12/31 (　　)	(　　)		
	(　　)		(　　)

残　高

12/31 現　　金	(　　)	12/31 買　掛　金	(　　)
〃 (　　)	(　　)	〃 (　　)	(　　)
〃 (　　)	(　　)	〃 (　　)	(　　)
〃 (　　)	(　　)	〃 (　　)	(　　)
〃 (　　)	(　　)	〃 (　　)	(　　)
		〃 (　　)	(　　)
	(　　)		(　　)

3 **検定問題** 博多商事株式会社（1年決算）の平成×年2月期の，〔資料Ⅰ〕決算整理前残高試算表および〔資料Ⅱ〕決算整理事項等により，解答用紙の損益勘定と繰越試算表を完成しなさい。 （第94回 修正）

〔資料Ⅰ〕

決算整理前残高試算表
平成×年2月28日

借 方	勘 定 科 目	貸 方
403,000	現 金 預 金	
292,000	受 取 手 形	
218,000	売 掛 金	
300,000	繰 越 商 品	
600,000	建 物	
200,000	備 品	
	支 払 手 形	240,000
	買 掛 金	167,000
	借 入 金	500,000
	貸 倒 引 当 金	12,000
	建物減価償却累計額	180,000
	備品減価償却累計額	120,000
	資 本 金	400,000
	利 益 準 備 金	50,000
	任 意 積 立 金	46,000
	繰越利益剰余金	16,000
	売 上	1,470,000
	受 取 手 数 料	31,000
980,000	仕 入	
212,000	給 料	
10,000	支 払 家 賃	
9,000	保 険 料	
8,000	支 払 利 息	
3,232,000		3,232,000

〔資料Ⅱ〕 決算整理事項等

1．決算日現在の当座預金残高について銀行の残高証明書残高と照合した結果，次の事実が判明した。
　① 買掛金支払のため振り出した小切手¥20,000が，仕入先に渡されていなかった。
　② 得意先より売掛代金¥30,000が振り込まれていたが，記入もれになっていた。
　③ 買掛金支払いのため振り出した小切手¥18,000が，銀行に呈示されていなかった。
2．受取手形および売掛金の期末残高に対し，5％の貸倒引当金を設定する。（差額補充法）
3．商品の期末棚卸高は次のとおりである。
　帳簿棚卸数量　　400個
　実地棚卸数量　　380個
　単価：原価@¥800　　時価@¥790
　　なお，商品評価損は売上原価に算入する。
4．固定資産の減価償却は次のとおり行う。
　建物：定額法；耐用年数30年
　　　　残存価額は，取得原価の10％
　備品：定率法；償却率20％
5．支払家賃の未払分が¥3,000ある。
6．保険料の前払分が¥1,000ある。
7．支払利息の未払分が¥2,000ある。
8．税引前当期純利益に対し50％の金額を法人税等として計上する。

損　　　　益

2/28	仕　　　入	(　　　)	2/28	売　　　上	(　　　)
〃	給　　　料	(　　　)	〃	受取手数料	(　　　)
〃	支払家賃	(　　　)			
〃	保険料	(　　　)			
〃	貸倒引当金繰入	(　　　)			
〃	減価償却費	(　　　)			
〃	支払利息	(　　　)			
〃	棚卸減耗損	(　　　)			
〃	法人税等	(　　　)			
〃	繰越利益剰余金	(　　　)			
		(　　　)			(　　　)

繰越試算表
平成×年2月28日

借　　方	勘定科目	貸　　方
(　　　)	現金預金	
(　　　)	受取手形	
(　　　)	売掛金	
(　　　)	繰越商品	
(　　　)	前払保険料	
(　　　)	建物	
(　　　)	備品	
	支払手形	(　　　)
	買掛金	(　　　)
	借入金	(　　　)
	未払家賃	(　　　)
	未払利息	(　　　)
	未払法人税等	(　　　)
	貸倒引当金	(　　　)
	建物減価償却累計額	(　　　)
	備品減価償却累計額	(　　　)
	資本金	(　　　)
	利益準備金	(　　　)
	任意積立金	(　　　)
	繰越利益剰余金	(　　　)
(　　　)		(　　　)

第33回 損益計算書・貸借対照表・株主資本等変動計算書

要点整理

1 損益計算書

① 一定期間における企業の収益と費用を記載して純利益を計算し，その会計期間における 企業の経営成績を明らかにする計算書 を 損益計算書 という。

② 元帳勘定残高と決算整理事項とによって，損益計算書を作成するには，決算整理仕訳を行い，元帳勘定残高を修正したうえ，収益・費用の項目を記載する。

③ 収益および費用は，総額によって記載することを原則とし，収益の項目と費用の項目を相殺してその差額だけを表示してはならない。たとえば，受取利息と支払利息を相殺してその差額だけを表示してはならない。

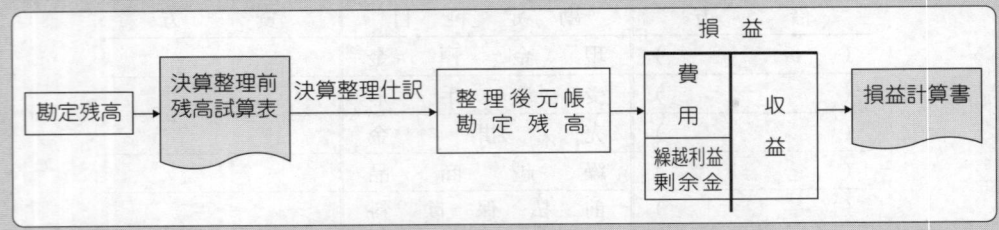

勘定残高 → 決算整理前残高試算表 →決算整理仕訳→ 整理後元帳勘定残高 → 損益（費用／収益／繰越利益剰余金）→ 損益計算書

2 貸借対照表

① 一定の日における企業の資産・負債・純資産の残高を表示し，その日における 企業の財政状態を明らかにする計算書 を 貸借対照表 という。

② 元帳勘定残高と決算整理事項によって，貸借対照表を作成するには，決算整理仕訳を行い，元帳勘定残高を修正したうえ，資産・負債・純資産の項目を記載する。

③ 資産，負債および純資産は，総額によって記載することを原則とし，資産の項目と負債または純資産の項目とを相殺して，その差額だけを示してはならない。たとえば，貸付金と借入金とを相殺して，その差額だけを貸付金または借入金として示してはならない。

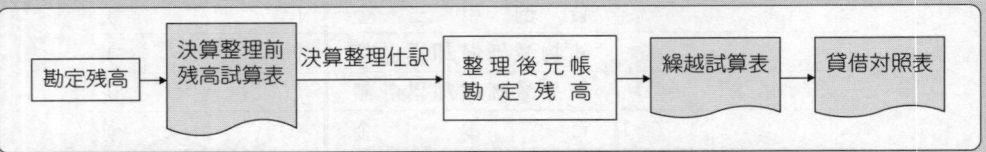

勘定残高 → 決算整理前残高試算表 →決算整理仕訳→ 整理後元帳勘定残高 → 繰越試算表 → 貸借対照表

3 株主資本等変動計算書

① 純資産（主として株主資本）の前期末残高から当期末までの純資産の変動の詳細を示して，当期末残高を明らかにする計算書を 株主資本等変動計算書 という。

② 純資産の変動の主な内容は，剰余金の配当と処分・新株の発行・当期純損益の計上などである。

1 基礎問題　次の資料にもとづいて，損益計算書を作成しなさい。

A　期末勘定残高

現金預金	¥291,000	売掛金	¥600,000	貸付金	¥1,200,000
有価証券	570,000	繰越商品	430,000	建物	2,900,000
支払手形	410,000	買掛金	380,000	借入金	400,000
貸倒引当金	9,000	建物減価償却累計額	435,000	資本金	4,100,000
売上	6,840,000	受取利息	72,000	仕入	5,058,000
給料	960,000	広告宣伝費	540,000	保険料	73,000
支払利息	24,000				

B　決算整理事項
1．期末商品棚卸高　　¥520,000
2．貸倒引当金　　売掛金期末残高の2％に修正（差額補充法による）
3．建物減価償却高　　¥87,000
4．有価証券評価額　　¥490,000
5．保険料の前払高　　¥3,000

損　益　計　算　書

Ⅰ　売　上　高			(6,840,000)
Ⅱ　売　上　原　価			
1　期首商品棚卸高	(430,000)		
2　当期商品仕入高	(5,058,000)		
合　　計	(5,488,000)		
3　期末商品棚卸高	(520,000)	(4,968,000)	
売上総利益			(1,872,000)
Ⅲ　販売費および一般管理費			
1　給　　料	(960,000)		
2　貸倒引当金繰入	(3,000)		
3　減価償却費	(87,000)		
4　広告宣伝費	(540,000)		
5　保　険　料	(70,000)	(1,660,000)	
営業利益			(212,000)
Ⅳ　営業外収益			
1　受取利息			(72,000)
Ⅴ　営業外費用			
1　支払利息	(24,000)		
2　有価証券評価損	(80,000)	(104,000)	
当期純利益			(180,000)

2 基礎問題
次の元帳勘定残高と決算整理事項によって貸借対照表を完成しなさい（決算年1回）。

A 期末勘定残高

現金預金	¥46,300	受取手形	¥57,000	売掛金	¥98,000
繰越商品	29,000	建物	150,000	土地	240,000
支払手形	20,000	買掛金	63,000	長期借入金	50,000
貸倒引当金	2,400	建物減価償却累計額	27,000	資本金	350,000
資本準備金	35,000	利益準備金	25,000	別途積立金	26,000
繰越利益剰余金	5,500	売上	274,000	仕入	210,000
給料	42,000	支払家賃	2,800	保険料	1,500
雑費	700	支払利息	600		

B 決算整理事項
1. 期末商品棚卸高　¥36,000
2. 貸倒引当金　売上債権の期末残高に対して2％を設定（差額補充法）
3. 建物減価償却高　¥4,500
4. 家賃未払高　¥800
5. 保険料前払高　¥300

貸 借 対 照 表

資 産 の 部			負 債 の 部		
I 流動資産			I 流動負債		
1 現金預金		( )	1 支払手形		( )
2 受取手形	( )		2 買掛金		( )
3 売掛金	( )		3 未払費用		( )
計	( )		流動負債合計		( )
貸倒引当金	( )	( )	II 固定負債		
4 商品		( )	1 長期借入金		( )
5 前払費用		( )	固定負債合計		( )
流動資産合計		( )	負債合計		( )
II 固定資産			純 資 産 の 部		
1 建物	( )		I 資本金		( )
減価償却累計額	( )	( )	II 資本剰余金		
2 土地		( )	1 資本準備金		( )
固定資産合計		( )	III 利益剰余金		
			1 利益準備金	( )	
			2 任意積立金	( )	
			3 繰越利益剰余金	( )	( )
			純資産合計		( )
資産合計		( )	負債純資産合計		( )

3 練習問題

次の資料にもとづいて，解答用紙の(1)損益計算書と(2)貸借対照表を作成しなさい。ただし会計期間は平成○年1月1日から平成○年12月31日とする。

〔資料Ⅰ〕 決算整理前残高試算表

残 高 試 算 表

借 方	勘 定 科 目	貸 方
29,500	現　　　　　　金	
602,000	当　座　預　金	
700,000	受　取　手　形	
720,000	売　　掛　　金	
550,000	売買目的有価証券	
330,000	繰　越　商　品	
210,000	仮払法人税等	
500,000	短　期　貸　付　金	
1,200,000	建　　　　　　物	
1,000,000	建　設　仮　勘　定	
3,500,000	土　　　　　　地	
45,000	社　債　発　行　費　等	
	支　払　手　形	680,000
	買　　掛　　金	560,000
	社　　　　　　債	970,000
	長　期　借　入　金	500,000
	退職給付引当金	250,000
	貸　倒　引　当　金	20,000
	減価償却累計額	432,000
	資　　本　　金	4,000,000
	資　本　準　備　金	400,000
	利　益　準　備　金	300,000
	任　意　積　立　金	80,000
	繰越利益剰余金	36,000
	売　　　　　　上	8,867,000
	受　取　手　数　料	35,000
	受　取　利　息	20,000
5,400,000	仕　　　　　　入	
1,360,000	給　　　　　　料	
749,000	通　　信　　費	
48,000	支　払　保　険　料	
72,000	支　払　利　息	
50,000	社　債　利　息	
84,500	雑　　　　　　損	
17,150,000		17,150,000

〔資料Ⅱ〕 決算整理事項および参考事項

1．当座預金について銀行勘定調整表を作成したところ，次の事項が判明した。
   (1) 買掛金¥200,000の支払として小切手を振り出して，仕入先に渡したが銀行でいまだ取り立てられていない。
   (2) 買掛金¥100,000と発送費¥20,000の支払として小切手を振り出したが，当社の金庫に保管されたままであった。

2．現金の実際有高は¥16,000であり，不足の原因を調査したところ，次のことがわかった。
   (1) 収入印紙¥13,000を購入したが，未記帳であった。
   (2) その他は不明であった。

3．売上債権の期末残高に対して2％の貸倒引当金を差額補充法により計上する。

4．期末商品棚卸高は，次のとおりである。
   (1) 帳簿棚卸高　400個　@¥800（原価）
   (2) 実地棚卸高　390個　@¥780（時価）
   商品評価損は売上原価の内訳科目として表示し，棚卸減耗損は営業外費用とする。

5．建物については(旧)定額法，耐用年数25年，残存価額は取得原価の10％で減価償却を行う。なお，建設仮勘定の建物は当年7月1日に完成し，引渡しを受けていた。新築の建物の減価償却は(新)定額法により，今期分は月割りで計上する。

6．有価証券は，売買目的で所有するA社株式の10株（帳簿価額@¥55,000　時価@¥60,000）で時価により評価する。

7．社債は，額面総額¥1,000,000を当年1月1日に額面¥100につき¥97で発行したもので，償還期間は5年，利率は年5％である。社債の評価替（償却原価法（定額法））を行う。また社債発行費等は会社法の定める期間にわたって毎期均等額の償却をする。

8．支払保険料のうち¥18,000は，新築の建物を引

き受けると同時に向こう1年分を支払ったものである。
9．貸付金に対する未収利息¥10,000を計上する。
10．前受手数料が¥15,000であった。
11．退職給付引当金の繰入額¥25,000を計上する。
12．税引前当期純利益の50％を法人税・住民税として計上する。

損益計算書

自平成〇年1月1日　至平成〇年12月31日

I　売　上　高　　　　　　　　　　　　　　　（　　　）
II　売上原価
　1　期首商品棚卸高　　（　　　）
　2　当期商品仕入高　　（　　　）
　　　　合　　　計　　　（　　　）
　3　期末商品棚卸高　　（　　　）
　　　　差　　　引　　　（　　　）
　4　商品評価損　　　　（　　　）　（　　　）
　　　　売上総利益　　　　　　　　　（　　　）
III　販売費および一般管理費
　1　給　　料　　　　　（　　　）
　2　通　信　費　　　　（　　　）
　3　貸倒引当金繰入　　（　　　）
　4　減価償却費　　　　（　　　）
　5　退職給付費用　　　（　　　）
　6　支払保険料　　　　（　　　）
　7　租　税　公　課　　（　　　）　（　　　）
　　　　営業利益　　　　　　　　　　（　　　）
IV　営業外収益
　1　受　取　利　息　　（　　　）
　2　受取手数料　　　　（　　　）
　3　有価証券評価益　　（　　　）　（　　　）
V　営業外費用
　1　棚卸減耗損　　　　（　　　）
　2　社債発行費等償却　（　　　）
　3　支　払　利　息　　（　　　）
　4　社　債　利　息　　（　　　）
　5　雑　　　損　　　　（　　　）　（　　　）
　　　　税引前当期純利益　　　　　　（　　　）
　　　　法　人　税　等　　　　　　　（　　　）
　　　　当　期　純　利　益　　　　　（　　　）

貸借対照表
平成〇年12月31日

資　産　の　部			負　債　の　部		
Ⅰ　流動資産			Ⅰ　流動負債		
1　現金預金		(　　　)	1　支払手形	(　　　)	
2　受取手形	(　　　)		2　買掛金	(　　　)	
3　売掛金	(　　　)		3　未払金	(　　　)	
計	(　　　)		4　前受収益	(　　　)	
貸倒引当金	(　　　)	(　　　)	5　未払法人税等	(　　　)	
4　有価証券		(　　　)	流動負債合計		(　　　)
5　商　　品		(　　　)	Ⅱ　固定負債		
6　短期貸付金		(　　　)	1　社　　債		(　　　)
7　前払費用		(　　　)	2　長期借入金		(　　　)
8　未収収益		(　　　)	3　退職給付引当金		(　　　)
流動資産合計		(　　　)	固定負債合計		(　　　)
Ⅱ　固定資産			負債合計		(　　　)
1　建　物	(　　　)		純　資　産　の　部		
減価償却累計額	(　　　)	(　　　)	Ⅰ　資本金		(　　　)
2　土　　地		(　　　)	Ⅱ　資本剰余金		
固定資産合計		(　　　)	1　資本準備金		(　　　)
Ⅲ　繰延資産			Ⅲ　利益剰余金		
1　社債発行費等		(　　　)	1　利益準備金	(　　　)	
繰延資産合計		(　　　)	2　任意積立金	(　　　)	
			3　繰越利益剰余金	(　　　)	(　　　)
			純資産合計		(　　　)
資産合計		(　　　)	負債および純資産合計		(　　　)

4 検定問題

次の〔資料Ⅰ〕，および〔資料Ⅱ〕にもとづいて，答案用紙の貸借対照表を完成しなさい。なお，会計期間は平成×9年1月1日から同年12月31日までの1年である。

(第118回 類題)

〔資料Ⅰ〕 決算整理前残高試算表

残 高 試 算 表

借方	勘定科目	貸方
252,000	現 金 預 金	
300,000	受 取 手 形	
450,000	売 掛 金	
960,000	売買目的有価証券	
210,000	繰 越 商 品	
200,000	仮 払 金	
180,000	仮払法人税等	
600,000	未 決 算	
2,000,000	建 物	
600,000	備 品	
5,100,000	土 地	
156,000	社 債 発 行 費	
	支 払 手 形	126,000
	買 掛 金	293,000
	社 債	1,920,000
	貸 倒 引 当 金	12,000
	建物減価償却累計額	720,000
	備品減価償却累計額	216,000
	退職給付引当金	850,000
	資 本 金	4,500,000
	資 本 準 備 金	920,000
	利 益 準 備 金	200,000
	別 途 積 立 金	230,000
	繰越利益剰余金	70,000
	売 上	9,861,000
	受 取 地 代	25,000
	受 取 配 当 金	15,000
7,523,000	仕 入	
768,000	給 料	
421,000	広 告 宣 伝 費	
172,000	保 険 料	
66,000	消 耗 品 費	
19,958,000		19,958,000

〔資料Ⅱ〕

決算にあたって調査したところ，以下の事実が判明したため，適切な処理を行う。

1. 仮払金￥200,000は，定年退職した従業員の退職金を支払ったさいに計上したものである。なお，当期中にこの従業員に対する退職給付費用は発生していない。
2. 未決算は，地震によって建物に生じた損失分を保険会社に請求したことにより生じたものである。決算にあたって請求額のうち￥560,000が当座預金に振り込まれていることが判明した。残額は災害損失として処理することにした。
3. 広告宣伝費の支払いのため振り出した小切手￥54,000が，金庫に保管されたまま未渡しとなっていることが判明した。

〔資料Ⅲ〕 決算整理事項

1. 売上債権の期末残高に対して4％の貸倒引当金を差額補充法によって計上する。
2. 期末商品棚卸高は，以下のとおりである。
   帳簿棚卸高　数量　500個　原価　@￥500
   実地棚卸高　数量　480個　時価　@￥485
3. 売買目的有価証券の内訳は以下のとおりである。決算にあたって時価法により評価替えをする。

	帳簿価額	時価
A社株式	￥235,000	￥219,000
B社株式	￥435,000	￥473,000
C社社債	￥290,000	￥292,000

4. 固定資産の減価償却を以下のとおり行う。
   建　物：定額法；耐用年数30年
   　　　　　残存価額　取得原価の10％
   備　品：定率法；償却率　20％
5. 社債（額面総額：￥2,000,000，期間：5年，利率年4.5％，利払日：3月と9月の末日の年2回）は，10月1日に額面￥100につき￥96で発行したものである。償却原価法（定額法）を適用し

て月割計算によって評価替えを行う。また，社債発行費は，この社債を発行したさいに計上したものである。決算にあたって，繰延資産として処理することとし，社債の償還期間にわたって定額法(月割計算)により償却する。
6．地代の未収分￥3,000を計上する。
7．退職給付引当金への当期繰入額は￥46,000である。
8．保険料のうち￥148,800は平成×9年9月1日に向こう2年分を支払ったものである。
9．社債利息の未払分を計上する。
10．消耗品の未消費分は￥8,300である。
11．税引前当期純利益の50％を法人税等に計上する。

貸 借 対 照 表
平成×9年12月31日

資　産　の　部				負　債　の　部		
I　流動資産				I　流動負債		
1　現 金 預 金		(　　　)		1　支 払 手 形		126,000
2　受 取 手 形	300,000			2　買　　掛　　金		293,000
3　売　掛　金	450,000			3　未払法人税等		(　　　)
計	750,000			4　(　　　　　)		(　　　)
(　　　　　)	(　　　)	(　　　)		5　未 払 費 用		(　　　)
4　売買目的有価証券		(　　　)		流動負債合計		(　　　)
5　商　　　　品		(　　　)		II　固定負債		
6　消　耗　品		(　　　)		1　(　　　　　)		(　　　)
7　(　　　)収益		(　　　)		2　退職給付引当金		(　　　)
8　(　　　)費用		(　　　)		固定負債合計		(　　　)
流動資産合計		(　　　)		負 債 合 計		(　　　)
II　固定資産				純　資　産　の　部		
1　建　　　　物	(　　　)			I　資　本　金		4,500,000
(　　　　　)	(　　　)	(　　　)		II　資本剰余金		
2　備　　　　品	(　　　)			1　(　　　　　)		(　　　)
(　　　　　)	(　　　)	(　　　)		III　利益剰余金		
3　土　　　　地		(　　　)		1　利 益 準 備 金	(　　　)	
4　長期前払費用		(　　　)		2　別 途 積 立 金	(　　　)	
固定資産合計		(　　　)		3　(　　　　　)	(　　　)	(　　　)
III　繰延資産				純資産合計		(　　　)
1　社 債 発 行 費		(　　　)				
繰延資産合計		(　　　)				
資 産 合 計		(　　　)		負債及び純資産合計		(　　　)

5 **検定問題** 次の〔資料Ⅰ〕,〔資料Ⅱ〕および〔資料Ⅲ〕にもとづいて,答案用紙の損益計算書を完成しなさい。なお,会計期間は平成20年4月1日から平成21年3月31日までの1年である。
(第122回 類題)

〔資料Ⅰ〕 決算整理前残高試算表

残 高 試 算 表

借　　方	勘定科目	貸　　方
829,980	現　金　預　金	
213,000	受　取　手　形	
287,000	売　　掛　　金	
901,000	売買目的有価証券	
321,000	繰　越　商　品	
92,500	消　　耗　　品	
800,000	短　期　貸　付　金	
2,800,000	建　　　　　物	
900,000	備　　　　　品	
336,000	の　　れ　　ん	
112,000	社　債　発　行　費	
	支　払　手　形	268,000
	買　　掛　　金	124,000
	前　　受　　金	500,000
	貸　倒　引　当　金	11,000
	建物減価償却累計額	1,008,000
	備品減価償却累計額	408,480
	社　　　　　債	1,465,000
	資　　本　　金	3,000,000
	利　益　準　備　金	84,000
	繰越利益剰余金	33,000
	売　　　　　上	9,278,000
	有　価　証　券　利　息	56,000
	受　取　配　当　金	58,000
6,772,000	仕　　　　　入	
826,000	給　　　　　料	
168,000	保　　険　　料	
756,000	支　払　地　代	
125,000	水　道　光　熱　費	
54,000	社　債　利　息	
16,293,480		16,293,480

〔資料Ⅱ〕 決算にあたって調査したところ,次の事実が判明したため,適切な処理を行う。
1. 前受金は予約販売受付時に代金の全額を受け取ったもので,当期中に予約品の一部が入荷し(この入荷の取引は記帳済み),これを予約客に¥160,000で売り渡していたが,この売上の記帳が行われていなかった。
2. 決算にあたって不用となった備品(取得原価¥200,000,平成16年4月1日取得,減価償却方法は他の備品と同じ方法による)を除却する。この備品の処分価値は¥50,000である。

〔資料Ⅲ〕 決算整理事項
1. 売上債権の期末残高に対して3％の貸倒引当金を差額補充法によって計上する。
2. 期末商品棚卸高は,次のとおりである。
　帳簿棚卸高　数量380個　原価　@¥950
　実地棚卸高　数量360個
　　　　　　うち｛290個の時価　@¥960
　　　　　　　　 70個の時価　@¥890
　なお,棚卸減耗損および商品評価損については売上原価の内訳科目として処理する。
3. 売買目的有価証券の内訳は次のとおりである。決算にあたって時価法により評価替えをする。

	帳簿価額	時　　価
A社株式	¥182,560	¥228,230
B社株式	¥397,440	¥477,210
C社社債	¥321,000	¥319,000

4. 固定資産の減価償却を以下のとおり行う。
　建物　定額法：耐用年数30年
　　　　　　　　残存価額：取得原価の10％
　備品　定率法：償却率20％
5. 社債(額面総額：¥1,500,000,期間：5年,利率：年5.4％,利払日：5月と11月の末日の年2回)は,平成19年12月1日に額面¥100につき¥97.50で発行したものである。償却原価法(定

額法）を適用して評価替えを行うとともに，社債利息の未払分を計上する。また，社債発行費は，この社債を発行したさいに計上したもので，繰延資産として処理しており，社債償還期間にわたって定額法により償却する。
6．のれんは平成18年4月1日に徳島商事を買収したさいに生じたもので，10年間にわたって毎期均等額を償却している。
7．保険料については毎年同額を7月1日に支払っている。
8．消耗品の未消費分は￥18,000である。
9．短期貸付金は11月1日に利率年6.6％，貸付期間10か月で貸し付けたものである。当期分の利息を計上する。
10．税引前当期純利益の40％を法人税，住民税及び事業税に計上する。

損 益 計 算 書
自平成20年4月1日 至平成21年3月31日　　　　　（単位：円）

```
Ⅰ 売　　上　　高                                     (          )
Ⅱ 売　上　原　価
    1 期首商品棚卸高         (          )
    2 当期商品仕入高         (          )
              合　　計       (          )
    3 期末商品棚卸高         (          )
              差　　引       (          )
    4 棚　卸　減　耗　損     (          )
    5 商　品　評　価　損     (          )          (          )
      (          )                                (          )
Ⅲ 販売費及び一般管理費
    1 給　　　　　料             826,000
    2 (          )           (          )
    3 保　　険　　料         (          )
    4 支　払　地　代             756,000
    5 水　道　光　熱　費         125,000
    6 (          )           (          )
    7 消　耗　品　費         (          )
    8 のれん償却額           (          )          (          )
      (          )                                (          )
Ⅳ 営　業　外　収　益
    1 受　取　利　息         (          )
    2 有価証券利息                56,000
    3 受　取　配　当　金         58,000
    4 有価証券評価益         (          )          (          )
Ⅴ 営　業　外　費　用
    1 社　債　利　息         (          )
    2 (          )償却       (          )          (          )
      (          )                                (          )
Ⅵ 特　別　損　失
    1 固定資産除却損                               (          )
      税引前当期純利益                             (          )
      法人税，住民税及び事業税                     (          )
      (          )                                (          )
```

6 練習問題　東京商事株式会社の次に示す資料にもとづいて，第15期（05年4月1日から06年3月31日）の株主資本等変動計算書を作成しなさい。

〔資　料〕
1．第14期貸借対照表（05年3月31日）の純資産の部

```
            純 資 産 の 部
  1  資  本  金                          45,000,000
  2  資 本 剰 余 金
    (1) 資 本 準 備 金      2,000,000
    (2) その他資本剰余金       500,000    2,500,000
  3  利 益 剰 余 金
    (1) 利 益 準 備 金      3,100,000
    (2) 別 途 積 立 金      1,600,000
    (3) 繰越利益剰余金      5,870,000   10,570,000
                                        58,070,000
```

2．05年6月26日　株主総会において，次の通り剰余金の配当と処分の決議が行われた。
　　利益準備金　¥360,000　　　株主配当金　¥3,600,000
　　別途積立金　¥800,000
3．05年10月1日　新株式300株を1株¥50,000で発行し，払込金は当座預金とした。払込金額の2分の1を資本金に組み入れた。
4．06年3月31日　決算にあたり，当期純利益¥5,190,000を計上した。

株主資本等変動計算書
（　　年　月　日～　　年　月　日）　　　　　　（単位：千円）

	株　主　資　本							純資産合計
	資本金	資本剰余金		利益剰余金			株主資本合計	
		資本準備金	その他資本剰余金	利益準備金	その他利益剰余金			
					別途積立金	繰越利益剰余金		
前 期 末 残 高								
当 期 変 動 額								
新 株 の 発 行								
剰 余 金 の 配 当								
別途積立金の積立								
当 期 純 利 益								
当期変動額合計								
当 期 末 残 高								

実力テスト　●第1回●

第1問　(20点)
次の各取引について仕訳しなさい。

1. 売買目的で平成〇年11月9日に茨城商事株式会社社債（額面¥4,000,000　利率7.3％　利払日：9月30日と3月31日の年2回）を額面¥100につき¥97で買い入れ，購入代金のほかに買入手数料¥38,000および前の利払日の翌日から購入日までの端数利息を含めて小切手を振り出して支払った。なお，端数利息は1年を365日として日割りで計算する。

2. かねて，商品代金として受け取っていた千葉商店振出し，当店あての約束手形¥500,000について，同店から支払延期の申し出を受け，これを承諾して，新しい約束手形と交換した。なお，支払延期にともなう利息¥7,500を現金で受け取った。

3. さきに，埼玉商店から船荷証券を¥600,000で買い入れていたが，商品が到着したので，この証券と引換えに引き取った。なお，引取費¥10,000は小切手を振り出して支払った。

4. 横浜商事株式会社は，同業の相模原商店を買収し，買収代金は小切手を振り出して支払った。ただし，相模原商店の年平均利益額を¥172,000，同種企業の平均利益率を8％とする収益還元価値を買収価額とする。なお，譲り受けた資産・負債は，売掛金¥1,300,000，建物¥4,000,000，買掛金¥3,300,000であった。

5. 栃木物産株式会社（資本金¥10,000,000，発行済株式数200株）は，定時株主総会において剰余金の処分を次のように決議した。ただし，決算の結果，当期の純利益を¥4,200,000計上した。このとき，繰越利益剰余金の借方残高が¥560,000あった。なお，利益準備金の残高は¥1,500,000，資本準備金の残高は¥500,000である。
　　利益準備金　会社法に規定する最低額　　株主配当金　1株につき¥12,000
　　別途積立金　¥600,000

	借 方 科 目	金 額	貸 方 科 目	金 額
1				
2				
3				
4				
5				

第2問 (20点)

東北商店は，普通仕訳帳のほかに現金出納帳，仕入帳および売上帳を特殊仕訳帳として使用し，特殊仕訳帳から総勘定元帳への合計転記は毎月末に行っている。よって，次の取引を現金出納帳，仕入帳および売上帳に記入して締め切り，さらに特殊仕訳帳から総勘定元帳の諸勘定へ転記しなさい。

(注)1　取引の記帳で特殊仕訳帳の摘要欄の記入は省略してよい。
　　2　総勘定元帳は締め切らなくてよい。

〔取　引〕

10月20日　岩手商店に買掛金¥80,000を現金で支払った。
　　23日　秋田商店から売掛金¥90,000を現金で回収した。
　　24日　福島商店に商品¥100,000を売り上げ，代金は同店振出し，当店あての約束手形で受け取った。
　　27日　借入金の利息¥7,000を現金で支払った。
　　28日　青森商店から商品¥120,000を仕入れ，代金は福島商店振出し，当店あての約束手形¥100,000を裏書譲渡し，残額は掛とした。また，保証債務の時価はゼロである。
　　29日　岩手商店から商品¥70,000を仕入れ，代金は掛とした。
　　30日　秋田商店に商品¥50,000を売り上げ，代金は現金で受け取った。
　(注)　下記以外の諸勘定の丁数は，次のとおりである。
　　　　売　掛　金　4　　支払手形　10　　仕　　入　19　　支払利息　24

現　金　出　納　帳　　　　　　1

平成〇年		勘定科目	摘　　要	元丁	売掛金	諸　口	平成〇年		勘定科目	摘　　要	元丁	買掛金	諸　口
10	3	受取手形				40,000	10	5	買掛金	青森商店		60,000	
	11	売掛金	宮城商店		55,000			14	仕　入				45,000
	17	売　上				35,000		18	支払手形				40,000
			売　掛　金							買　掛　金			
			前月繰越							次月繰越			

仕　入　帳　　　　　　1

平成〇年		勘定科目	摘　　要	元丁	買　掛　金	諸　口
10	8	買　掛　金	岩手商店		80,000	
	14	現　　金				45,000

売 上 帳

平成○年		勘定科目	摘要	元丁	売 掛 金	諸 口
10	10	売 掛 金	秋田商店		65,000	
	17	現 金				35,000

総 勘 定 元 帳

現 金　　1

平成○年		摘要	仕丁	借 方	貸 方	借/貸	残 高
10	1	前 月 繰 越	✓	300,000		借	300,000

受 取 手 形　　2

平成○年		摘要	仕丁	借 方	貸 方	借/貸	残 高
10	1	前 月 繰 越	✓	200,000		借	200,000

買 掛 金　　11

平成○年		摘要	仕丁	借 方	貸 方	借/貸	残 高
10	1	前 月 繰 越	✓		180,000	貸	180,000

売 上　　16

平成○年		摘要	仕丁	借 方	貸 方	借/貸	残 高

第3問（20点）

次の決算整理事項その他にもとづいて，答案用紙の精算表を完成しなさい。会計期間は1年，決算日は3月31日である。
（第121回　類題）

〔決算整理事項その他〕

1. 当座預金の帳簿残高と銀行の残高証明書の金額は一致していなかったため，不一致の原因を調べたところ，次の事実が判明した。
   (1) 以前に受け取り，銀行に取立依頼していた得意先振出しの約束手形の代金¥14,000が当座預金の口座に振り込まれていたが，この通知が銀行から届いていなかった。
   (2) 買掛金の支払いのために¥9,000の小切手を振り出し，当座預金の減少として記帳していたが，仕入先にはまだ小切手を渡していなかった。
2. 得意先が倒産したため，前期から繰り越された売掛金¥10,000が回収不能であることが判明した。
3. 売上債権の期末残高に対して3％の貸倒れを見積もる。貸倒引当金の設定は差額補充法により行う。
4. 有価証券の内訳は次のとおりである。

	帳簿価額	時　価	保有目的
A社株式	¥65,000	¥61,000	売買目的
B社株式	¥52,000	¥57,500	売買目的
C社社債	¥47,000	¥45,000	満期保有目的

   なお，C社社債（額面総額¥50,000，償還日までの残余の期間は当期を含めて3年間，利率年3％）は2年前に取得したものであり，償却原価法（定額法）により評価する。
5. 商品の期末棚卸高は次のとおりである。売上原価は「仕入」の行で計算する。ただし，棚卸減耗損と商品評価損は精算表上は独立の科目として表示する。

   帳簿棚卸高　数量　1,000個　原価　@¥50
   実地棚卸高　数量　　980個　うち ┌ 970個の時価　@¥60
   　　　　　　　　　　　　　　　　└ 10個の時価　@¥30

   なお，商品10個の時価の下落は品質低下を原因とするものである。
6. 有形固定資定の減価償却は次の要領で行う。
   建物：耐用年数は30年，残存価額は取得原価の10％として，定額法により計算する。
   備品：償却率は年20％として，定率法により計算する。
7. 繰延資産として計上している社債発行費は，前年度の期首に発行した社債（8.の社債）にかかわるものであり，社債の償還期間にわたって定額法で償却する。
8. 社債（額面総額¥500,000，期間5年，利率年3％）は，前年度の期首に額面¥100につき¥97で割引発行したものであり，償却原価法（定額法）により評価する。
9. 支払保険料¥6,480は当期の8月1日に向こう1年分（12か月分）の保険料を一括して支払ったものである。

精算表

勘定科目	残高試算表 借方	残高試算表 貸方	修正記入 借方	修正記入 貸方	損益計算書 借方	損益計算書 貸方	貸借対照表 借方	貸借対照表 貸方
現金預金	92,500							
受取手形	43,000							
売掛金	147,000							
売買目的有価証券	117,000							
繰越商品	51,000							
建物	3,000,000							
備品	500,000							
満期保有目的債券	47,000							
社債発行費	5,000							
支払手形		23,000						
買掛金		105,000						
社債		488,000						
貸倒引当金		11,500						
建物減価償却累計額		720,000						
備品減価償却累計額		180,000						
資本金		2,000,000						
利益準備金		150,000						
繰越利益剰余金		84,970						
売上		2,004,860						
有価証券利息		1,500						
仕入	1,264,850							
給料	480,000							
支払保険料	6,480							
社債利息	15,000							
	5,768,830	5,768,830						
貸倒引当金(　)								
有価証券評価(　)								
棚卸(　)損								
商品評価(　)								
減価償却費								
(　)償却								
(　)保険料								
当期純(　)								

実力テスト ●第2回●

第1問（20点）

次の各取引について仕訳しなさい。

1. 群馬商店は、前橋商店より手持ちの株式200株（発行価額￥50,000　時価￥60,000）を借り入れた。
2. かねて東西商店に裏書譲渡していた約束手形￥500,000につき、支払人が支払を拒絶したため、東西商店より支払の請求を受け、支払拒絶証書作成費￥14,000　延滞利息￥900とともに現金で支払った。なお、この手形には、保証債務を￥5,000計上してある。
3. 神奈川物産株式会社は、取締役会の決議により、増資を行うことを決定し、株式300株を＠￥80,000で募集し、申込期日までに全株数が申し込まれ、発行価額の全額を申込証拠金として受け入れ、別段預金とした。
4. 長野商店は、山梨商店より販売を委託された商品（売価￥600,000）を受け取った。その際、引取運賃￥30,000を現金で支払った。
5. 備品（取得原価￥400,000　減価償却累計額￥175,000）を当期首に除却することとした。なお、この備品は、スクラップとして価値を見積もり、￥10,000と評価することとした。

	借　方　科　目	金　　額	貸　方　科　目	金　　額
1				
2				
3				
4				
5				

第2問 (20点)

九州商店は，毎日の取引を入金伝票，出金伝票，振替伝票，仕入伝票，売上伝票に記入し，これを1日分ずつ集計して仕訳日計表を作成し，この仕訳日計表から各関係元帳に転記している。同店の5月1日の取引について作成された次の各伝票（略式）にもとづいて，(1)仕訳日計表を作成し，総勘定元帳に転記しなさい。(2)伝票から得意先元帳・仕入先元帳へ転記しなさい。なお，同店は商品の仕入と売上はすべて掛で行っている。

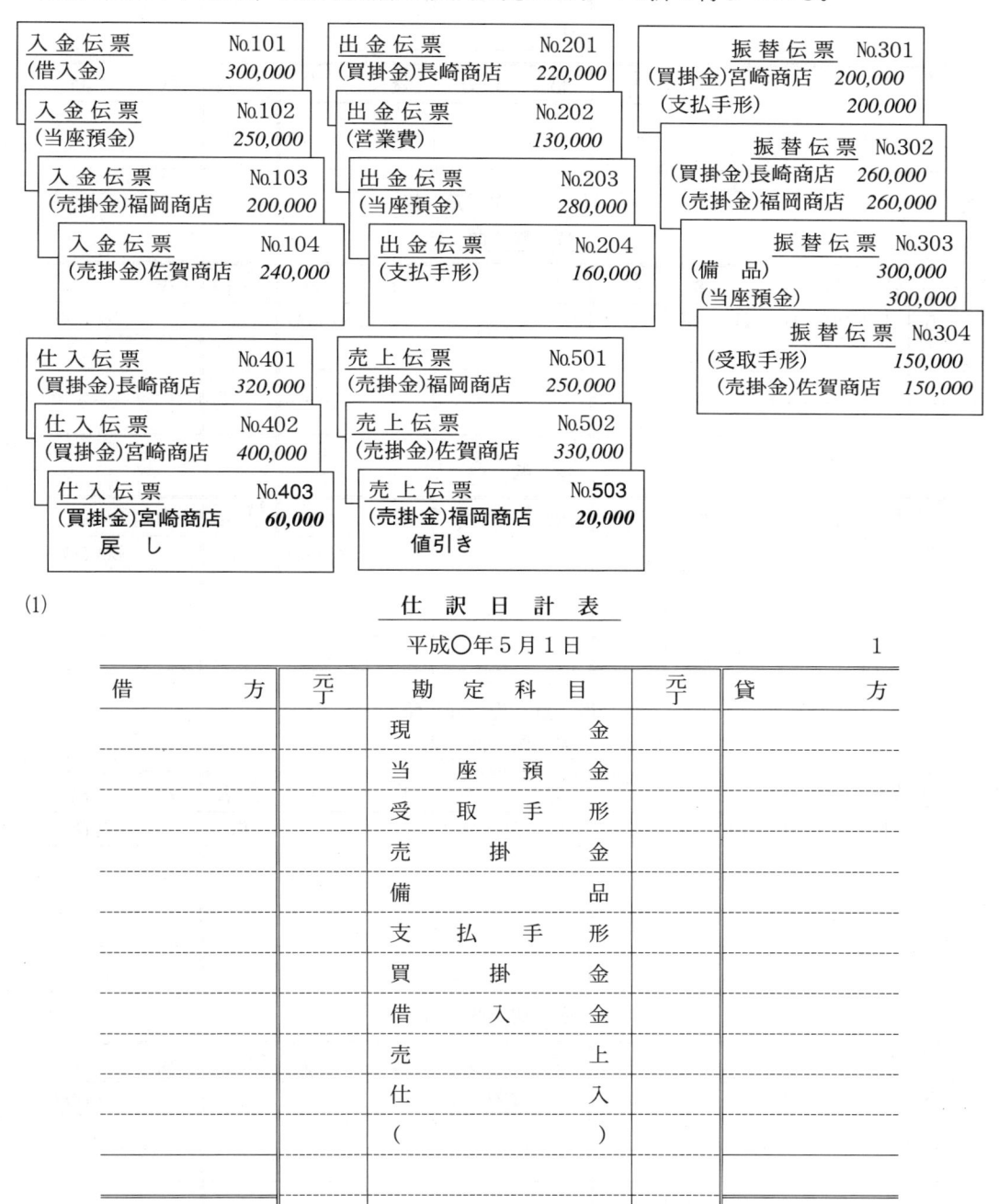

```
入金伝票      No.101        出金伝票      No.201        振替伝票      No.301
（借入金）     300,000      （買掛金）長崎商店 220,000    （買掛金）宮崎商店 200,000
                                                          （支払手形）    200,000

入金伝票      No.102        出金伝票      No.202        振替伝票      No.302
（当座預金）   250,000      （営業費）     130,000      （買掛金）長崎商店 260,000
                                                          （売掛金）福岡商店 260,000

入金伝票      No.103        出金伝票      No.203        振替伝票      No.303
（売掛金）福岡商店 200,000   （当座預金）   280,000      （備品）        300,000
                                                          （当座預金）    300,000

入金伝票      No.104        出金伝票      No.204        振替伝票      No.304
（売掛金）佐賀商店 240,000   （支払手形）   160,000      （受取手形）    150,000
                                                          （売掛金）佐賀商店 150,000

仕入伝票      No.401        売上伝票      No.501
（買掛金）長崎商店 320,000   （売掛金）福岡商店 250,000

仕入伝票      No.402        売上伝票      No.502
（買掛金）宮崎商店 400,000   （売掛金）佐賀商店 330,000

仕入伝票      No.403        売上伝票      No.503
（買掛金）宮崎商店 60,000    （売掛金）福岡商店 20,000
   戻し                        値引き
```

(1)

仕 訳 日 計 表
平成○年5月1日　　　　　　　　　　　　　　　　1

借　方	元丁	勘 定 科 目	元丁	貸　方
		現　　　　　金		
		当 座 預 金		
		受 取 手 形		
		売 　掛　 金		
		備　　　　　品		
		支 払 手 形		
		買 　掛 　金		
		借 　入 　金		
		売 　　　　上		
		仕 　　　　入		
		（　　　　　）		

総勘定元帳
現　　金　　　　1

平成○年		摘　　　要	仕丁	借　方	貸　方	借/貸	残　高
5	1	前 月 繰 越	✓	350,000		借	350,000

仕　　入　　　　20

平成○年		摘　　　要	仕丁	借　方	貸　方	借/貸	残　高

(2)
仕入先元帳
宮 崎 商 店　　　　1

平成○年		摘　　　要	仕丁	借　方	貸　方	借/貸	残　高
5	1	前 月 繰 越	✓		250,000	貸	250,000

長 崎 商 店　　　　2

平成○年		摘　　　要	仕丁	借　方	貸　方	借/貸	残　高
5	1	前 月 繰 越	✓		500,000	貸	500,000

得意先元帳
福 岡 商 店　　　　1

平成○年		摘　　　要	仕丁	借　方	貸　方	借/貸	残　高
5	1	前 月 繰 越	✓	550,000		借	550,000

佐 賀 商 店　　　　2

平成○年		摘　　　要	仕丁	借　方	貸　方	借/貸	残　高
5	1	前 月 繰 越	✓	430,000		借	430,000

第3問 (20点)

次の(A)決算整理前の残高試算表と、(B)資料(ア)および(イ)にもとづいて、解答用紙の損益計算書を作成しなさい。

(A)

残 高 試 算 表

借 方	勘 定 科 目	貸 方
1,265,000	現 金 預 金	
850,000	受 取 手 形	
720,000	売 掛 金	
360,000	売買目的有価証券	
1,140,000	繰 越 商 品	
1,500,000	建 物	
630,000	備 品	
810,000	土 地	
60,000	株 式 交 付 費	
	支 払 手 形	810,000
	買 掛 金	450,000
	借 入 金	900,000
	貸 倒 引 当 金	6,000
	退職給付引当金	210,000
	建物減価償却累計額	450,000
	備品減価償却累計額	360,000
	資 本 金	1,310,000
	資 本 準 備 金	60,000
	利 益 準 備 金	240,000
	別 途 積 立 金	129,000
	繰 越 利 益 剰 余 金	18,400
	売 上	9,300,000
	受 取 利 息	12,000
6,000,000	仕 入	
900,000	給 料	
6,000	水 道 光 熱 費	
3,000	消 耗 品 費	
3,600	支 払 保 険 料	
1,800	手 形 売 却 損	
6,000	支 払 利 息	
14,255,400		14,255,400

(B) 資料(ア) 決算にあたって調査した結果、次の事項が判明したので、適正な修正を行う。

1　P社社債の期限到来済みの利札¥6,000が未記入であった。

2　当期首に、使用不能な備品を除却処分したが、未処理であった。この備品の取得原価は¥150,000、減価償却累計額は¥126,000であった。

3　買掛金¥100,000を期日前に支払ったとき、3％の割引を受けて、次の仕訳をしていた。
　(借)買掛金　97,000　(貸)現金預金　97,000

資料(イ) 決算整理事項は、次のとおりである。

1　期末商品棚卸高の内訳は、次のとおりである。
　(1) 帳簿棚卸数量　850個　実地棚卸数量　820個
　(2) 原価　@¥1,000　時価　@¥950
　商品評価損は売上原価の内訳科目に、棚卸減耗損は営業外費用に計上する。

2　売上債権の期末残高に対して2％の貸倒れを見積もる。差額補充法による。

3　有価証券の内訳は、次のとおりであり、時価によって評価する。

	取得原価	時　価
O社株式	¥260,000	¥255,000
P社社債	¥100,000	¥96,000

4　固定資産の減価償却を次のとおり行う。
　建物：定額法、耐用年数20年、
　　　　残存価額は取得原価の10％
　備品：定率法、償却率20％

5　株式交付費は、前期首に増資したさいに生じたもので、会社法の定める期間にわたって毎期均等額を償却している。

6　退職給付引当金の当期繰入額を¥210,000計上する。

7　利息の未払分¥1,000を計上する。

8　消耗品未使用高が¥500ある。

9　保険料は1年分の火災保険料で、4か月分が前払分である。

10　税引前当期純利益の50％相当額を法人税・住民税・事業税として計上する。

損益計算書

```
Ⅰ 売 上 高                              (        )
Ⅱ 売 上 原 価
   1 期首商品棚卸高      (        )
   2 当期商品仕入高      _____
          合    計      (        )
   3 期末商品棚卸高      _____
          差    引      (        )
   4 (         )        _____
      (         )                       (        )
Ⅲ 販売費および一般管理費
   1 給         料      (        )
   2 (         )費用    (        )
   3 貸倒引当金繰入      (        )
   4 (         )        (        )
   5 水 道 光 熱 費      (        )
   6 消 耗 品 費        (        )
   7 支 払 保 険 料      _____
          営 業 利 益                    (        )
Ⅳ 営業外収益
   1 受 取 利 息        (        )
   2 (         )        (        )
   3 (         )        _____       (        )
Ⅴ 営業外費用
   1 有価証券(      )   (        )
   2 (         )        (        )
   3 (         )        (        )
   4 支 払 利 息        (        )
   5 手 形 売 却 損      _____       (        )
          経 常 利 益                    (        )
Ⅵ 特別損失
   1 (         )                       (        )
          税引前当期純利益               (        )
          法人税,住民税及び事業税        (        )
          当 期 純 利 益                 (        )
```

—178—

実力テスト ●第3回●

第1問（20点）

次の各取引について仕訳しなさい。

1. 当期中に売買目的で取得した新潟商事株式会社の株式30株のうち20株を，1株につき¥90,000で売却し，代金は小切手で受け取った。この株式は当初20株を@¥85,000で取得し，その後10株を¥70,000で取得したものであり，移動平均法によって記帳している。
2. 得意先静岡商店から受け取っていた同店振出しの約束手形¥500,000を取引銀行で割引に付し，割引料¥6,000を差し引かれた残額は同行の当座預金とした。なお，保証債務¥10,000を計上した。
3. 福島商店に試用販売のため，売価¥600,000の商品を送付しておいたところ，本日，買い取る旨の通知を受けた。ただし，商品を送付したときに，試用販売売掛金・試用販売という対照勘定により処理している。
4. 増資のため株式100株を，1株¥120,000で発行し，全額の引受け，払込みを受けて当座預金とした。ただし，会社法に定める最高限度額を資本金に組み入れないことにした。
5. 得意先北西商店が倒産したため，同店に対する売掛金¥85,000を貸倒れとして処理した。なお，このうち¥50,000は前期の売上に対するものであり，残りは当期の売上に対するものである。ただし，貸倒引当金勘定の残高が¥70,000ある。

	借　方　科　目	金　　　額	貸　方　科　目	金　　　額
1				
2				
3				
4				
5				

第2問（20点）

神奈川商店（1年決算，決算日は12月31日）にかかわる次の資料(A)および(B)にもとづいて，答案用紙の平成22年1月31日の残高試算表を作成しなさい。　　　　　　（第125回　類題）

(A)　平成22年1月中の特殊仕訳帳の記入内容

(1)　当座預金出納帳

（借方）売　上　欄　合　計　￥180,000　　　（貸方）仕　入　欄　合　計　￥60,000
　　　　売 掛 金 欄 合 計　￥176,500　　　　　　　　買 掛 金 欄 合 計　￥116,000
　　　　受取手形欄合計　￥68,500　　　　　　　　支払手形欄合計　￥75,000
　　　　諸口欄内訳：備　　品　￥80,000　　　　　諸口欄内訳：備　　品　￥200,000
　　　　　　　　　　借　入　金　￥50,000　　　　　　　　　　　支 払 家 賃　￥1,800
　　　　　　　　　　　　　　　　　　　　　　　　　　　　　　　　給　　料　￥100,000

(2)　仕　　入　　帳　　　　　　　　　　　(3)　売　　上　　帳
　　　当座預金欄合計　￥60,000　　　　　　　　当座預金欄合計　￥180,000
　　　買 掛 金 欄 合 計　￥150,000　　　　　　　売 掛 金 欄 合 計　￥250,000
　　　支払手形欄合計　￥35,000　　　　　　　　受取手形欄合計　￥55,000

(4)　支払手形記入帳　　　　　　　　　　　(5)　受取手形記入帳
　　　仕　入　欄　合　計　￥35,000　　　　　　　売　上　欄　合　計　￥55,000
　　　買 掛 金 欄 合 計　￥20,000　　　　　　　売 掛 金 欄 合 計　￥30,000

(B)　平成22年1月中の普通仕訳帳の記入内容

普　通　仕　訳　帳

日付		摘　　　　　要	元丁	借　方	貸　方
1	1	（未　払　家　賃）		600	
		（各　自　推　定）			600
	5	（買　　掛　　金）		20,000	
		（売　　掛　　金）	(省		20,000
	10	（買　　掛　　金）		15,000	
		（受　取　手　形）			15,000
	20	諸　　　　口　（備　　　　品）			200,000
		（当　座　預　金）	略)	80,000	
		（備品減価償却累計額）		118,080	
		（固 定 資 産 売 却 損）		1,920	
	25	（貸　倒　引　当　金）		4,000	
		（売　　掛　　金）			4,000

残 高 試 算 表

借 方		勘 定 科 目	貸 方	
平成22年1月31日	平成21年12月31日		平成21年12月31日	平成22年1月31日
	464,000	当 座 預 金		
	115,000	受 取 手 形		
	218,000	売 掛 金		
	87,000	繰 越 商 品		
	300,000	備 品		
		支 払 手 形	100,000	
		買 掛 金	176,000	
		借 入 金	200,000	
		未 払 家 賃	600	
		貸 倒 引 当 金	6,000	
		備品減価償却累計額	177,120	
		資 本 金	524,280	
		売 上		
		仕 入		
		給 料		
		支 払 家 賃		
		固定資産売却損		
	1,184,000		1,184,000	

第3問 （20点）

次の［決算整理事項その他］にもとづいて，答案用紙の精算表を完成しなさい。会計期間は1年，決算日は3月31日である。
(第126回　類題)

〔決算整理事項その他〕

1. 当座預金の帳簿残高と銀行の残高証明書の金額は一致していなかったため，不一致の原因を調べたところ，次の事実が判明した。
   (1) 買掛金の支払のために¥8,000の小切手を振り出して仕入先に渡していたが，仕入先ではこの小切手の取立てをまだ行っていなかった。
   (2) 銀行に取立依頼していた得意先振出しの約束手形の決済代金として¥15,000が当座預金の口座に振り込まれていたが，この通知が銀行から届いていなかった。
2. 売掛金のうち¥10,000は得意先が倒産したため回収不能であることが判明した。なお，¥8,000は前期から繰り越したものであり，残りの¥2,000は当期の売上取引から生じたものである。
3. 受取手形と売掛金の期末残高に対して2％の貸倒れを見積もる。貸倒引当金は差額補充法により設定する。
4. 有価証券の内訳は次のとおりである。

	帳簿価額	時　　価	保有目的
A社株式	¥57,800	¥56,500	売買目的
B社株式	¥65,100	¥67,200	売買目的
C社社債	¥49,850	¥49,800	満期保有目的

　なお，C社社債（額面総額¥50,000，利率年2％，償還日までの残余の期間は当期を含めて3年間）については，償却原価法（定額法）により評価する。

5. 商品の期末棚卸高は次のとおりである。なお，売上原価は「仕入」の行で計算するが，棚卸減耗損と商品評価損は独立の科目として表示する。

　　帳簿棚卸高　数量　700個　　原価　@¥90
　　実地棚卸高　数量　690個　うち { 650個の正味売却価額　@¥115
　　　　　　　　　　　　　　　　 { 40個の正味売却価額　@¥72

6. 有形固定資産の減価償却は次の要領で行う。
　　建物：耐用年数は30年，残存価額は取得原価の10％として，定額法により計算する。
　　備品：償却率は年20％として，定率法により計算する。
　　なお，建物のうち¥1,000,000は当期の12月1日に購入したものであり，他の建物と同一の要領により月割りで減価償却を行う。
7. 繰延資産として計上している株式交付費は前期の期首に増資したさいに生じたものであり，増資後3年間にわたり定額法により償却する。
8. 支払保険料は，当期の9月1日に向こう1年分（12か月分）の保険料を一括して支払ったものである。
9. 支払利息は借入金の利息であるが，当期分の未計上額が¥880ある。

精　算　表

勘定科目	残高試算表 借方	残高試算表 貸方	修正記入 借方	修正記入 貸方	損益計算書 借方	損益計算書 貸方	貸借対照表 借方	貸借対照表 貸方
現 金 預 金	235,000							
受 取 手 形	90,000							
売 掛 金	180,000							
売買目的有価証券	122,900							
繰 越 商 品	61,000							
建 物	4,000,000							
備 品	700,000							
満期保有目的債券	49,850							
株 式 交 付 費	6,000							
支 払 手 形		70,000						
買 掛 金		160,000						
借 入 金		200,000						
貸 倒 引 当 金		9,700						
建物減価償却累計額		900,000						
備品減価償却累計額		341,600						
資 本 金		3,300,000						
利 益 準 備 金		82,000						
繰越利益剰余金		179,000						
売 上		2,688,200						
有 価 証 券 利 息		1,000						
仕 入	1,875,350							
給 料	600,000							
支 払 保 険 料	8,280							
支 払 利 息	3,120							
	7,931,500	7,931,500						
貸 倒 損 失								
貸倒引当金(　　)								
有価証券評価(　　)								
棚 卸 減 耗 損								
商 品 評 価 損								
減 価 償 却 費								
(　　　　)償却								
(　　　　)保険料								
(　　　　)利息								
当期純(　　　)								

実力テスト ●第4回●

第1問（20点）
次の各取引について仕訳しなさい。

1. 決算にあたって，取引銀行から取り寄せた当座預金の残高証明書と当社の当座預金勘定の残高とを確認したところ，これらの残高は一致していなかった。調査の結果，決算日の前日に，仕入先岡山商店に買掛金支払いのため振り出した小切手¥150,000と，広告宣伝費支払いのために振り出した小切手¥85,000が，ともに先方に未渡しであり，会計課の金庫に保管されていることが判明した。なお，いずれの取引も帳簿上は支払い済みとして処理されている。
（第100回　類題）

2. 月末到着予定の商品¥490,000に対する船荷証券を山形商店に¥710,000で売り渡し，代金のうち¥500,000は酒田商店振出し，山形商店あての約束手形を裏書き譲り受け，残額は掛けとした。

3. 当社所有の広告塔の修繕と改良を行い，その費用¥900,000を小切手を振り出して支払った。なお，このうち¥650,000を資本的支出として処理する。

4. 決算の結果，当期の法人税・住民税および事業税の合計額¥1,200,000を計上した。ただし，中間申告によって¥570,000は納付済みである。

5. 資本金¥5,000,000（発行済株式数100株）の青森物産株式会社は，新株式50株を1株¥150,000で発行し，全額の引受け，払込みを受け，払込金は当座預金とした。なお，資本金は会社法上の最低限度額を組み入れるものとする。

	借 方 科 目	金　　額	貸 方 科 目	金　　額
1				
2				
3				
4				
5				

第2問 (20点)

名古屋商店は，毎日の取引を入金伝票，出金伝票，振替伝票，仕入伝票，売上伝票に記入し，これを1日分ずつ集計して仕訳日計表を作成し，この仕訳日計表から各関係元帳に転記している。同店の平成○年8月1日の取引について作成された次の各伝票（略式）と各関係元帳の記入にもとづいて，解答用紙の仕訳日計表を完成しなさい。ただし，（　）の金額は各自推定すること。

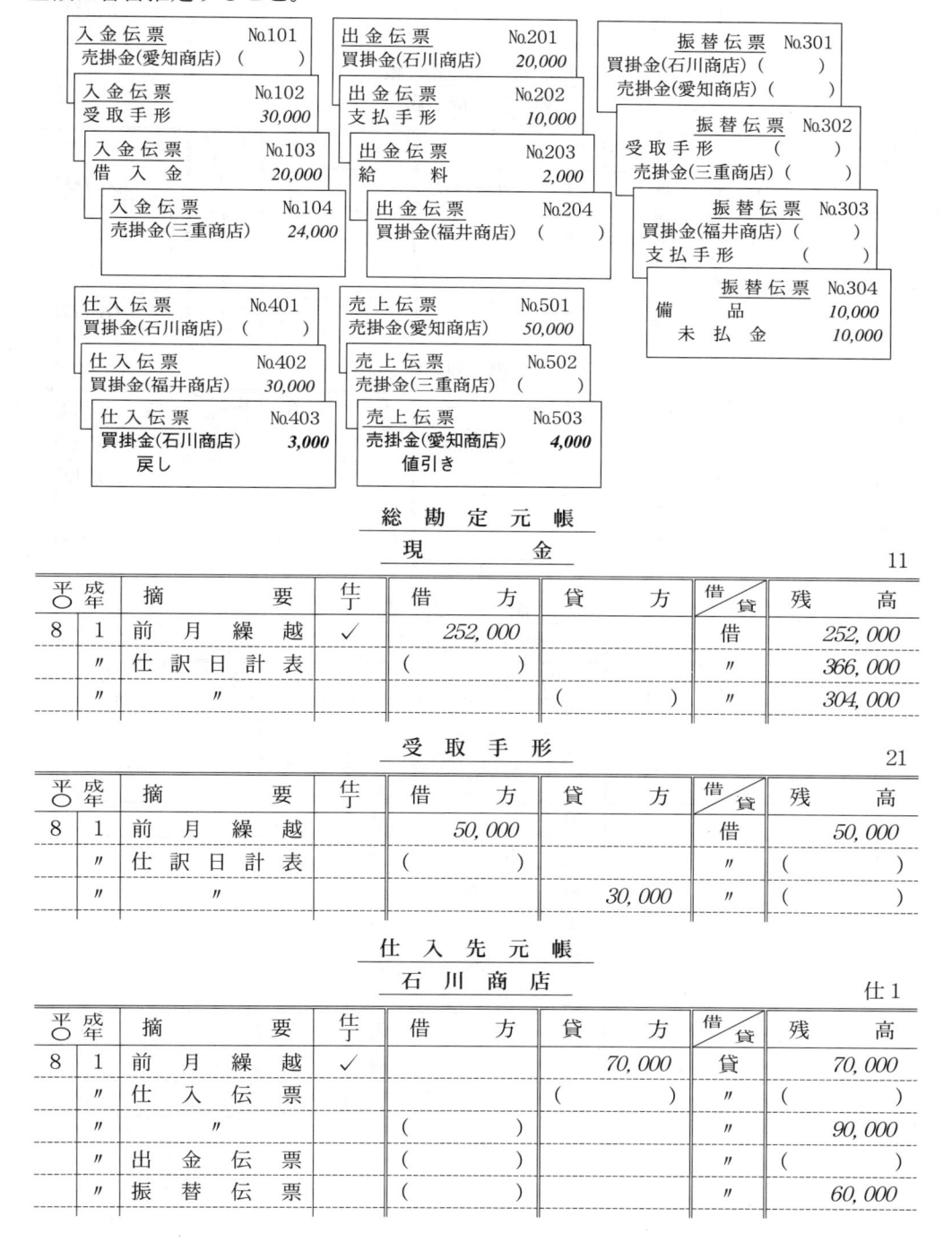

入金伝票	No.101
売掛金(愛知商店)	(　　)

入金伝票	No.102
受取手形	30,000

入金伝票	No.103
借入金	20,000

入金伝票	No.104
売掛金(三重商店)	24,000

出金伝票	No.201
買掛金(石川商店)	20,000

出金伝票	No.202
支払手形	10,000

出金伝票	No.203
給料	2,000

出金伝票	No.204
買掛金(福井商店)	(　　)

振替伝票	No.301
買掛金(石川商店)	(　　)
売掛金(愛知商店)	(　　)

振替伝票	No.302
受取手形	(　　)
売掛金(三重商店)	(　　)

振替伝票	No.303
買掛金(福井商店)	(　　)
支払手形	(　　)

振替伝票	No.304
備品	10,000
未払金	10,000

仕入伝票	No.401
買掛金(石川商店)	(　　)

仕入伝票	No.402
買掛金(福井商店)	30,000

仕入伝票	No.403
買掛金(石川商店) 戻し	3,000

売上伝票	No.501
売掛金(愛知商店)	50,000

売上伝票	No.502
売掛金(三重商店)	(　　)

売上伝票	No.503
売掛金(愛知商店) 値引き	4,000

総勘定元帳

現　金　　11

平成○年		摘　要	仕丁	借　方	貸　方	借/貸	残　高
8	1	前 月 繰 越	✓	252,000		借	252,000
	〃	仕 訳 日 計 表		(　　)		〃	366,000
	〃	〃			(　　)	〃	304,000

受　取　手　形　　21

平成○年		摘　要	仕丁	借　方	貸　方	借/貸	残　高
8	1	前 月 繰 越		50,000		借	50,000
	〃	仕 訳 日 計 表		(　　)		〃	(　　)
	〃	〃			30,000	〃	(　　)

仕入先元帳

石　川　商　店　　仕1

平成○年		摘　要	仕丁	借　方	貸　方	借/貸	残　高
8	1	前 月 繰 越	✓		70,000	貸	70,000
	〃	仕 入 伝 票			(　　)	〃	(　　)
	〃	〃		(　　)		〃	90,000
	〃	出 金 伝 票		(　　)		〃	(　　)
	〃	振 替 伝 票				〃	60,000

福井商店　　　　　　　　　　　　　仕2

平成〇年		摘　　要	仕丁	借　方	貸　方	借/貸	残　高
8	1	前 月 繰 越	✓		60,000	貸	60,000
	〃	仕 入 伝 票			30,000	〃	90,000
	〃	出 金 伝 票		( )		〃	( )
	〃	振 替 伝 票		( )		〃	40,000

得 意 先 元 帳
愛知商店　　　　　　　　　　　　　得1

平成〇年		摘　　要	仕丁	借　方	貸　方	借/貸	残　高
8	1	前 月 繰 越	✓	100,000		借	100,000
	〃	売 上 伝 票		( )		〃	( )
	〃	〃			( )	〃	( )
	〃	入 金 伝 票			( )	〃	( )
	〃	振 替 伝 票			( )	〃	96,000

三重商店　　　　　　　　　　　　　得2

平成〇年		摘　　要	仕丁	借　方	貸　方	借/貸	残　高
8	1	前 月 繰 越	✓	90,000		借	90,000
	〃	売 上 伝 票		( )		〃	120,000
	〃	入 金 伝 票			( )	〃	( )
	〃	振 替 伝 票			( )	〃	56,000

仕 訳 日 計 表
平成〇年8月1日

借　方	元丁	勘 定 科 目	元丁	貸　方
		現　　　　　金		
		受 取 手 形		
		売 　掛　 金		
		備　　　　　品		
		支 払 手 形		
		買 　掛　 金		
		未 　払　 金		
		借 　入　 金		
		売　　　　　上		
		仕　　　　　入		
		給　　　　　料		

第3問（20点）

山手商事株式会社の第8期（平成×8年4月1日～平成×9年3月31日）にかかわる次の〔資料Ⅰ〕～〔資料Ⅲ〕の資料にもとづき，同社の本支店合併の損益計算書と貸借対照表を作成しなさい。評価勘定の表示は答案用紙の表示に従うこと。なお，本店から支店への売上については，商品原価に15％の利益が付加されている。また，支店の期首商品棚卸高には内部利益は含まれていない。

（第120回　類題）

〔資料Ⅰ〕

残 高 試 算 表
平成×9年3月31日

借　　　方	本　　店	支　　店	貸　　方	本　　店	支　　店
現　金　預　金	3,119,000	312,000	支　払　手　形	2,485,000	886,000
受　取　手　形	2,700,000	800,000	買　　掛　　金	3,268,000	983,000
売　　掛　　金	3,500,000	1,100,000	貸　倒　引　当　金	155,000	25,000
繰　越　商　品	3,840,000	2,200,000	建物減価償却累計額	1,080,000	450,000
建　　　　　物	3,000,000	1,000,000	備品減価償却累計額	630,000	75,000
備　　　　　品	1,400,000	300,000	資　　本　　金	10,000,000	
支　　　　　店	3,174,000		別　途　積　立　金	1,300,000	
仕　　　　　入	20,560,000	3,400,000	本　　　　　店		2,750,000
本　店　よ　り　仕　入		8,418,000	売　　　　　上	15,470,000	13,285,000
給　　　　　料	1,380,000	840,000	支　へ　売　上	8,809,000	
営　　業　　費	836,000	330,000	受　取　手　数　料	312,000	246,000
	43,509,000	18,700,000		43,509,000	18,700,000

〔資料Ⅱ〕　未 達 事 項

1) 支店が本店へ送金した¥60,000が本店に未達。
2) 本店が発送した商品¥391,000が支店に未達。
3) 当期首に本店が取得し，期末に支店へ移送した備品¥100,000が支店に未達。
4) 本店で回収した支店の受取手形¥270,000が支店に未達。
5) 支店で回収した本店の売掛金¥230,000が本店に未達。
6) 本店で受け取った支店の受取手数料¥20,000が支店に未達。
7) 支店で決済した本店の支払手形¥185,000および買掛金¥177,000が本店に未達。
8) 本店で支払った支店の営業費¥31,000が支店に未達。

〔資料Ⅲ〕　決算整理事項

1) 商品期末棚卸高（未達分は含まれていない）
　　　本　店：¥2,680,000　　支　店：¥2,027,000
　　　　　　　　　　　　　　（内，本店より仕入分¥1,449,000を含んでいる）
2) 未達分を含めて，本支店の売上債権合計額に対して，5％の貸倒引当金を差額補充法により設定する。
3) 未達分を含めて，本支店とも建物，備品に対して定額法により減価償却を行う。

耐用年数は建物30年, 備品6年とし, 残存価額はともに取得原価の10%とする。
4) 営業費の前払額が本店には¥172,000, 未払額が支店には¥78,000ある。
5) 受取手数料の未収額が本店には¥77,000, 支店には¥60,000ある。

損 益 計 算 書
平成×8年4月1日～平成×9年3月31日

費　　　　用	金　　額	収　　　　益	金　　額
売 上 原 価		売 上 高	
減 価 償 却 費		受 取 手 数 料	
貸 倒 引 当 金 繰 入			
給　　　　料			
営 　業 　費			
当 期 純 利 益			

貸 借 対 照 表
平成×9年3月31日

資　　　　産	金　　額	負債及び純資産	金　　額
現 金 預 金		支 払 手 形	
受 取 手 形		買 　掛 　金	
売 　掛 　金		未 払 営 業 費	
商　　　　品		貸 倒 引 当 金	
前 払 営 業 費		建物減価償却累計額	
未 収 手 数 料		備品減価償却累計額	
建　　　　物		資 　本 　金	
備　　　　品		別 途 積 立 金	
		繰 越 利 益 剰 余 金	

実力テスト ●第5回●

第1問（20点）

次の各取引について仕訳しなさい。

1. かねて宮城商店から内金¥200,000を受け取って注文を受けていた商品¥1,000,000を発送し，同時に船荷証券をそえて商品代金の7割の為替手形を取引銀行で割り引き，割引料¥4,000を差し引かれ，手取金は当座預金とした。

2. 富山商店に委託販売のため，商品¥570,000を発送し，発送諸掛¥6,000を現金で支払った。

3. 石川商事株式会社（決算年1回　3月31日）は第7期の期首に備品¥700,000を買い入れ，この代金はこれまでに使用してきた備品を¥300,000で引き取らせ，購入価額との差額は月末に支払うことにした。ただし，旧備品は第5期の期首に¥600,000で買い入れたもので，耐用年数は5年，残存価額は取得価額の10％として定額法によって償却額を計算し，間接法で記帳している。

4. 岐阜物産株式会社（決算年1回　3月31日）は，平成×1年4月1日に額面総額¥20,000,000の社債を下記の条件で発行していたが，このうち¥4,000,000を平成×3年4月1日に@¥98で小切手を振り出して買入償還した。
   <u>発行条件</u>　　払込金額　@¥96　　利率年　5.0％
   　　　　　　　　利払い　年2回（9月末・3月末）　償還期限　5年

5. 従業員東京一郎が退職したので，退職金¥3,100,000を現金で支給した。なお，退職給付引当金のうち同人について引き当てられた分は¥2,600,000である。

	借方科目	金　　額	貸方科目	金　　額
1				
2				
3				
4				
5				

第2問 (20点)

大阪商店は，普通仕訳帳のほかに特殊仕訳帳として，現金出納帳，仕入帳，売上帳，支払手形記入帳および受取手形記入帳を用いている。下記の(1) 4月中の各特殊仕訳帳の記入合計および(2) 4月中の普通仕訳帳の記入にもとづいて，解答用紙の残高試算表を作成しなさい。なお，前期繰越高は残高試算表の4月1日現在欄のとおりである。

(1) 4月中の各特殊仕訳帳の記入合計

A　現金出納帳

（借方）　売　　上　欄　合計　¥240,000　　（貸方）　仕　　入　欄　合計　¥195,000
　　　　売　掛　金　欄　合計　¥690,000　　　　　　買　掛　金　欄　合計　¥450,000
　　　　受　取　手　形　欄　合計　¥720,000　　　　　支　払　手　形　欄　合計　¥540,000
　　　　諸　　口　欄　合計　¥330,000　　　　　　諸　　口　欄　合計　¥1,050,000
　　　　（内訳：貸付金　¥300,000）　　　　　　　（内訳：借入金　¥600,000）
　　　　（　　　受取利息　¥30,000）　　　　　　　（　　　支払利息　¥30,000）
　　　　　　　　　　　　　　　　　　　　　　　　（　　　給　料　¥360,000）
　　　　　　　　　　　　　　　　　　　　　　　　（　　　備　品　¥60,000）

B　仕入帳
　　　　現　　金　欄　合計　¥（　　　　）
　　　　買　掛　金　欄　合計　¥840,000
　　　　支　払　手　形　欄　合計　¥450,000

C　売上帳
　　　　現　　金　欄　合計　¥（　　　　）
　　　　売　掛　金　欄　合計　¥1,350,000
　　　　受　取　手　形　欄　合計　¥600,000

D　支払手形記入帳
　　　　仕　　入　欄　合計　¥（　　　　）
　　　　買　掛　金　額　合計　¥360,000

E　受取手形記入帳
　　　　売　　上　欄　合計　¥（　　　　）
　　　　売　掛　金　額　合計　¥510,000

(2) 4月中の普通仕訳帳の記入

普 通 仕 訳 帳

平成○年		摘　　　　　要	元丁	借　方	貸　方
4	1	（支　払　利　息）	19	15,000	
		（前　払　利　息）	7		15,000
	〃	（前　受　利　息）	11	20,000	
		（受　取　利　息）	18		20,000
	10	（買　掛　金）	9	150,000	
		（売　掛　金）	3		150,000
	20	（買　掛　金）	9	240,000	
		（受　取　手　形）	2		240,000
	25	（貸倒引当金）	12	30,000	
		（売　掛　金）	3		30,000

—193—

残高試算表

借方		勘定科目	貸方	
4月30日現在	4月1日現在		4月1日現在	4月30日現在
	1,380,000	現　　　　　金		
	900,000	受　取　手　形		
	1,500,000	売　　掛　　金		
	725,000	繰　越　商　品		
	600,000	貸　　付　　金		
	450,000	備　　　　　品		
	15,000	前　払　利　息		
		支　払　手　形	600,000	
		買　　掛　　金	1,350,000	
		借　　入　　金	900,000	
		前　受　利　息	20,000	
		貸　倒　引　当　金	60,000	
		備品減価償却累計額	240,000	
		資　　本　　金	2,400,000	
		売　　　　　上		
		仕　　　　　入		
		給　　　　　料		
		受　取　利　息		
		支　払　利　息		
	5,570,000		5,570,000	

第3問 (20点)

大分商事株式会社の第10期（平成○年4月1日から平成×年3月31日まで）における次の資料にもとづいて，解答用紙の貸借対照表を作成しなさい。

[資料Ⅰ] 決算整理前残高試算表

残高試算表

勘定科目	借方	貸方
現金預金	5,245,000	
受取手形	2,250,000	
売掛金	11,500,000	
売買目的有価証券	3,300,000	
繰越商品	1,750,000	
仮払法人税等	610,000	
建物	10,000,000	
備品	4,000,000	
建設仮勘定	2,500,000	
のれん	900,000	
長期貸付金	2,500,000	
社債発行費等	180,000	
支払手形		2,300,000
買掛金		4,970,000
未払金		860,000
社債		4,820,000
長期借入金		2,500,000
退職給付引当金		2,875,000
貸倒引当金		200,000
建物減価償却累計額		2,250,000
備品減価償却累計額		1,000,000
資本金		12,000,000
資本準備金		500,000
利益準備金		1,750,000
任意積立金		4,000,000
繰越利益剰余金		230,000
売上		33,500,000
仕入	19,900,000	
給料手当	5,700,000	
広告宣伝費	1,425,000	
保険料	1,200,000	
受取利息		225,000
有価証券利息		150,000
有価証券売却益		360,000
支払利息	1,230,000	
社債利息	300,000	
	74,490,000	74,490,000

[資料Ⅱ] 決算整理事項および参考事項

1. 当座預金について銀行勘定調整表を作成したところ，次の事項が判明した。
   ア 未渡し小切手（広告宣伝費未払分）
   ¥100,000
   イ 支払手形の決済で未記帳のもの ¥150,000
   ウ 売掛金の振込みで未記帳のもの ¥450,000

2. 株式配当金領収証¥30,000を受け取ったが，未処理であった。

3. 売上債権の期末残高に対して2%の貸倒引当金を計上する（差額補充法）。

4. 期末商品棚卸高の内訳は次のとおりである。
   (1) 帳簿棚卸数量　2,000個
   　　実地棚卸数量　1,800個
   (2) 原価 ¥900　時価 ¥850

5. 有価証券の内訳は，次のとおりであり，所有目的はいずれも売買目的であり，時価によって評価する。

	帳簿価額	時価
P社株式	¥825,000	¥780,000
O社株式	¥975,000	¥1,050,000
X社社債	¥1,500,000	¥1,450,000

6. 建設仮勘定は，店舗の建設請負価額¥4,500,000の一部支払額であり，差額は，後日支払うことになっている。なお，店舗は，平成○年12月1日に完成し，引渡しを受けている。

7. 固定資産の減価償却を次のとおり行う。
   建物(旧)：(旧)定額法，耐用年数 25年，残存価額は取得原価の10%
   建物(新)：(新)定額法，耐用年数 25年（月割計算）
   備品：定率法，償却率 年25%

8. のれんは，前期期首に東商店を買収したときに生じたもので10年間で毎期均等額を償却している。

9 社債は，額面総額￥5,000,000を第9期初頭に額面￥100につき￥96で発行したもので，償還期限は10年，利率は年6％，利払日は，9月末と3月末である。社債の評価替（償却原価法（定額法））を行う。また，社債発行費等は，会社法で定める期間にわたって毎期均等額を償却している。
10 退職給付引当金の当期繰入額は￥325,000である。
11 保険料は，平成〇年8月1日に1年分を支払ったものであり，前払高を繰り延べる。
12 支払利息の未払高￥175,000を計上する。
13 税引前当期純利益の50％を法人税・住民税・事業税として計上する。

貸 借 対 照 表
平成×年3月31日

資 産 の 部		負 債 の 部	
I 流動資産		I 流動負債	
1 現 金 預 金 (　　　)		1 支 払 手 形 (　　　)	
2 受 取 手 形 (　　　)		2 買 掛 金 (　　　)	
3 売 掛 金 (　　　)		3 未 払 金 (　　　)	
計 (　　　)		4 (　　　) (　　　)	
(　　　) (　　　)(　　　)		5 未 払 費 用 (　　　)	
4 有 価 証 券 (　　　)		流動負債合計 (　　　)	
5 商 品 (　　　)		II 固定負債	
6 前 払 費 用 (　　　)		1 社 債 (　　　)	
流動資産合計 (　　　)		2 長 期 借 入 金 (　　　)	
II 固定資産		3 (　　　) (　　　)	
1 建 物 (　　　)		固定負債合計 (　　　)	
(　　　) (　　　)(　　　)		負 債 合 計 (　　　)	
2 備 品 (　　　)		純 資 産 の 部	
(　　　) (　　　)(　　　)		I 資 本 金 (　　　)	
3 (　　　) (　　　)		II 資本剰余金	
4 長 期 貸 付 金 (　　　)		1 (　　　) (　　　)	
固定資産合計 (　　　)		III 利益剰余金	
III 繰延資産		1 (　　　)(　　　)	
1 社債発行費等 (　　　)		2 (　　　)(　　　)	
繰延資産合計 (　　　)		3 (　　　)(　　　)(　　　)	
		純資産合計 (　　　)	
資 産 合 計 (　　　)		負債及び純資産合計 (　　　)	

解答・解説編

「別冊解答・解説編」は，色紙を残したまま，ていねいに抜き取って下さい。
なお，抜取りの際の損傷についてのお取替えは，ご遠慮願います。

段階式
日商簿記ワークブック
2級商業簿記

解答・解説編

第1回 現金預金

1
(1)	現金過不足	15,000	現　　　　金	15,000
(2)	交 通 費	8,000	現金過不足	8,000
(3)	支払手数料	5,000	現金過不足	5,000
(4)	雑　　　損	2,000	現金過不足	2,000

総勘定元帳

現　金　　　　1
(残　高)	213,000	現金過不足	15,000

現金過不足　　　　4
現　金	15,000	交 通 費	8,000
		支払手数料	5,000
		雑　損	2,000

雑　益　　　　11

支払手数料　　　　15
現金過不足	5,000	

交 通 費　　　　17
現金過不足	8,000	

雑　損　　　　22
現金過不足	2,000	

2
(1)	現　　　　金	9,000	現金過不足	9,000
(2)	現金過不足	4,000	受取手数料	4,000
(3)	現金過不足	1,000	受取利息	1,000
(4)	現金過不足	4,000	雑　益	4,000

総勘定元帳

現　金　　　　1
(残　高)	127,000		
現金過不足	9,000		

現金過不足　　　　4
受取手数料	4,000	現　金	9,000
受取利息	1,000		
雑　益	4,000		

受取利息　　　　11
	現金過不足	1,000

受取手数料　　　　13
	現金過不足	4,000

雑　益　　　　16
	現金過不足	4,000

雑　損　　　　25

3
(1)	支払手数料	15,000	現金過不足	36,000
	支払利息	9,000	受取利息	2,000
	雑　　　損	14,000		
(2)	当座預金	135,000	受取手形	135,000
	当座預金	68,000	未払金	68,000

4

銀 行 残 高 調 整 表
平成○年3月31日

摘　　　　要	金　　　　　額	
横浜商店の当座預金出納帳残高		(¥ 875,000)
加算：		
（未 取 付 小 切 手）	(¥ 50,000)	
（未 渡 小 切 手）	(40,000)	
（当座預金振込通知未達）	(70,000)	(160,000)
計		(1,035,000)
減算：		
（未 取 立 小 切 手）	(¥ 55,000)	
（送金手数料未記入）	(2,500)	
（締切後預入小切手）	(80,000)	(137,500)
神奈川銀行残高証明書残高		(¥ 897,500)

期末修正仕訳
(1)　仕訳なし
(2)　支 払 手 数 料　　2,500　　　　当 座 預 金　　2,500
(3)　仕訳なし
(4)　当 座 預 金　　40,000　　　　買 掛 金　　40,000
(5)　仕訳なし
(6)　当 座 預 金　　70,000　　　　受 取 手 形　　70,000

【第2回】　有 価 証 券

【出題範囲の改正】（平成19年度から適用されます。）
　差入有価証券と預り有価証券は，許容勘定科目表から，A欄（標準的な勘定科目）・B欄（その許容科目）とも削除されました。これは，「金融商品に関する指針」の設定に伴い，これらは，貸借対照表に注記することに留まるための改正です。なお，貸付有価証券・借入有価証券についても，貸借対照表に注記することになります。
　有価証券の貸付・借入・差入・預り・保管は，出題区分表の2級の出題範囲として残っているため，備忘記録としての仕訳を行います。
〈本書の対応〉　従来どおり，備忘記録として仕訳を行います。

1

	(1)	(2)	(3)	(4)	(5)	(6)
解答欄	×	○	×	×	○	×

2

(1)　売買目的有価証券　　3,880,000　　　現　　　　金　　3,904,000
　　有 価 証 券 利 息　　24,000
(2)　現　　　　金　　58,400　　　　有 価 証 券 利 息　　58,400

(3)	現		金		3,934,400	売買目的有価証券	3,880,000
						有 価 証 券 利 息	14,400
						有 価 証 券 売 却 益	40,000

現 金			売買目的有価証券	
（残　　高） 4,730,000	6/14 諸　口 3,904,000		6/14 現　金 3,880,000	11/14 現　金 3,880,000
9/30 有価証券利息 58,400				
11/14 諸　口 3,934,400				

有価証券売却益		有価証券利息	
	11/14 現　金 40,000	6/14 現　金 24,000	9/30 現　金 58,400
			11/14 現　金 14,400

（解　説）
(1) 端数利息の計算：$¥4,000,000 \times 0.0292 \times \dfrac{75日}{365日} = ¥24,000$

　　社債の取得原価：$¥4,000,000 \times \dfrac{¥97}{¥100} = ¥3,880,000$

(2) 有価証券利息の計算：$¥4,000,000 \times 0.0292 \times \dfrac{6か月}{12か月} = ¥58,400$

(3) 端数利息の計算：$¥4,000,000 \times 0.0292 \times \dfrac{45日}{365日} = ¥14,400$

3
(1)	売買目的有価証券				7,840,000	当 座 預 金	8,073,600
	有 価 証 券 利 息				233,600		
(2)	当 座 預 金				1,400,000	売買目的有価証券	1,370,000
						有 価 証 券 売 却 益	30,000
(3)	現		金		2,380,000	売買目的有価証券	2,200,000
						有 価 証 券 売 却 益	180,000
(4)	保 管 有 価 証 券				1,300,000	借 入 有 価 証 券	1,300,000

（解　説）
(1) 端数利息の計算：$¥8,000,000 \times 0.073 \times \dfrac{146日}{365日} = ¥233,600$

　　社債の取得原価：$¥8,000,000 \times \dfrac{¥98}{¥100} = ¥7,840,000$

(2) 有価証券の取得原価 $= \dfrac{1,000株 \times ¥760 + 3,000株 \times ¥660}{1,000株 + 3,000株} = ¥685$

(3) 売買目的有価証券は，決算時に時価で評価替えが行われているため，前期末決算時価が帳簿価額となっていることに注意する。

(4) 有価証券を借り入れたときは，時価で保管有価証券勘定の借方と借入有価証券勘定の貸方へ記入する。

4
(1)	未		収	金	9,400,000	売買目的有価証券	9,500,000
	有 価 証 券 売 却 損				100,000		
(2)	売買目的有価証券				1,470,000	当 座 預 金	1,476,000
	有 価 証 券 利 息				6,000		

(3)	当　座　預　金	491,000	売買目的有価証券	478,000
			有　価　証　券　利　息	11,000
			有　価　証　券　売　却　益	2,000
(4)	当　座　預　金	972,000	売買目的有価証券	980,000
	有　価　証　券　売　却　損	20,000	有　価　証　券　利　息	12,000
(5)	現　　　　　金	486,000	売買目的有価証券	485,000
	有　価　証　券　売　却　損	320	有　価　証　券　利　息	1,320
(6)	当　座　預　金	2,024,000	売買目的有価証券	2,008,000
			有　価　証　券　利　息	4,000
			有　価　証　券　売　却　益	12,000

（解　説）

(1) 有価証券の平均単価 $= \dfrac{3,000株 \times ¥2,500 + 5,000株 \times ¥2,300}{3,000株 + 5,000株} = ¥2,375$

(2) 端数利息の計算：$¥1,500,000 \times 0.02 \times \dfrac{73日}{365日} = ¥6,000$

　　有価証券の取得原価：$¥1,500,000 \times \dfrac{¥98}{¥100} = ¥1,470,000$

(3) 端数利息の計算：$¥500,000 \times 0.055 \times \dfrac{146日}{365日} = ¥11,000$

　　売却損益の計算：¥491,000（入金額）－¥11,000（端数利息）＝¥480,000（売却代金）
　　　　　　　　　　¥480,000（売却代金）－¥478,000（帳簿価額）＝¥2,000（売却益）

(4) 端数利息の計算：$¥1,000,000 \times 0.03 \times \dfrac{146日}{365日} = ¥12,000$

　　売却損益の計算：$¥1,000,000 \times \dfrac{¥96 - ¥98}{¥100} = ¥20,000$（売却損）

(5) 端数利息の計算：$¥500,000 \times 0.0146 \times \dfrac{66日}{365日} = ¥1,320$

　　売却損益の計算：¥486,000（入金額）－¥1,320（端数利息）＝¥484,680（売却代金）
　　　　　　　　　　¥484,680（売却代金）－¥485,000（帳簿価額）＝¥(－)320（売却損）

(6) 売買目的有価証券の計算：$¥4,000,000 \times \dfrac{1}{2} \times \dfrac{¥100.40}{¥100} = ¥2,008,000$

　　端数利息の計算：$¥4,000,000 \times \dfrac{1}{2} \times 0.0365 \times \dfrac{20日}{365日} = ¥4,000$

　　売却損益の計算：$¥4,000,000 \times \dfrac{1}{2} \times \dfrac{¥101 - ¥100.40}{¥100} = ¥12,000$

第3回　売　掛　金

1

5/10	売　掛　金	80,000	売　　上	80,000
5/12	売　　上	3,000	売　掛　金	3,000
5/16	売　掛　金	95,000	売　　上	95,000
5/18	売　　上	8,000	売　掛　金	8,000

総勘定元帳

売 掛 金 3

平成○年		摘　要	仕丁	借　方	貸　方
5	1	前月繰越	✓	112,000	
	10	売　　上	1	80,000	
	12	〃	〃		3,000
	16	〃	〃	95,000	
	18	〃	〃	8,000	

売　　上 21

平成○年		摘　要	仕丁	借　方	貸　方
5	10	売掛金	1		80,000
	12	〃	〃	3,000	
	16	〃	〃		95,000
	18	〃	〃		8,000

得意先元帳

能登商店 1

平成○年		摘　要	仕丁	借　方	貸　方
5	1	前月繰越	✓	60,000	
	10	売　上	1	80,000	
	12	〃	〃		3,000

輪島商店 2

平成○年		摘　要	仕丁	借　方	貸　方
5	1	前月繰越	✓	52,000	
	16	売　上	1	95,000	
	18	〃	〃		8,000

2
(1) 現　　　　　金　60,000　　償却債権取立益　60,000
(2) 貸倒引当金繰入　18,000　　貸　倒　引　当　金　18,000

3
(1) 貸倒引当金繰入　28,500　　貸　倒　引　当　金　28,500
(2) 貸　倒　引　当　金　18,000　　売　　掛　　金　18,000
(3) 貸　倒　引　当　金　12,000　　売　　掛　　金　15,000
　　貸　倒　損　失　3,000

貸 倒 引 当 金

3/31 次期繰越	30,000	4/1 前期繰越	1,500
		3/31 貸倒引当金繰入	28,500
	30,000		30,000
5/22 売掛金	18,000	4/1 前期繰越	30,000
12/6 売掛金	12,000		

4
(1) 貸倒引当金　300,000　　売　掛　金　800,000
　　貸　倒　損　失　500,000
(2) 現　　　　金　20,000　　貸　倒　損　失　20,000

(解　説)
(1) 前期の貸倒分は貸倒引当金を取り崩して処理するが，当期分は貸倒損失で処理する。
(2) 当期に発生した売掛金に対しては，貸倒引当金が設定されていないことに注意する。

5
(1) 当座預金　68,000　　売　掛　金　68,000
(2) 貸倒損失　65,000　　受　取　手　形　65,000

(3)	貸 倒 引 当 金	61,000		売 掛 金		61,000
(4)	貸倒引当金繰入	33,500		貸 倒 引 当 金		33,500

受 取 手 形　2			
(期末残高)	498,000	(2)貸倒損失	65,000

売 掛 金　3			
(期末残高)	546,000	(1)当座預金	68,000
		(3)貸倒引当金	61,000

貸 倒 引 当 金　4			
(3)売 掛 金	61,000	(期末残高)	70,000
		(4)貸倒引当金繰入	33,500

第4回　その他の債権・債務

1 (1) 保 証 債 務 見 返　8,000,000　　保 証 債 務　8,000,000
　　(2) 保 証 債 務　8,000,000　　保 証 債 務 見 返　8,000,000

2 (1) 保 証 債 務 見 返　15,000,000　　保 証 債 務　15,000,000
　　(2) 未　収　金　15,750,000　　当 座 預 金　15,750,000
　　　 保 証 債 務　15,000,000　　保 証 債 務 見 返　15,000,000
　　(3) 備品減価償却累計額　432,000　　備　　品　800,000
　　　 未 決 算　368,000

3 (1) 建物減価償却累計額　300,000　　建　　物　2,000,000
　　　 減 価 償 却 費　50,000
　　　 未 決 算　1,650,000
　　(2) 未　収　金　6,130,000　　当 座 預 金　6,130,000
　　　 保 証 債 務　6,000,000　　保 証 債 務 見 返　6,000,000
　　(3) 未　収　金　9,200,000　　未 決 算　9,020,000
　　　　　　　　　　　　　　　　保 険 差 益　180,000

第5回　手形の裏書・割引・不渡

1 (1) 買　掛　金　200,000　　受 取 手 形　200,000
　　　 保 証 債 務 費 用　4,000　　保 証 債 務　4,000
　　(2) 仕　　入　400,000　　受 取 手 形　400,000
　　　 保 証 債 務 費 用　8,000　　保 証 債 務　8,000
　　(3) 当 座 預 金　298,000　　受 取 手 形　300,000
　　　 手 形 売 却 損　2,000
　　　 保 証 債 務 費 用　6,000　　保 証 債 務　6,000
　　(4) 当 座 預 金　99,000　　受 取 手 形　100,000
　　　 手 形 売 却 損　1,000
　　　 保 証 債 務 費 用　2,000　　保 証 債 務　2,000

2	(1)	当 座 預 金	247,700	受 取 手 形	250,000
		手 形 売 却 損	2,300		
		保 証 債 務 費 用	5,000	保 証 債 務	5,000
	(2)	不 渡 手 形	251,300	当 座 預 金	251,300
		保 証 債 務	5,000	保証債務取崩益	5,000
	(3)	当 座 預 金	251,300	不 渡 手 形	251,300
3	(1)	仕　　　入	350,000	受 取 手 形	350,000
		保 証 債 務 費 用	7,000	保 証 債 務	7,000
	(2)	不 渡 手 形	353,800	当 座 預 金	353,800
		保 証 債 務	7,000	保証債務取崩益	7,000
	(3)	貸 倒 損 失	353,800	不 渡 手 形	353,800
4	(1)	不 渡 手 形	752,500	当 座 預 金	750,000
				現　　　金	2,500
		保 証 債 務	15,000	保証債務取崩益	15,000
	(2)	現　　　金	150,000	不 渡 手 形	518,000
		貸 倒 引 当 金	300,000		
		貸 倒 損 失	68,000		
	(3)	不 渡 手 形	2,010,000	当 座 預 金	2,010,000
		保 証 債 務	40,000	保証債務取崩益	40,000
	(4)	受 取 手 形	500,000	売　　　上	550,000
		売 掛 金	50,000		
		当 座 預 金	488,000	受 取 手 形	500,000
		手 形 売 却 損	12,000		
		保 証 債 務 費 用	60,000	保 証 債 務	60,000
	(5)	不 渡 手 形	507,500	当 座 預 金	507,500
		保 証 債 務	60,000	保証債務取崩益	60,000
	(6)	現　　　金	130,000	不 渡 手 形	507,500
		売　　　上	200,000	売 掛 金	50,000
		貸 倒 損 失	227,500		
	(7)	買 掛 金	250,000	受 取 手 形	250,000
		当 座 預 金	194,000	受 取 手 形	200,000
		手 形 売 却 損	6,000		
		保 証 債 務 費 用	9,000	保 証 債 務	9,000

第6回	荷為替・自己受為替手形，更改

1	(1)	支 払 手 形	500,000	支 払 手 形	500,000
		支 払 利 息	1,800	当 座 預 金	1,800
	(2)	受 取 手 形	700,000	受 取 手 形	700,000
		現　　　金	4,700	受 取 利 息	4,700
	(3)	受 取 手 形	550,000	売　　　上	550,000

2

②	③	④	⑤	⑥	⑦	⑧	⑨
a	c	f	c	b	e	a	a

3

(1) 受 取 手 形　　603,600　　受 取 手 形　　600,000
　　　　　　　　　　　　　　　　受 取 利 息　　　3,600

(2) 支 払 手 形　　400,000　　支 払 手 形　　402,200
　　支 払 利 息　　　2,200

(3) 受 取 手 形　1,200,000　　売　　　　上　1,200,000

4

(1) 当 座 預 金　　556,700　　売　　　　上　　800,000
　　手形売却損　　　3,300
　　売　　掛　　金　240,000

(2) 未 着 品　　　800,000　　支 払 手 形　　560,000
　　　　　　　　　　　　　　　　買　　掛　　金　240,000

(3) 仕　　　　入　　800,000　　未　着　品　　800,000
　　支 払 手 形　　700,000　　売　　　　上　1,050,000
　　売　　掛　　金　350,000

5

(1) 当 座 預 金　　207,500　　売　　　　上　　300,000
　　手形売却損　　　2,500
　　売　　掛　　金　90,000

(2) 前　　受　　金　300,000　　売　　　　上　1,200,000
　　受 取 手 形　　900,000

(3) 受 取 手 形　　301,000　　受 取 手 形　　300,000
　　　　　　　　　　　　　　　　受 取 利 息　　　1,000

(4) 受 取 手 形　　600,000　　売　　　　上　　600,000
　　立　　替　　金　　1,400　　現　　　　金　　1,400

(5) 受 取 手 形　　500,000　　受 取 手 形　　500,000
　　現　　　　金　11,000　　受 取 利 息　　11,000

第7回 商品有高帳の作成（総平均法）

1 (1)

	払 出 単 価	払 出 数 量
先 入 先 出 法	@¥(300) @¥(330)	(100)個 (80)個
移 動 平 均 法	@¥(320) @¥( )	(180)個 ( )個

(2)

	払 出 単 価	払 出 数 量
先 入 先 出 法	@¥(330) @¥(360)	(120)個 (90)個
移 動 平 均 法	@¥(345) @¥( )	(210)個 ( )個
総 平 均 法	@¥(336) @¥( )	(210)個 ( )個

2

商 品 有 高 帳
ミニディスク

(1) 先入先出法

平成○年		摘 要	受 入			払 出			残 高		
			数量	単価	金 額	数量	単価	金 額	数量	単価	金 額
10	1	前月繰越	1,400	150	210,000				1,400	150	210,000
	5	売 上				1,100	150	165,000	300	150	45,000
	10	仕 入	1,600	175	280,000				300 1,600	150 175	45,000 280,000
	18	売 上				300 1,000	150 175	45,000 175,000	600	175	105,000
	23	仕 入	2,000	195	390,000				600 2,000	175 195	105,000 390,000
	30	売 上				600 1,500	175 195	105,000 292,500	500	195	97,500
	31	次月繰越				500	195	97,500			
			5,000		880,000	5,000		880,000			
11	1	前月繰越	500	195	97,500				500	195	97,500

商品有高帳
(2) 総平均法　ミニディスク

平成○年		摘要	受入			払出			残高		
			数量	単価	金額	数量	単価	金額	数量	単価	金額
10	1	前月繰越	1,400	150	210,000				1,400	150	210,000
	5	売上				1,100	176	193,600	300		
	10	仕入	1,600	175	280,000				1,900		
	18	売上				1,300	176	228,800	600		
	23	仕入	2,000	195	390,000				2,600		
	30	売上				2,100	176	369,600	500	176	88,000
	31	次月繰越				500	176	88,000			
			5,000		880,000	5,000		880,000			
11	1	前月繰越	500	176	88,000				500	176	88,000

3

商品有高帳
(1) 総平均法　A商品

平成×年		摘要	受入			払出			残高		
			数量	単価	金額	数量	単価	金額	数量	単価	金額
9	1	前月繰越	200	100	20,000				200	100	20,000
	5	仕入	300	110	33,000				500		
	9	売上				400	106.6	42,640	100		
	14	仕入	200	109	21,800				300		
	19	売上				250	106.6	26,650	50		
	23	仕入	200	105	21,000				250		
	28	売上				200	106.6	21,320	50		
	30	仕入	100	108	10,800				150	106.6	15,990
	〃	次月繰越				150	106.6	15,990			
			1,000		106,600	1,000		106,600			
10	1	前月繰越	150	106.6	15,990				150	106.6	15,990

(2)

	月末商品棚卸高	売上総利益
「先入先出法」適用の場合	¥ 16,050	¥ 26,050
「移動平均法」適用の場合	¥ 16,080	¥ 26,080

第8回　仕入割引・売上割引・棚卸減耗費・商品評価損

1

		単　価	数　量	金　額
(1)	帳簿棚卸高	@¥ 300	800個	¥ 240,000
(2)	実地棚卸高	@¥ 280	790個	¥ 221,200
(3)	棚卸減耗損	@¥ 300	10個	¥ 3,000
(4)	商品評価損	@¥ 20	790個	¥ 15,800

2

(1) 釧路商店
　売　　　上　　60,000　　売　掛　金　　60,000
　根室商店
　買　掛　金　　60,000　　仕　　　入　　60,000

(2) 釧路商店
　売　　　上　　45,000　　売　掛　金　　45,000
　根室商店
　買　掛　金　　45,000　　仕　　　入　　45,000

(3) 釧路商店
　売　掛　金　　900,000　　売　　　上　　900,000
　根室商店
　仕　　　入　　900,000　　買　掛　金　　900,000

(4) 釧路商店
　現　　　金　　855,000　　売　掛　金　　900,000
　売　上　割　引　45,000
　根室商店
　買　掛　金　　900,000　　当　座　預　金　855,000
　　　　　　　　　　　　　　仕　入　割　引　45,000

3

3/31	仕　　　入	96,000	繰　越　商　品	96,000
〃	繰　越　商　品	100,800	仕　　　入	100,800
〃	棚　卸　減　耗　損	3,600	繰　越　商　品	8,460
	商　品　評　価　損	4,860		
〃	仕　　　入	4,860	商　品　評　価　損	4,860
〃	売　　　上	1,260,000	損　　　益	1,260,000
〃	損　　　益	793,660	仕　　　入	790,060
			棚　卸　減　耗　損	3,600

総勘定元帳

	繰 越 商 品		5
4/ 1 前期繰越	96,000	3/31 仕　　入	96,000
3/31 仕　　入	100,800	〃 諸　　口	8,460

	売　　　　上		18
3/31 損　　益	1,260,000	（純売上高）	1,260,000

	仕　　　　入		21
（純仕入高）	790,000	3/31 繰越商品	100,800
3/31 繰越商品	96,000	〃 損　　益	790,060
〃 商品評価損	4,860		

	棚 卸 減 耗 損		24
3/31 繰越商品	3,600	3/31 損　　益	3,600

	商 品 評 価 損		25
3/31 繰越商品	4,860	3/31 仕　　入	4,860

	損　　　　益		28
3/31 仕　　入	790,060	3/31 売　　上	1,260,000
〃 棚卸減耗損	3,600		

4

(1)	買　　掛　　金	1,300,000		仕　　入　　割　　引		13,000
				当　　座　　預　　金		1,287,000
(2)	買　　掛　　金	400,000		仕　　　　　　　入		40,000
				当　　座　　預　　金		360,000
(3)	繰　越　商　品	30,000		仕　　　　　　　入		30,000
	棚　卸　減　耗　損	250		繰　越　商　品		450
	商　品　評　価　損	200				
	仕　　　　　　　入	200		商　品　評　価　損		200
(4)	当　座　預　金	495,000		売　　掛　　金		500,000
	売　上　割　引	5,000				

第9回　未着品売買・委託販売・受託販売

1

(1)	当　座　預　金	580,000	売　　　　　上	800,000
	手　形　売　却　損	20,000		
	売　　掛　　金	200,000		
(2)	未　　着　　品	800,000	支　払　手　形	600,000
			買　　掛　　金	200,000
(3)	積　　送　　品	500,000	仕　　　　　入	500,000
(4)	受　託　販　売	10,000	当　座　預　金	10,000
(5)	売　　掛　　金	800,000	受　託　販　売	800,000

2

(1)	未　　着　　品	900,000	支　払　手　形	700,000
			買　　掛　　金	200,000
(2)	仕　　　　　入	906,000	未　　着　　品	900,000
			現　　　　　金	6,000

(3)	未着品	500,000		支払手形	400,000		
				買掛金	100,000		
(4)	当座預金	830,000		未着品売上	830,000		
	仕入	500,000		未着品	500,000		

3 (1) 積送品 444,000 / 仕入 420,000
　　　　　　　　　　　　　現金 24,000

(2)① 当座預金 421,000 / 積送品売上 421,000
　　　仕入 333,000 / 積送品 333,000
　② 当座預金 421,000 / 積送品売上 450,000
　　　保管料 6,500
　　　支払手数料 22,500
　　　仕入 333,000 / 積送品 333,000

(3)① 仕入 111,000 / 積送品 111,000
　　　繰越商品 111,000 / 仕入 111,000
　　　積送品売上 421,000 / 損益 421,000
　　　損益 333,000 / 仕入 333,000
　② 仕入 111,000 / 積送品 111,000
　　　繰越商品 111,000 / 仕入 111,000
　　　積送品売上 450,000 / 損益 450,000
　　　損益 362,000 / 仕入 333,000
　　　　　　　　　　　　　支払手数料 6,500
　　　　　　　　　　　　　保管料 22,500

4 (1) 受取手形 980,000 / 未着品売上 980,000
　　　仕入 650,000 / 未着品 650,000
(2) 積送品 4,612,000 / 仕入 4,500,000
　　　　　　　　　　　　　当座預金 112,000
(3) 現金 690,000 / 受託販売 920,000
　　　売掛金 690,000 / 売上 460,000
(4) 委託販売 48,000 / 積送品売上 48,000
　　　仕入 40,000 / 積送品 40,000
(5) 積送品 508,000 / 仕入 500,000
　　　　　　　　　　　　　現金 8,000
　　　当座預金 496,000 / 前受金 500,000
　　　手形売却損 4,000
(6) 仕入 1,030,000 / 未着品 1,000,000
　　　　　　　　　　　　　現金 30,000
(7) 仕入 2,494,000 / 委託買付 2,494,000
(8) 売掛金 960,000 / 受託販売 816,000
　　　　　　　　　　　　　受取手数料 144,000

第10回 割賦販売・試用販売・予約販売

1

a	b	c	d	e	f	g	h	i	j	k	l
ロ	イ	ニ	ニ	ル	ト	ト	ヘ	チ	ヌ	チ	リ

2

[販売基準]
(1) 現　　　　　金　　96,000　　　割　賦　売　上　　960,000
　　 売　　掛　　金　 864,000
(2) 仕訳なし

[回収基準]
(1) 現　　　　　金　　96,000　　　割　賦　売　上　　96,000
　　 割　賦　売　掛　金　864,000　割　賦　仮　売　上　864,000
(2) 繰　越　商　品　320,000　　　仕　　　　　入　　320,000

3

[対照勘定を用いる方法]
(1) 試　用　販　売　売　掛　金　225,000　試　用　販　売　仮　売　上　225,000
(2) 試　用　販　売　仮　売　上　75,000　　試　用　販　売　売　掛　金　75,000
(3) 売　　掛　　金　150,000　　　試　用　品　売　上　150,000
　　 試　用　販　売　仮　売　上　150,000　試　用　販　売　売　掛　金　150,000

[試用品勘定を用いる方法]
(1) 試　　用　　品　150,000　　　仕　　　　　入　　150,000
(2) 仕　　　　　入　 50,000　　　試　　用　　品　 50,000
(3) 売　　掛　　金　150,000　　　試　用　品　売　上　150,000
　　 仕　　　　　入　100,000　　　試　　用　　品　100,000

4

　　 前　　受　　金　 50,000　　　売　　　　　上　　190,000
　　 現　　　　　金　140,000

5

(1) 前　　受　　金　1,800,000　　　売　　　　　上　　4,500,000
　　 当　座　預　金　2,700,000
(2) 売　　掛　　金　 830,000　　　試　用　品　売　上　830,000
　　 仕　　　　　入　1,080,000　　試　　用　　品　1,080,000
(3) 割　賦　売　掛　金　70,000　　割　賦　仮　売　上　70,000
(4) 前　　受　　金　 760,000　　　売　　　　　上　　760,000
　　 売　　掛　　金　 560,000　　　受　　託　　販　売　558,000
　　 発　　送　　費　　3,000　　　 現　　　　　金　　5,000

6

(1) 決算整理前残高試算表（一部）

借方			貸方		
売　掛　金	(	363,000)	買　掛　金	(	410,000)
割賦販売契約	(	105,000)	貸倒引当金	(	3,000)
委　託　販　売	(	223,000)	一　般　売　上	(	1,201,000)
繰　越　商　品		220,000	未 着 品 売 上	(	80,000)
未　　着　　品	(	15,000)	積 送 品 売 上	(	431,000)
積　　送　　品	(	80,000)	割　賦　売　上	(	800,000)
仕　　　　　入	(	1,775,000)	割 賦 仮 売 上	(	105,000)

(2) 損　益　計　算　書

Ⅰ	売　上　高		(2,512,000)
Ⅱ	売　上　原　価		(1,741,500)
	売　上　総　利　益		(770,500)

（解　説）

[資料Ⅰ]　残高試算表内の勘定について

借方　売　掛　金：一般売上・未着品売上・割賦売上に対する債権。
　　　委　託　販　売：積送品売上に対する債権。
　　　繰　越　商　品：一般売上・割賦販売の期首商品原価（割賦販売は未回収分の原価相当額）。
　　　未　　着　　品：貨物代表証券に関する原価を処理。
　　　積　　送　　品：委託販売用の商品原価を処理。
　　　仕　　　　　入：当期の商品仕入れ（未着品からの受入高を含む），積送品への原価振替え，
　　　　　　　　　　　および未着品・積送品の販売時に計上された売上原価への振替額を処理。
　　　割賦販売契約，割賦仮売上ともに，割賦販売に関する対照勘定。
貸方　買　掛　金：仕入，未着品（貨物引換証）に対する債務。
　　　貸倒引当金：前期末債権に設定された貸倒見積額（前期発生掛代金の期中貸倒処理含む）
　　　一　般　売　上：特殊な販売形態以外（通常の販売形態）の売上高。
　　　未着品売上：貨物引換証の転売による売上高。
　　　積送品売上：委託販売による売上高。
　　　割　賦　売　上：代金の分割払いによる売上高（収益計上は，回収基準による）。

[資料Ⅱ]　取引の処理

1.	(借)	未　　着　　品	50,000	(貸)	買　　掛　　金	50,000	
2.	(借)	売　　掛　　金	40,000	(貸)	未 着 品 売 上	40,000	
	(借)	仕　　　　　入	25,000	(貸)	未　　着　　品	25,000	
3.	(借)	仕　　　　　入	180,000	(貸)	未　　着　　品	30,000	
					買　　掛　　金	150,000	
	(借)	買　　掛　　金	240,000	(貸)	現　　　　　金	240,000	
4.	(借)	売　　掛　　金	280,000	(貸)	一　般　売　上	280,000	
	(借)	現　　　　　金	300,000	(貸)	売　　掛　　金	300,000	
5.	(借)	積　　送　　品	150,000	(貸)	仕　　　　　入	150,000	
6.	(借)	委　託　販　売	183,000	(貸)	積 送 品 売 上	183,000	

（借）仕 入	160,000	（貸）積 送 品	160,000
（借）当 座 預 金	140,000	（貸）委 託 販 売	140,000

　　　　※　当座振替による送金と仮定

7．（借）割 賦 販 売 契 約　　300,000　　（貸）割 賦 仮 売 上　　300,000
　　（借）現　　　　　　金　　220,000　　（貸）割 賦 売 上　　　220,000
　　（借）割 賦 仮 売 上　　　220,000　　（貸）割 賦 販 売 契 約　220,000

8．（借）貸 倒 引 当 金　　　　7,000　　（貸）売　　掛　　　金　　 7,000

［資料Ⅲ］　決算整理仕訳
　　（借）仕　　　　　　入　　220,000　　（貸）繰 越 商 品　　　220,000
　　（借）繰 越 商 品　　　　253,500　　（貸）仕　　　　　入　　253,500
　　売上原価調整のための期末商品原価の計上
　　　＝手許商品¥180,000＋割賦販売期末未回収原価¥73,500＝¥253,500
　　　※　割賦販売期末未回収原価＝割賦仮売上期末残高（¥25,000＋¥300,000－¥220,000）×原価率70％
　　　　＝¥73,500

［損益計算書］：決算整理前残高試算表＋資料Ⅱ（取引の処理）＋資料Ⅲ（決算整理仕訳）により計上
　　売　上　高＝一般売上¥1,201,000＋未着品売上¥80,000＋積送品売上¥431,000
　　　　　　　＋割賦売上¥800,000＝¥2,512,000
　　売 上 原 価＝決算整理前残高試算表¥1,775,000＋¥220,000－¥253,500（決算整理仕訳）
　　　　　　　＝¥1,741,500
　　売上総利益＝売上高¥2,512,000－売上原価¥1,741,500＝¥770,500

第11回　有形固定資産の減価償却・売却・除却・廃棄

[受験上の注意]
　平成19年4月1日以後に取得した固定資産について，新しい減価償却制度が税法によって適用されるが，次の点に留意すること。
1．現状では，固定資産のうち大部分が平成19年3月31日以前に取得されたものなので，要点整理①で示した従来の計算方法が適用されることになる。
2．この場合，検定試験で「旧定額法」など「旧」をつけるか，従来通り「定額法」とするか，現時点では不明であるが，①残存価額の条件があれば，要点整理①で示した従来の計算方法が適用され，②期中取得のように平成19年4月1日以後に取得して，要点整理②で示した，新しい計算方法が適用されるのか，出題の条件で判断して解答する必要がある。
3．定率法で，新しい「定率法」の第1段階の計算式は，「（旧）定率法」と同じである。償却率が違うのである。新旧いずれの資産の償却にも，示された償却率を用いて計算すればよい。
4．新しい「定率法」で第2段階の減価償却費の計算が必要になるのは，耐用年数の6割以上を経過した後である。「保証率」や「改定償却率」の条件がなければ，第2段階の計算をする必要に達していないものとして，第1段階の減価償却費の計算で十分である。

1

(1)	¥ 90,000	(2)	¥ 441,000	(3)	¥ 630,000	(4)	¥ 1,125,000	(5)	¥ 400,000

（解 説）

(3) 減価償却費：$(¥10,000,000 - ¥1,000,000) \times \dfrac{35,000 \text{トン}}{500,000 \text{トン}} = ¥630,000$

(4) 減価償却費：$(¥30,000,000 - ¥3,000,000) \div 20年 \times \dfrac{10か月}{12か月} = ¥1,125,000$

(5) 減価償却費：$¥6,000,000 \times 0.2 \times \dfrac{4か月}{12か月} = ¥400,000$

2

現　　　　　金	1,000,000	車　　　　　両	2,500,000
車両減価償却累計額	1,350,000		
固定資産売却損	150,000		

総 勘 定 元 帳

現　　金		1		車　　両		10
4/1 車　両	1,000,000		4/1 前期繰越	2,500,000	4/1 諸　口	2,500,000

車両減価償却累計額		21		固定資産売却損		28
4/1 車　両	1,350,000	4/1 前期繰越	(1,350,000)	4/1 車　両	150,000	

（解 説）

車両減価償却累計額：$(¥2,500,000 - ¥250,000) \div 5年 \times 3年 = ¥1,350,000$

3

(1)	減　価　償　却　費	640,000	車両減価償却累計額	640,000
(2)	減　価　償　却　費	2,824,000	建物減価償却累計額	1,800,000
			機械減価償却累計額	1,024,000
(3)	減　価　償　却　費	1,186,450	建物減価償却累計額	1,150,000
			備品減価償却累計額	36,450
(4)	備　　　　　品	4,880,000	当　座　預　金	4,880,000

（解 説）

(3) 旧建物の減価償却費＝$(¥30,000,000 - ¥3,000,000) \div 30年 = ¥900,000$

新建物の減価償却費＝$¥9,000,000 \div 30年 \times \dfrac{10か月}{12か月} = ¥250,000$

4

(1)	備品減価償却累計額	504,000	備　　　　　品	700,000
	固定資産除却損	196,000		
(2)	機械減価償却累計額	1,458,000	機　　　　　械	1,800,000
	貯　　蔵　　品	250,000		
	固定資産除却損	92,000		
(3)	車　　　　　両	2,700,000	車　　　　　両	2,300,000
	車両減価償却累計額	2,070,000	未　　払　　金	2,500,000
	固定資産売却損	30,000		

（解 説）

(3) 下取車の帳簿価額（$¥2,300,000 - ¥2,070,000$）＜下取り価額$¥200,000$となっているため，その差額$¥30,000$が固定資産売却損となる。

5

(1)	¥ 72,000	(2)	¥ 80,000	(3)	¥ 130,851	(4)	¥ 150,000

(解　説)
(1) (旧)定額法……$\frac{¥800,000-¥80,000}{10}=¥72,000$
(2) (新)定額法……$\frac{¥800,000}{10}=¥80,000$
(3) (旧)定率法……¥800,000×0.206＝¥164,800（第１年度末）
　　　　　　　　　（¥800,000－¥164,800）×0.206＝¥130,851（円未満切り捨て）（第２年度末）
(4) (新)定率法……¥800,000×0.250＝¥200,000（第１年度末）
　　　　　　　　　（¥800,000－¥200,000）×0.250＝¥150,000（第２年度末）

6

| (1) | ¥ 300,000 | (2) | ¥ 53,393 | (3) | ¥ 53,500 |

(解　説)
(1) ¥1,200,000×0.250＝¥300,000
(2) 調整前償却額……（¥1,200,000－¥986,425）×0.250＝¥53,393（円未満切り捨て）
　　償却保証額……¥1,200,000×0.04448＝¥53,376
　　調整前償却額が償却保証額以上なので，調整前償却額¥53,393が減価償却額となる。
(3) 調整前償却額……｛¥1,200,000－（¥986,425＋¥53,393）｝×0.250＝¥40,045
　　　　　　　　　　　　　　　　　　　　　　　　　　　　　　　　（円未満切り捨て）
　　償却保証額……¥1,200,000×0.04448＝¥53,376
　　調整前償却額が償却保証額に満たないので，第８期以降の減価償却額は，次の算式による。
　　　改定取得価額（第８期首未償却残高）×改定償却率
　　　第８期末減価償却額……｛¥1,200,000－（¥986,425＋¥53,393）｝×0.334＝¥53,500
　　　　　　　　　　　　　　　　　　　　　　　　　　　　　　　　　　　　（円未満切り捨て）

7

(1)	未　収　金　　　　　1,200,000	備　　　　　品	5,000,000
	備品減価償却累計額　3,009,195		
	固定資産売却損　　　　790,805		
(2)	建　　　　　物　　　27,081,000	当　座　預　金	3,081,000
		建　設　仮　勘　定	22,000,000
		未　払　金	2,000,000
(3)	機械減価償却累計額　　　54,000	機　　　　　械	600,000
	減　価　償　却　費　　　18,000		
	未　収　金　　　　　　500,000		
	固定資産売却損　　　　 28,000		
(4)	備品減価償却累計額　　112,500	備　　　　　品	200,000
	減　価　償　却　費　　 22,500		
	貯　蔵　品　　　　　　 25,000		
	固定資産除却損　　　　 40,000		
(5)	車　両　運　搬　具　 3,600,000	車　両　運　搬　具	3,000,000
	車両運搬具減価償却累計額　2,295,000	未　払　金	3,400,000
	減　価　償　却　費　　225,000		
	固定資産売却損　　　　280,000		

（解　説）
(3) 前期までの減価償却累計額：¥600,000×0.9÷20年×2年＝¥54,000
　　期首から売却時までの減価償却費：¥600,000×0.9÷20年×8か月÷12か月＝¥18,000
　　固定資産売却損：（¥600,000－¥54,000－¥18,000）－¥500,000＝¥28,000
(4) 転用可能な備品は評価額で貯蔵品勘定へ振り替える。

H9.2.1～H14.1.31の減価償却累計額：$\dfrac{¥200,000-¥20,000}{8（年）}×5（年）＝¥112,500$

　　当期分の減価償却費：H14.2.1～H15.1.31の1年分
　　固定資産除却損の計算：¥200,000－（¥112,500＋¥22,500）－¥25,000＝¥40,000

第12回　無形固定資産・投資・長期前払費用

1
		借方		貸方	
(1)	特許権	5,000,000	当座預金		5,000,000
(2)	諸資産	10,000,000	諸負債		5,000,000
	のれん	2,000,000	当座預金		7,000,000
(3)	満期保有目的債券（投資有価証券）	3,920,000	当座預金		3,920,000

2
		借方		貸方	
(1)	意匠権償却	90,000	意匠権		90,000
(2)	特許権償却	300,000	特許権		300,000
(3)	満期保有目的債券（投資有価証券）	5,781,000	当座預金		5,811,000
	有価証券利息	30,000			
(4)	のれん償却	330,000	のれん		330,000
(5)	満期保有目的債券（投資有価証券）	200,000	有価証券利息		200,000

3

貸借対照表

帯広商店　　　　　　　平成×年4月1日

資　産	金　額		負債・純資産	金　額
現　金		（ 680,000）	支払手形	（ 890,000）
当座預金		（2,134,000）	買掛金	（1,172,000）
受取手形	（ 750,000）		借入金	（1,600,000）
売掛金	（ 540,000）		資本金	（8,000,000）
貸倒引当金	（ 75,000）	（1,215,000）		
商　品		（3,640,000）		
備　品	（3,600,000）			
減価償却累計額	（ 207,000）	（3,393,000）		
（のれん）		（ 600,000）		
		（11,662,000）		（11,662,000）

第13回　商品（製品）保証引当金・修繕引当金・退職給付引当金

1
(1) 商品保証引当金繰入　80,000　／　商品保証引当金　80,000
(2) 退職給付費用　5,000,000　／　退職給付引当金　5,000,000
(3) 修繕引当金繰入　1,000,000　／　修繕引当金　1,000,000

2
(1) 商品保証引当金繰入　240,000　／　商品保証引当金　240,000
(2) 商品保証引当金　180,000　／　当座預金　180,000

3
(1) 修繕引当金繰入　1,300,000　／　修繕引当金　1,300,000
(2) 機械　2,000,000　／　当座預金　3,500,000
　　修繕引当金　1,300,000
　　修繕費　200,000

4
(1) 建物　3,000,000　／　未払金　4,500,000
　　修繕引当金　1,000,000
　　修繕費　500,000
(2) 建物　250,000　／　当座預金　400,000
　　修繕引当金　300,000　／　未払金　300,000
　　修繕費　150,000
(3) 退職給付引当金　10,050,000　／　当座預金　12,000,000
　　退職金　1,950,000
(4) 役員賞与引当金繰入　300,000　／　役員賞与引当金　300,000

第14回　株式会社の設立

1
(1) 当座預金　10,000,000　／　資本金　10,000,000
(2) 当座預金　35,000,000　／　資本金　35,000,000
(3) 創立費　500,000　／　当座預金　500,000
(4) 創立費償却　100,000　／　創立費　100,000

2
A社　￥80,000×300（株）×$\frac{1}{2}$＝￥12,000,000

B社　￥120,000×300（株）×$\frac{1}{2}$＝￥18,000,000

3
(1) 当座預金　40,000,000　／　資本金　20,000,000
　　　　　　　　　　　　　　　　資本準備金　20,000,000
(2) 当座預金　15,000,000　／　資本金　7,500,000
　　　　　　　　　　　　　　　　資本準備金　7,500,000
(3) 当座預金　21,000,000　／　資本金　10,500,000
　　　　　　　　　　　　　　　　資本準備金　10,500,000

4
(1) 当座預金　24,000,000※1　／　資本金　12,000,000※2
　　　　　　　　　　　　　　　　　資本準備金　12,000,000
(2) 当座預金　140,000,000　／　資本金　100,000,000※3
　　　　　　　　　　　　　　　　　資本準備金　40,000,000

		創　　　立　　　費	1,500,000※4	当　座　預　金	1,500,000
(3)		創 立 費 償 却	300,000	創　　立　　費	300,000

　　　　　　　　　　　(払込金額)　(発行株式数)
　※1　¥80,000× 300(株)＝¥24,000,000
　※2　¥80,000× 300(株)×$\frac{1}{2}$＝¥12,000,000
　※3　¥50,000×2,000(株)＝¥100,000,000
　※4　株式発行その他会社設立のための諸費用は，創立費勘定に記入する。

5	(1)	当　座　預　金	80,000,000	資　　本　　金	80,000,000
		創　　立　　費	500,000	当　座　預　金	500,000
	(2)	当　座　預　金	112,500,000	資　　本　　金	56,250,000※1
				資　本　準　備　金	56,250,000
		創　　立　　費	250,000	当　座　預　金	250,000

　※1　¥75,000×1,500(株)×$\frac{1}{2}$＝¥56,250,000

第15回　増資・合併

【出題範囲の改正】
　「減資差益」が「その他資本剰余金」に分類されることになり，「減資」が2級の出題範囲から除外されました。
　その後，「その他資本剰余金」は簡単なものが，2級の出題範囲とされました。「その他資本剰余金」が，「純資産」のなかで，どの区分に分類されるかは理解しておきましょう。
〈本書の対応〉　減資の単元を削除しました。

1	(1)	資本準備金	(2)	株式交付費	(3)	資本準備金
2	(1)	¥25,000,000	(2)	¥22,500,000		

3		当　座　預　金	24,000,000	(別　段　預　金)	24,000,000
		(株式申込証拠金)	(24,000,000)	資　　本　　金	(12,000,000)
				(資　本　準　備　金)	(12,000,000)

4	(1)	¥6,000,000	(2)	¥500,000	(3)	¥3,250,000	(4)	¥3,250,000

5	(1)	当　座　預　金	63,000,000	資　　本　　金	31,500,000※1
				資　本　準　備　金	31,500,000
		株　式　交　付　費	600,000※2	当　座　預　金	600,000
	(2)	当　座　預　金	22,000,000	資　　本　　金	11,000,000
				資　本　準　備　金	11,000,000
	(3)	当　座　預　金	80,000,000	資　　本　　金	60,000,000※3
				資　本　準　備　金	20,000,000
		株　式　交　付　費	3,000,000	当　座　預　金	3,000,000

　※1　払込金額の2分の1を資本金に組み入れればよい。

　　　　¥90,000×700(株)×$\frac{1}{2}$＝¥31,500,000

　※2　会社設立のさいの株式発行費用は創立費に含まれるが，新株の発行費用は株式交付費勘定で処理する。

※3　資本金への組入額は，次のとおり。
　　¥60,000×1,000(株) ＝ ¥60,000,000

6 (1) 別　段　預　金　160,000,000　　株式申込証拠金　160,000,000※1
　　(2) 当　座　預　金　160,000,000　　別　段　預　金　160,000,000
　　　　株式申込証拠金　160,000,000※2　資　本　金　　　80,000,000※3
　　　　　　　　　　　　　　　　　　　　資　本　準　備　金　80,000,000

※1　株式を募集して，申込証拠金を受け入れたときは，株式申込証拠金勘定の貸方に記入する。
※2　申込証拠金は払込金に充てられるので，払込期日に資本金勘定，資本準備金勘定に振り替える。
※3　¥80,000×$\frac{1}{2}$×2,000(株) ＝ ¥80,000,000

7 (1) 開　　業　　費　　200,000※1　　現　　　　　　金　　200,000
　　(2) 開　業　費　償　却　300,000※2　　開　　業　　費　　300,000

※1　開業準備のための諸費用であるから，開業費とする。
※2　開業費は，支出後5年以内に毎決算期に均等額以上の償却をする。本問は均等償却である。
　　　¥1,500,000÷5(年) ＝ ¥300,000

8　諸　　資　　産　　60,000,000　　諸　　負　　債　　20,000,000
　　　の　　れ　　ん　　　5,000,000※1　資　　本　　金　　22,500,000
　　　　　　　　　　　　　　　　　　　　資　本　準　備　金　22,500,000※2
　　　　(交付した株式の金額)　　　　(引継いだ純資産額)　　　　(のれん)
※1　¥75,000×600(株) －（¥60,000,000 － ¥20,000,000）＝ ¥5,000,000
※2　（¥75,000 － ¥37,500）×600(株) ＝ ¥22,500,000

9 (1) 株式申込証拠金　40,000,000　　資　　本　　金　　20,000,000
　　　　　　　　　　　　　　　　　　　　資　本　準　備　金　20,000,000
　　　　当　座　預　金　40,000,000　　別　段　預　金　　40,000,000
　　(2) 当　座　預　金　160,000,000　　資　　本　　金　　80,000,000
　　　　　　　　　　　　　　　　　　　　資　本　準　備　金　80,000,000
　　　　株　式　交　付　費　1,850,000　　当　座　預　金　　1,850,000
　　　　(払込金額)(発行株式数)
　　※　¥80,000×500(株)×$\frac{1}{2}$ ＝ ¥20,000,000

10 (1) 当　座　預　金　3,600,000　　資　　本　　金　　3,600,000※1
　　(2) 株式申込証拠金　54,000,000　　資　　本　　金　　27,000,000
　　　　　　　　　　　　　　　　　　　　資　本　準　備　金　27,000,000
　　　　当　座　預　金　54,000,000　　別　段　預　金　　54,000,000
　　(3) 株式申込証拠金　36,000,000※2　資　　本　　金　　18,000,000
　　　　　　　　　　　　　　　　　　　　資　本　準　備　金　18,000,000
　　　　当　座　預　金　36,000,000　　別　段　預　金　　36,000,000

(4) 諸　　資　　産　　126,000,000　　諸　　負　　債　　70,000,000
　　のれん　　4,000,000※3　　資　　本　　金　　30,000,000
　　　　　　　　　　　　　　　　資　本　準　備　金　　30,000,000※4

　　　　　　（払込金額）（発行株式数）
※1　¥120,000×30(株)＝¥3,600,000
※2　株式募集の証拠金を受け入れたとき，株式申込証拠金勘定の貸方に記入されているから，資本金勘定などに振り替えたら借方に記入する。
　　　　　（交付した株式の金額）　　　　　（引継いだ純資産額）　　　（のれん）
※3　¥60,000×1,000(株)－(¥126,000,000－¥70,000,000)＝¥4,000,000
※4　(¥60,000－¥30,000)×1,000(株)＝¥30,000,000

第16回　純損益の計上と繰越利益剰余金

1 (1)　損　　　　　益　　1,500,000　　繰越利益剰余金　　1,500,000
　　(2)　繰越利益剰余金　　1,500,000　　損　　　　　益　　1,500,000

2　　繰越利益剰余金　　2,410,000　　利　益　準　備　金　　210,000
　　　　　　　　　　　　　　　　　　　　未　払　配　当　金　　2,100,000
　　　　　　　　　　　　　　　　　　　　別　途　積　立　金　　100,000

3　A社　¥200,000　　B社　¥210,000

　A社　ア．株主配当金の10分の1　$¥2,500,000×\frac{1}{10}=¥250,000$

　　　　イ．資本金の4分の1に達する金額　$¥20,000,000×\frac{1}{4}-(¥2,000,000+¥2,800,000)=¥200,000$

　　　　ア・イの少ないほうの金額　¥200,000

　B社　ア．株主配当金の10分の1　$¥2,100,000×\frac{1}{10}=¥210,000$

　　　　イ．資本金の4分の1に達する金額　$¥10,000,000×\frac{1}{4}-(¥1,000,000+¥1,250,000)=¥250,000$

　　　　ア・イの少ないほうの金額　¥210,000

4 (1)　損　　　　　益　　2,000,000　　繰越利益剰余金　　2,000,000※1
　　(2)　繰越利益剰余金　　2,180,000　　利　益　準　備　金　　180,000※2
　　　　　　　　　　　　　　　　　　　　未　払　配　当　金　　1,800,000
　　　　　　　　　　　　　　　　　　　　別　途　積　立　金　　200,000
　　(3)　未　払　配　当　金　　1,800,000※3　　当　座　預　金　　1,800,000
　　(4)　繰越利益剰余金　　650,000※4　　損　　　　　益　　650,000

※1　当期純利益を繰越利益剰余金へ振り替える。
　　　　　　（株主配当金）
※2　¥1,800,000×0.1＝¥180,000　…………ア
　　　（資　本　金）　　　　　（利益準備金）　（資本準備金）
　　　$¥10,000,000×\frac{1}{4}-(¥1,200,000+¥600,000)=¥700,000$…………イ
　　　ア，イのうち少ないほうの金額　¥180,000

※3　配当金を支払えば，未払配当金勘定（負債）が減少するから，借方に記入する。

※4　当期純損失（損益勘定の借方残高）を繰越利益剰余金の借方へ振り替える。

5　(1)　繰 越 利 益 剰 余 金　　2,750,000　　　損　　　　　　益　　2,750,000
　　(2)　別 途 積 立 金　　1,500,000　　　繰 越 利 益 剰 余 金　　1,500,000

6　(1)　繰 越 利 益 剰 余 金　　1,820,000※1　利 益 準 備 金　　　120,000※3
　　　　　　　　　　　　　　　　　　　　　　　　未 払 配 当 金　　1,200,000※2
　　　　　　　　　　　　　　　　　　　　　　　　別 途 積 立 金　　　500,000
　　(2)　繰 越 利 益 剰 余 金　　　400,000　　　利 益 準 備 金　　　400,000※4
　　(3)　繰 越 利 益 剰 余 金　　1,670,000　　　利 益 準 備 金　　　120,000
　　　　　　　　　　　　　　　　　　　　　　　　未 払 配 当 金　　1,200,000
　　　　　　　　　　　　　　　　　　　　　　　　別 途 積 立 金　　　350,000
　　(4)　別 途 積 立 金　　1,000,000※5　繰 越 利 益 剰 余 金　　1,000,000

※1　処分額について仕訳する。
※2　¥60×20,000（株）=¥1,200,000
　　　（株主配当金）
※3　¥1,200,000×0.1=¥120,000 ……………………………ア
　　　（株主配当金）
　　　（資本金）　　　　　　（利益準備金）　（資本準備金）
　　　¥10,000,000×$\frac{1}{4}$-（¥500,000+¥1,500,000）=¥500,000 …………イ
　　　アとイのうち少ないほうの金額　¥120,000

※4　¥6,000,000×0.1=¥600,000 ……………………………ア
　　　（株主配当金）
　　　（資本金）　　　　　　（利益準備金）　（資本準備金）
　　　¥20,000,000×$\frac{1}{4}$-（¥3,100,000+¥1,500,000）=¥400,000 ………イ
　　　アとイのうち少ないほうの金額　¥400,000

※5　前期から繰り越された純損失は，繰越利益剰余金の借方残高になっている。このうち，¥1,000,000をてん補して貸方。別途積立金は純資産（資本）勘定で貸方残高であるから，取り崩すと減少するため，借方記入となる。

7　(1)　役員賞与引当金繰入　　280,000　　　役員賞与引当金　　280,000
　　(2)　役員賞与引当金　　280,000　　　未払役員賞与金　　280,000
　　(3)　役　員　賞　与　金　　340,000　　　未払役員賞与金　　340,000

第17回　社債の発行・利払い

1　(1)　当　座　預　金　　19,800,000　　　社　　　　　　債　　19,800,000※
　　　※　社債を発行したときは，払込金額で社債勘定（負債）の貸方に記入する。
　　(2)　社　債　利　息　　　300,000※　当　座　預　金　　　300,000
　　　※　社債利息は，額面金額に対して計算する。
　　　　¥20,000,000×0.03×$\frac{1}{2}$=¥300,000

2　(1)　当　座　預　金　　29,400,000※1　社　　　　　　債　　29,400,000
　　(2)　社　債　利　息　　　300,000　　　当　座　預　金　　　300,000
　　(3)　当　座　預　金　　49,000,000　　　社　　　　　　債　　49,000,000
　　　　社 債 発 行 費 等　　3,000,000※2　当　座　預　金　　3,000,000

	(4)	社 債 利 息	1,000,000	当 座 預 金	1,000,000
	(5)	当 座 預 金	98,000,000	社 債	98,000,000
		社 債 発 行 費 等	6,000,000※2	当 座 預 金	6,000,000

※1　$¥30,000,000 \times \dfrac{¥98}{¥100} = ¥29,400,000$

※2　社債発行のための諸費用は，社債発行費等勘定（資産）に記入する。

3
	(1)	当 座 預 金	49,000,000	社 債	49,000,000
		社 債 発 行 費 等	1,500,000	当 座 預 金	1,500,000
	(2)	社 債 利 息	375,000	未 払 社 債 利 息	375,000※1

※1　利払日と決算日が違うときは，決算にあたり，前の利払日の翌日から決算日までの社債利息を計算し，未払社債利息を計上する（月割計算による）。

$$¥50,000,000 \times 0.03 \times \dfrac{3(月)}{12(月)} = ¥375,000$$

4
	(1)	当 座 預 金	9,820,000※1	社 債	9,820,000
	(2)	当 座 預 金	29,400,000	社 債	29,400,000
		社 債 発 行 費 等	600,000	現 金	600,000
	(3)	社 債 利 息	150,000※2	現 金	150,000
	(4)	当 座 預 金	29,550,000	社 債	29,550,000
		社 債 発 行 費 等	500,000	当 座 預 金	500,000
	(5)	社 債 利 息	750,000	当 座 預 金	750,000

※1　$¥10,000,000 \times \dfrac{¥98.20}{¥100} = ¥9,820,000$

※2　$¥10,000,000 \times 0.03 \times \dfrac{1}{2} = ¥150,000$

第18回　社債の期末評価・社債発行費等の償却・償還

1
	(1)	当 座 預 金	9,500,000	社 債	9,500,000※1
		社 債 発 行 費 等	150,000	現 金	150,000
	(2)	社 債 利 息	100,000	社 債	100,000※2
	(3)	社債発行費等償却	30,000	社 債 発 行 費 等	30,000

※1　社債の払込金額で社債（負債）の貸方に記入します。

※2　社債の割引額　$¥10,000,000 \times \dfrac{¥100 - ¥95}{¥100} = ¥500,000$

　　　$¥500,000 \div 5 = ¥100,000$

　　　社債の割引額について，償還期間5年で，毎決算期に，社債利息の借方と社債の貸方に加算します。

2
	(1)	社 債	9,850,000※1	当 座 預 金	9,700,000※2
				社 債 償 還 益	150,000
	(2)	社 債	9,850,000	当 座 預 金	9,900,000
		社 債 償 還 損	50,000		

※1　償還した社債の帳簿価額　$¥19,700,000 \times \dfrac{¥10,000,000}{¥20,000,000} = ¥9,850,000$

※2　買入価額　$¥10,000,000 \times \dfrac{¥97}{¥100} = ¥9,700,000$

3 (1) 当 座 預 金　　49,000,000　　社　　　　　債　　49,000,000
　　　　社 債 発 行 費 等　　900,000　　当 座 預 金　　900,000
　　(2) 社 債 利 息　　100,000※1　　社　　　　　債　　100,000
　　　　社債発行費等償却　　90,000※2　　社 債 発 行 費 等　　90,000

　　　　　　　　　　(発行時の割引額)　(償還期限)
　　　※1　￥1,000,000 ÷ 10(年) = ￥100,000
　　　　　￥100,000を社債利息（費用）の借方と社債（負債）の貸方へ加算する。

　　　　　　　　　(支　出　額)
　　　※2　￥900,000 ÷ 10(年) = ￥90,000
　　　　　償却期間10年で償却し，社債発行費等償却（費用）の借方と社債発行費等（資産）
　　　　　の貸方に記入する。

4 (1) 社 債 利 息　　400,000※1　　社　　　　　債　　400,000
　　　　社債発行費等償却　　120,000※2　　社 債 発 行 費 等　　120,000
　　(2) 社　　　　　債　　60,000※3　　社 債 利 息　　60,000

　　　　　　　(社債の割引額総額)　(償還期間)
　　　※1　￥2,000,000 ÷ 5(年) = ￥400,000

　　　　　　　(社債発行に要した費用)　(償還期間)
　　　※2　￥600,000 ÷ 5(年) = ￥120,000

　　　※3　社債の打歩額　￥30,000,000 × $\frac{￥102 - ￥100}{￥100}$ = ￥600,000
　　　　　￥600,000 ÷ 10 = ￥60,000
　　　　　￥60,000を社債の借方と社債利息の貸方に記入して減算する。

5 (1) 社 債 利 息　　250,000※1　　当 座 預 金　　250,000
　　(2) 社 債 利 息　　60,000※2　　社　　　　　債　　60,000
　　　　社債発行費等償却　　90,000※3　　社 債 発 行 費 等　　90,000
　　　　社 債 利 息　　50,000※4　　未 払 社 債 利 息　　50,000
　　(3) 社　　　　　債　　9,910,000※5　　当 座 預 金　　9,900,000※6
　　　　　　　　　　　　　　　　　　　　　社 債 償 還 益　　10,000
　　(4) 社 債 利 息　　30,000※7　　社　　　　　債　　30,000
　　　　社　　　　　債　　10,000,000※8　　当 座 預 金　　10,025,000
　　　　社 債 利 息　　25,000※9

　　　※1　￥20,000,000 × 0.03 × $\frac{5(月)}{12(月)}$ = ￥250,000

　　　※2　￥20,000,000 × $\frac{￥100 - ￥98.50}{￥100}$ = ￥300,000（割引額）
　　　　　￥300,000 ÷ 5 = ￥60,000（1年間の評価替額）

　　　※3　￥450,000 ÷ 5 = ￥90,000

　　　※4　￥20,000,000 × 0.03 × $\frac{1月}{12月}$ = ￥50,000

　　　※5　買入社債の帳簿価額　￥10,000,000 × $\frac{￥98.50}{￥100}$ + ￥60,000
　　　　　　　　　　　　　　× $\frac{￥10,000,000}{￥20,000,000}$ × 2 = ￥9,910,000

　　　※6　買入価額　￥10,000,000 × $\frac{￥99}{￥100}$ = ￥9,900,000

　　　※7　￥60,000 × $\frac{￥10,000,000}{￥20,000,000}$ = ￥30,000（※2の半額）

※8 社債の評価替により，社債勘定の残高は額面と等しくなる。

※9 $¥10,000,000 \times 0.03 \times \dfrac{1月}{12月} = ¥25,000$

6　社　　　　　債　　38,880,000 ※2　　当　座　預　金　　39,200,000 ※1
　　社　債　償　還　損　　　　320,000

※1　$¥40,000,000 \times \dfrac{¥98}{¥100} = ¥39,200,000$

※2　発行時の割引額……$¥100,000,000 \times \dfrac{¥100 - ¥93}{¥100} = ¥7,000,000$

償還した社債の帳簿価額（3年経過）……$(¥100,000,000 \times \dfrac{¥93}{¥100} + ¥7,000,000 \times \dfrac{3}{5}) \times \dfrac{¥40,000,000}{¥100,000,000} = ¥38,880,000$

第19回　株式会社の税金

1　(1)　(仮 払 法 人 税)　　260,000　　現　　　　　　　金　　260,000
　(2)　(法　　人　　税)　　630,000　　(仮 払 法 人 税)　　260,000
　　　　　　　　　　　　　　　　　　　　(未 払 法 人 税)　　370,000
　(3)　(未 払 法 人 税)　　370,000　　現　　　　　　　金　　370,000

2　(1)　仕　　　　　　入　　 10,000　　現　　　　　　　金　　 10,500
　　　　(仮 払 消 費 税)　　　 500
　(2)　現　　　　　　　金　　 3,150　　売　　　　　　　上　　 3,000
　　　　　　　　　　　　　　　　　　　　(仮 受 消 費 税)　　　 150
　(3)　(仮 受 消 費 税)　　860,000　　(仮 払 消 費 税)　　800,000
　　　　　　　　　　　　　　　　　　　　(未 払 消 費 税)　　 60,000

3　(1)　仮 払 法 人 税 等　　3,600,000 ※1　　当　座　預　金　　3,600,000
　(2)　法　人　税　等　　6,850,000　　仮 払 法 人 税 等　　3,600,000
　　　　　　　　　　　　　　　　　　　　未 払 法 人 税 等　　3,250,000 ※2
　(3)　未 払 法 人 税 等　　3,250,000　　当　座　預　金　　3,250,000

※1　法人税と住民税・事業税を合わせて処理する場合は，仮払法人税等とする。「等」で法人税以外の税金が含まれていることを表している。

※2　当期の法人税と住民税・事業税から，中間申告による納付額を差し引くと未納額が算出できるから，未払法人税等勘定で示す。

4　(1)　仕　　　　　　入　　200,000　　買　　掛　　　金　　210,000
　　　　仮　払　消　費　税　　 10,000 ※1
　(2)　現　　　　　　　金　　 52,500　　売　　　　　　　上　　 50,000
　　　　　　　　　　　　　　　　　　　　仮　受　消　費　税　　 2,500 ※2
　(3)　仮　受　消　費　税　　8,880,000 ※3　　仮　払　消　費　税　　8,300,000 ※3
　　　　　　　　　　　　　　　　　　　　現　　　　　　　金　　580,000 ※4

※1　仕入のさいに支払った消費税は，仮払消費税勘定に記入する。
※2　売上のさいに受け取った消費税は，預りとして仮受消費税勘定に記入する。

※3 仮受消費税と仮払消費税の差額を消費税として支払うので，支払ったときに両勘定を相殺する。

※4 　¥8,880,000 － ¥8,300,000 ＝ ¥580,000
　　　（仮受消費税）　（仮払消費税）

5		仮 払 法 人 税 等	295,000	現　　　　　　金	295,000
6	(1)	租 　税 　公 　課	125,500	未 払 消 費 税	125,500
	(2)	法 　人 　税 　等	8,200,000	仮 払 法 人 税 等	3,680,000
				未 払 法 人 税 等	4,520,000
	(3)	法 　人 　税 　等	4,400,000	仮 払 法 人 税 等	2,400,000
				未 払 法 人 税 等	2,000,000
	(4)	法 　人 　税 　等	5,600,000	仮 　　払 　　金	2,500,000※
				未 払 法 人 税 等	3,100,000
	(5)イ	仮 払 法 人 税 等	1,200,000	当 　座 　預 　金	1,200,000
	ロ	法 　人 　税 　等	2,800,000	仮 払 法 人 税 等	1,200,000
				未 払 法 人 税 等	1,600,000

※ 中間申告分を支払ったとき，仮払金勘定で処理することもある。
　本問は"仮払金で処理している"と示しているから仮払法人税等は用いないこと。

第20回　本支店間・支店間取引

		支　　　　　店	200,000	現　　　　　　金	200,000
	(支店)	現　　　　　　金	200,000	本　　　　　店	200,000
(2)	(本店)	支　　　　　店	50,000	売 　掛 　　金	50,000
	(支店)	現　　　　　　金	50,000	本　　　　　店	50,000
(3)	(本店)	支　　　　　店	30,000	当 　座 　預 　金	30,000
	(支店)	買 　掛 　　金	30,000	本　　　　　店	30,000
(4)	(本店)	支　　　　　店	10,000	現　　　　　　金	10,000
	(支店)	営 　業 　　費	10,000	本　　　　　店	10,000
(5)	(本店)	支　　　　　店	1,000,000	損　　　　　　益	1,000,000
	(支店)	損　　　　　　益	1,000,000	本　　　　　店	1,000,000

2 (1) (下関支店)
　　　本　　　　　店　　350,000　　　現　　　　　金　　350,000
　　(岩国支店)
　　　現　　　　　金　　350,000　　　本　　　　　店　　350,000
　　(本　店)
　　　岩　国　支　店　　350,000　　　下　関　支　店　　350,000
(2) (徳山支店)
　　　現　　　　　金　　100,000　　　本　　　　　店　　100,000
　　(長門支店)
　　　本　　　　　店　　100,000　　　売　　掛　　金　　100,000
　　(本　店)
　　　徳　山　支　店　　100,000　　　長　門　支　店　　100,000

3 (1) 支　　　　　店　　150,000　　　仕　　　　　入　　150,000 ※1
(2) 広　　告　　料　　 50,000　　　本　　　　　店　　 50,000 ※2
(3) 支　払　手　形　　250,000　　　本　　　　　店　　250,000 ※3
(4) 本　　　　　店　　680,000 ※4　損　　　　　益　　680,000

　　※1　原価で支店に送付したため，仕入れた商品が減少するから，仕入勘定を減少させる。
　　※2　支店は，広告料を本店に立て替えてもらったので，本店に対する債務が発生する。
　　※3　支店は，手形債務が消滅するかわりに，本店に対する債務が生じる。
　　※4　支店は，純損失を生じたら，本店勘定に振り替える。支店の本店勘定は資本金勘定
　　　　と同じ役割をしている。支店が純損失を生じたということは，本店の支店に対する出
　　　　資額が減少したものと考えればよい。

4 (1) 本　　　　　店　　 85,000 ※1　当　座　預　金　　 85,000
(2) 本　　　　　店　　200,000 ※2　売　　　　　上　　300,000
　　売　　掛　　金　　100,000
(3) 現　　　　　金　　250,000　　　本　　　　　店　　250,000
(4) 宝　塚　支　店　　 10,000　　　奈　良　支　店　　 10,000
(5) 水　戸　支　店　　100,000　　　横　浜　支　店　　100,000

　　※1　豊中支店は，本店の買掛金を本店に代わって支払ったと考える。本店に対する債権
　　　　が生じる。
　　※2　他の支店が振り出した手形を受け取ったときは，受取手形としないで，本店に対す
　　　　る債権の発生として，本店勘定の借方に記入する。

(参　考)
(2) 倉敷支店の仕訳
　　　支　払　手　形　　200,000　　　本　　　　　店　　200,000

第21回　未達事項の整理，内部利益の控除

1 (1) a 未　達　商　品　　110,000　　　本　　　　　店　　110,000
　　　b 支　　　　　店　　 30,000　　　売　　掛　　金　　 30,000
　　　c 広　　告　　料　　 20,000　　　本　　　　　店　　 20,000

(2) 本店勘定と支店勘定の一致額　￥930,000

2

売　上　高	仕　入　高	期末棚卸高	売　上　原　価
￥3,700,000	￥2,650,000	￥233,000	￥2,577,000

3 (1) a　未　達　商　品　400,000※1　　本　　　　店　400,000※1
　　　b　未　達　現　金　250,000※2　　支　　　　店　250,000※2
　　　c　本　　　　　店　500,000※3　　売　掛　金　500,000
　　　d　営　　業　　費　100,000　　　　支　　　　店　100,000※4

(2) 本店勘定と支店勘定の一致額　￥3,700,000　※5

※1　支店では，本店から商品を送られたので　商品代金が借りとなるから，本店勘定の貸方に記入する。実際は，まだ到着していないので，未達商品とする。

※2　本店では，支店から現金を受け入れたので，支店に対して借りとなるから，支店勘定の貸方に記入する。実際は，まだ到着していないので，未達現金とする。

※3　本店が支店が受け取る売掛金を代わりに回収したので，本店に請求できる（貸しとなる）ので本店勘定の借方に記入する。

※4　支店が本店で支払う営業費を代わりに支払ってくれたので，支店に借りとなるから支店勘定の貸方に記入する。

※5　支店勘定借方残高
　　　￥4,050,000－b￥250,000－d￥100,000＝￥3,700,000
　　本店勘定貸方残高
　　　￥3,800,000＋a￥400,000－c￥500,000＝￥3,700,000
　　　　　　　　　　　　　　　　　　　　　　　　　　　　一致する。

4

(1) 売　上　高	￥1,156,000※1	(2) 現　金　預　金	￥157,000※2
(3) 売　掛　金	￥387,000※3	(4) 営　業　費	￥49,350※4
(5) 売　上　原　価	￥1,042,000※5		

試算表のxは，次のように計算する。

「本店より仕入」：「本店より仕入」勘定は未達商品を加えれば，「支店へ売上」勘定と一致する。
　　　　　　　　したがって，「支店へ売上」から未達商品を差し引けばよい。
　　　　　￥79,000－￥11,000＝￥68,000

「本　　　店」：未達事項整理後の本店勘定と支店勘定の残高は，一致する。したがって，次のように略式口座に記入して求めればよい。

支　　店			本　　店	
166,000	b　9,000	c　23,000		x
			a	11,000
			d	2,000
借方残高　￥157,000			貸方残高	￥157,000
			x＝	￥167,000

「現金預金」：合計金額から他の借方科目の金額を差し引いて求める。

$$¥778,000 - ¥730,000 = ¥48,000$$

※1　(本　店)　(支　店)
　　$¥700,000 + ¥456,000 = ¥1,156,000$
　　「支店へ売上」は内部取引であるから加えないこと。
※2　(本　店)　(支　店)　(未達現金)
　　$¥100,000 + ¥48,000 + ¥9,000 = ¥157,000$
※3　(本　店)　(支　店)　(未達事項c)
　　$¥280,000 + ¥130,000 - ¥23,000 = ¥387,000$
※4　(本　店)　(支　店)　(未達事項d)　(減価償却費)　(貸倒引当金繰入)
　　$¥20,000 + ¥14,000 + ¥2,000 + ¥4,000 + ¥9,350 = ¥49,350$
　　　　　　　　　　　　　　　　　(本　店)　(支　店)
※5　期首棚卸高($¥120,000 + ¥80,000$)+仕入高($¥560,000 + ¥420,000$)
　　　　　　　　　　　　　　　　　(本　店)　(支　店)
　　－期末棚卸高$¥138,000^* = ¥1,042,000$
　　　　　(本　店)　(支　店)　(未達商品)　(内部利益)
　　*　$¥85,000 + ¥46,000 + ¥11,000 - ¥4,000 = ¥138,000$
　　　　　　　　(本店より仕入分)　(未達商品)
　　　内部利益　$(¥33,000 + ¥11,000) × \dfrac{0.1}{1+0.1} = ¥4,000$

5

損　益　計　算　書

平成×年10月1日から　平成×1年9月30日まで

費　　　用	金　　額	収　　　益	金　　額
期首商品棚卸高	235,000	売　　上　　高	1,330,000
仕　　入　　高	922,000	期末商品棚卸高	229,000※1
売　上　総　利　益	402,000		
	1,559,000		1,559,000

　　　　(本　店)　(支　店)　(未達商品)　(内部利益*)
※1　$¥120,000 + ¥95,000 + ¥22,000 - ¥8,000 = ¥229,000$
　　　　　　(本店より仕入分)　(未達商品)
　*　内部利益　$(¥66,000 + ¥22,000) × \dfrac{0.1}{1+0.1} = ¥8,000$

6

(1)	期首商品棚卸高	¥　303,000※1	(2)	仕　　入　　高	¥ 1,390,000
(3)	棚　卸　減　耗　損	¥　32,200※2	(4)	期末商品棚卸高	¥　330,000※3

　　　　(本　店)　(支　店)　(内部利益*)
※1　$¥215,000 + ¥96,000 - ¥8,000 = ¥303,000$
　　　　　　　(支店の期首棚卸高のうち, 本店より仕入分)
　*　内部利益　　$¥88,000 × \dfrac{0.1}{1+0.1} = ¥8,000$
　　　　　　　(本　店)　(支　店)　　　　　　　(本　店)　(支　店)
※2　帳簿棚卸高($¥200,000 + ¥115,000$)－実地棚卸高($¥180,000 + ¥102,000$)
　　　(内部利益分)
　　－$¥800 = ¥32,200$
　　　　　　　(本　店)　(支　店)　(未達商品)　(内部利益*)
※3　期末棚卸高($¥200,000 + ¥115,000$)+$¥22,000 - ¥7,000 = ¥330,000$
　　　　　(本店より仕入分)　(未達商品)
　*　内部利益　$(¥55,000 + ¥22,000) × \dfrac{0.1}{1+0.1} = ¥7,000$

第22回 損益計算書・貸借対照表の合併

1

本支店合併損益計算書

費　　　用	金　　額	収　　　益	金　　額
期首商品棚卸高	216,000	売　　上　　高	970,000
仕　　入　　高	750,000	期末商品棚卸高	152,200
営　　業　　費	108,200		
当　期　純　利　益	48,000		
	1,122,200		1,122,200

本支店合併貸借対照表

資　　　産	金　　額	負債・純資産	金　　額
現　金　預　金	218,000	買　　掛　　金	146,200
売　　掛　　金	270,400	資　　本　　金	500,000
商　　　　品	152,200	繰越利益剰余金	158,000
備　　　　品	163,600		
	804,200		804,200

2

本支店合併損益計算書

費　　　用	金　　額	収　　　益	金　　額
期首商品棚卸高	(85,000 ※1)	売　　上　　高	(767,000)
仕　　入　　高	(615,000)	期末商品棚卸高	(174,000 ※2)
営　　業　　費	(125,000 ※3)		
当　期　純　利　益	(116,000)		
	(941,000)		(941,000)

本支店合併貸借対照表

資　　　産	金　　額		負債・純資産	金　　額
現　金　預　金		(296,500 ※4)	買　　掛　　金	(153,000 ※5)
売　　掛　　金	(150,000)		資　　本　　金	(400,000)
貸　倒　引　当　金	(6,000)	(144,000)	繰越利益剰余金	(133,500 ※6)
商　　　　品		(174,000)		
備　　　　品	(110,000)			
減価償却累計額	(38,000)	(72,000)		
		(686,500)		(686,500)

※1　内部利益　$¥27,500 \times \dfrac{0.1}{1+0.1} = ¥2,500$

　　　期首商品棚卸高　$¥50,000 + ¥37,500 - ¥2,500 = ¥85,000$

　　　（借）繰越利益剰余金　　2,500　　（貸）繰越商品　　87,500
　　　　　　仕　　入　　　85,000
　　　　　　（期首商品棚卸高）

※2　　　　　　　（本店より仕入分）（未達商品）
　　　内部利益　$(¥66,000 + ¥22,000) \times \dfrac{0.1}{1+0.1} = ¥8,000$
　　　　　　　　　　（本　店）（支　店）（未達商品）（内部利益）
　　　期末棚卸高　$¥90,000 + ¥70,000 + ¥22,000 - ¥8,000 = ¥174,000$

※3　（本　店）（支　店）（貸倒引当金繰入*）（減価償却費*）
　　　$¥70,000 + ¥35,000 + ¥2,000 + ¥18,000 = ¥125,000$

　　　　　　（本　店）　（支　店）　　　　　（貸倒引当金）
　　　＊　売掛金$(¥100,000 + ¥50,000) \times 0.04 - (¥3,000 + ¥1,000) = ¥2,000$
　　　　　　　　　（本　店）（支　店）　　　　　（本　店）（支　店）
　　　＊　{備品$(¥80,000 + ¥30,000) -$減価償却累計額$(¥15,000 + ¥5,000)} \times 0.2 = ¥18,000$

※4　（本　店）（支　店）（未達事項2）
　　　$¥159,000 + ¥127,500 + ¥10,000 = ¥296,500$

※5　（本　店）（支　店）（未達事項3）
　　　$¥35,000 + ¥124,000 - ¥6,000 = ¥153,000$

※6　（試算表）（内部利益）（当期純利益）
　　　$¥20,000 - ¥2,500 + ¥116,000 = ¥133,500$

3 (1)　支店勘定の修正前残高　　¥　412,500

(2)
1	未 達 商 品	36,000	本　　　店	36,000
2	未 達 現 金	37,500	支　　　店	37,500
3	買　　掛　　金	40,000	支　　　店	40,000
4	営　　業　　費	13,000	本　　　店	13,000
5	支　払　手　形	60,000	支　　　店	60,000
6	本　　　　　店	25,000	売　掛　金	25,000

(3)
損　益　計　算　書

費　　　　　用	金　　額	収　　　　益	金　　額
期首商品棚卸高	(173,000※1)	売　　上　　高	(2,300,000)
仕　　入　　高	(1,580,000)	期末商品棚卸高	(250,000※6)
営　　業　　費	(609,000※2)		
貸倒引当金繰入	(21,250※3)		
減　価　償　却　費	(57,500※4)		
棚　卸　減　耗　損	(27,500※5)		
当　期　純　利　益	(81,750)		
	(2,550,000)		(2,550,000)

貸 借 対 照 表

資　　　産	金　　　　　額	負債・純資産	金　　　　　額
現 金 預 金	(582,000)※7	支 払 手 形	(140,000)※12
受 取 手 形	(230,000)	買 掛 金	(560,000)※13
売 掛 金	(415,000)※8	未 払 費 用	(16,000)※14
貸 倒 引 当 金	(32,250)※9 (612,750)	資 本 金	(500,000)
商　　　品	(222,500)※10	繰越利益剰余金	(373,750)※15
備　　　品	(350,000)		
減価償却累計額	(177,500)※11 (172,500)		
	(1,589,750)		(1,589,750)

残高試算表の [　　] の金額の求め方

「支店へ売上」：「支店へ売上」は「本店より仕入」と未達商品の合計と一致する。

　　　　　（本店より仕入）（未達商品）
　　　　　￥474,000 ＋ ￥36,000 ＝ ￥510,000

「支　　店」：本店勘定と支店勘定は，未達事項を整理すれば，貸借反対で残高は一致する。したがって，次のように略式口座に記入して求めればよい。

支　　　店			本　　　店		
412,500	2	37,500	6	25,000	251,000
	3	40,000		1	36,000
	5	60,000		4	13,000

借方残高　￥275,000　　　　　　　　　　　　　貸方残高　￥275,000

「繰越商品（本店）」：本店の借方合計（貸方合計をまず求める。同金額である）から他の科目の金額を差し引いて求める。

　　　　　（借方合計）（他の借方科目計）
　　　　　￥3,268,000 － ￥3,168,000 ＝ ￥100,000

※1　期首商品棚卸高　支店の期首棚卸高のうち，本店から仕入れたものには内部利益が含まれているから，計算して控除しなければならない。

　　内 部 利 益　￥48,000 × $\frac{0.2}{1+0.2}$ ＝ ￥8,000

　　　　（本店）　（支店）（内部利益）
　　　　￥100,000 ＋ ￥81,000 － ￥8,000 ＝ ￥173,000

　　　　　　　　　　　（本店）　（支店）　（未達事項4）（期末整理事項4）
※2　営　業　費　￥400,000 ＋ ￥180,000 ＋ ￥13,000 ＋ ￥16,000 ＝ ￥609,000

　　　　　　　　　　　　　　（本店）　（支店）　（本店）　（支店）　（未達事項6）
※3　貸倒引当金繰入　（￥130,000 ＋ ￥100,000 ＋ ￥260,000 ＋ ￥180,000 － ￥25,000）
　　　　　　　　　　× 0.05 ＝ ￥32,250

　　　　　　　　　　　　　（本店）（支店）
　　　　￥32,250 － 貸倒引当金（￥8,000 ＋ ￥3,000）＝ ￥21,250

※4 減価償却費 {備品((本店)¥200,000＋(支店)¥150,000)
　　　　　　　　－減価償却累計額((本店)¥80,000＋(支店)¥40,000)}×0.25＝¥57,500

※5 棚卸減耗損　帳簿棚卸高((本店)¥125,000＋(支店)¥105,000)
　　　　　　　　－実地棚卸高((本店)¥115,000＋(支店)¥87,000)＝¥28,000
　　(内部利益)
　　¥28,000－¥500＝¥27,500
　　　＊　$¥3,000 \times \dfrac{0.2}{1+0.2} = ¥500$

※6 期末商品棚卸高　((本店)¥125,000＋(支店)¥105,000＋(未達商品)¥36,000)－(内部利益＊)¥16,000
　　　　　　　　＝¥250,000
　　　＊　内部利益　$(¥60,000＋¥36,000) \times \dfrac{0.2}{1+0.2} = ¥16,000$

※7 現金預金　(本店)¥465,500＋(支店)¥79,000＋(未達事項2)¥37,500＝¥582,000

※8 売掛金　(本店)¥260,000＋(支店)¥180,000－(未達事項6)¥25,000＝¥415,000

※9 貸倒引当金　(本店)¥8,000＋(支店)¥3,000＋(期末整理事項2)¥21,250＝¥32,250

※10 商品　(期末商品棚卸高)¥250,000－(棚卸減耗損)¥27,500＝¥222,500

※11 減価償却累計額　(本店)¥80,000＋(支店)¥40,000＋(期末整理事項3)¥57,500＝¥177,500

※12 支払手形　(本店)¥120,000＋(支店)¥80,000－(未達事項5)¥60,000＝¥140,000

※13 買掛金　(本店)¥450,000＋(支店)¥150,000－(未達事項3)¥40,000＝¥560,000

※14 未払営業費　期末整理事項4　(本店)¥10,000＋(支店)¥6,000＝¥16,000

※15 繰越利益剰余金　(試算表)¥300,000－(支店の期首商品棚卸高に含まれる内部利益)¥8,000＋(当期純利益)¥81,750＝¥373,750
　　　または，
　　　(資産合計)¥1,589,750－(負債合計)¥716,000－(資本金)¥500,000＝¥373,750

損益計算書
平成○年1月1日から平成○年12月31日まで

費　　　　用	金　　額	収　　　　益	金　　額
期首商品棚卸高	(125,500)※1	売　　上　　高	(1,437,000)
当期商品仕入高	(862,000)	期末商品棚卸高	(142,000)
貸倒引当金繰入	(9,000)※2	受 取 手 数 料	(92,500)
減 価 償 却 費	(156,000)※3		
給　　　　料	(113,000)		
支 払 家 賃	(72,000)		
旅 費 交 通 費	(49,000)		
支 払 利 息	(12,000)		
当 期 純 利 益	(273,000)		
	(1,671,500)		(1,671,500)

貸借対照表
平成○年12月31日

資　　　　産	金　　　　額	負債・純資産	金　　　　額
現 金 預 金	(488,000)	買 　掛　 金	(219,000)
売 　掛　 金 (280,000)		借 　入　 金	(400,000)
貸 倒 引 当 金 (14,000)※5	(266,000)	未 払 費 用	(5,000)※8
商　　　　品	(142,000)	資 　本　 金	(1,000,000)
前 払 費 用	(7,000)※6	繰越利益剰余金	(453,000)
建　　　　物 (1,000,000)			
減価償却累計額 (330,000)	(670,000)		
備　　　　品 (1,200,000)			
減価償却累計額 (696,000)※7	(504,000)		
	(2,077,000)		(2,077,000)

1. 未達事項を整理する仕訳
   (1) 本　店　未　達　現　金　30,000　　　支　　　　　店　30,000
   (2) 支　店　未　達　商　品　46,000　　　本　　　　　店　46,000
   (3) 本　店　買　掛　金　　　15,000　　　支　　　　　店　15,000
   (4) 支　店　本　　　店　　　20,000　　　売　掛　　　金　20,000

(5) 支　店　旅費交通費　　5,000　　　本　　　店　　5,000

上記仕訳を支店勘定と本店勘定へ転記して，残高が貸借逆になって一致することを確認して相殺する。

支　店				本　店		
167,000	(1)	30,000	(4)	20,000		91,000
	(3)	15,000	─残高	122,000	(2)	46,000
	残高	122,000 ←一致			(5)	5,000
167,000		167,000		142,000		142,000

未達商品￥46,000を「本店より仕入」￥138,000に加算して￥184,000となり，「支店へ売上」と一致するので，相殺する。

2．決算整理仕訳

(1) 期首商品棚卸高

　　仕　　　　　　　入　　　130,000　　　繰　越　商　品　　130,000
　　繰　延　内　部　利　益　　4,500　　　繰延内部利益戻入　　4,500

　　（期首商品棚卸高）（繰延内部利益戻入）　（P／L期首商品）
　　￥130,000 －　￥4,500　　＝　￥125,500

期末商品棚卸高
　　（本店甲）　（支店甲）　（支店乙）（未達商品）（内部利益※）
　　￥57,000 ＋￥23,000 ＋￥25,000 ＋￥46,000 －￥9,000 ＝ ￥142,000

　　　　　　　　（支店甲）　（未達商品）　　　　　（内部利益）
　　＊（￥23,000 ＋￥46,000）× $\dfrac{0.15}{1+0.15}$ ＝￥9,000

　　繰　越　商　品　　142,000　　　仕　　　　　　　入　　142,000

(2) 貸倒引当金追加計上額

　　　（本　店）　（支　店）　　b (4)　　　　　　（貸倒引当金）
　　（￥200,000 ＋￥100,000 －￥20,000）×0.05 －（￥4,000 ＋￥1,000）＝￥9,000

　　貸　倒　引　当　金　繰　入　　9,000　　　貸　倒　引　当　金　　9,000

(3) 減価償却費の計上

　　建物…（￥1,000,000 －￥100,000）÷30＝￥30,000
　　備品（本店）…（￥800,000 －￥270,000）×0.2＝￥106,000
　　　　（支店）…（￥400,000 －￥300,000）×0.2＝￥20,000

　　減　価　償　却　費　　156,000　　　建物減価償却累計額　　30,000
　　　　　　　　　　　　　　　　　　　　備品減価償却累計額　　126,000

(4) 未払利息（未払費用）の計上（3か月分）

　　￥400,000×0.05× $\dfrac{3（月）}{12（月）}$ ＝￥5,000

　　支　払　利　息　　5,000　　　未　払　利　息　　5,000

(5) 前払家賃（前払費用）の繰延べ

　　前　払　家　賃　　7,000　　　支　払　家　賃　　7,000

3．繰越利益剰余金の計算

　　　（試算表）　（当期純利益）
　　￥180,000 ＋￥273,000 ＝￥453,000

5

(1)

損	益		
仕　　　　　　入 （　　243,000）	売　　　　　　上 （　　170,000）
販　　売　　費 （　　 28,400）	支　店　へ　売　上 （　　142,800）
貸倒引当金繰入 （　　　　700）	受　　取　　地　　代 （　　　5,700）
広　告　宣　伝　費 （　　 4,700）	支　　　　　　店 （　　 12,110）
一　般　管　理　費 （　　 3,300）	内　部　利　益　戻　入 （　　 1,200）
減　価　償　却　費 （　　12,000）	
支　　払　　利　　息 （　　 4,200）	
内　部　利　益　控　除 （　　 1,000）	
繰　越　利　益　剰　余　金 （　　34,510）	
（　　331,810）	（　　331,810）

(2)

①	②	③	④	⑤
500,000	363,000	56,260	33,000	49,410

(解　説)

[資料2]　未達事項の仕訳
　本店の仕訳
　　2．(借)現　　　　　　金　　　800　　(貸)支　　　　　店　　　800
　　4．(借)広　告　宣　伝　費　　　700　　(貸)支　　　　　店　　　700
　　5．(借)支　　　　　店　　　500　　(貸)受　取　地　代　　　500
　支店の仕訳
　　1．(借)本　店　か　ら　仕　入　 1,200　　(貸)本　　　　　店　　 1,200
　　3．(借)本　　　　　店　　 2,000　　(貸)売　　掛　　金　　 2,000
　未達事項整理後の残高試算表（[資料1]の残高試算表から金額が変化する勘定）
　　本店　借方科目：現　　　金　　14,000＋800＝14,800
　　　　　　　　　　支　　　店　　66,000－800－700＋500＝65,000
　　　　　　　　　　広告宣伝費　　 4,000＋700＝4,700
　　　　　貸方科目：受　取　地　代　　 6,000＋500＝6,500
　　支店　借方科目：売　掛　金　　20,000－2,000＝18,000
　　　　　　　　　　本店から仕入　　141,600＋1,200＝142,800
　　　　　　　　　　※　決算整理の期末商品にも1,200を加算します。
　　　　　貸方科目：本　　　店　　65,800＋1,200－2,000＝65,000
　　　　　　　　※　未達事項整理後の支店勘定と本店勘定（ともに65,000），本店から仕入勘定と支店へ売上勘定
　　　　　　　　（ともに142,800）は，本支店間の内部取引に係るものであるため，本支店合併の財務諸表を作
　　　　　　　　成する際に相殺消去します。

[資料3]　決算整理仕訳：未達事項整理後勘定残高に対して次の処理を行います。
　1．売上原価の算定
　　本　店：(借)仕　　　　　　入　 19,000　　(貸)繰　越　商　品　 19,000
　　　　　　　　 繰　越　商　品　 22,000　　　　仕　　　　　　入　 22,000

支　店：(借) 仕　　　　　　　　入　　12,200　　(貸) 繰　越　商　品　　12,200
　　　　　　　繰　越　商　品　　12,000　　　　仕　　　　　　　入　　12,000
　　　支店の商品に含まれる内部利益の控除は，本支店合併の財務諸表作成の際にのみ行います。
2．貸倒引当金の設定
　本　店：(借) 貸 倒 引 当 金 繰 入　　700　　(貸) 貸　倒　引　当　金　　　700
　　　　　　売掛金40,000×3％－貸倒引当金残高500＝繰入額700
　支　店：(借) 貸 倒 引 当 金 繰 入　　340　　(貸) 貸　倒　引　当　金　　　340
　　　　　　売掛金18,000×3％－貸倒引当金残高200＝繰入額340
3．・4．固定資産の減価償却
　本　店：(借) 減　価　償　却　費　　12,000　　(貸) 建物減価償却累計額　　10,000
　　　　　　　　　　　　　　　　　　　　　　　　　備品減価償却累計額　　 2,000
　支　店：(借) 減　価　償　却　費　　 7,000　　(貸) 建物減価償却累計額　　 5,000
　　　　　　　　　　　　　　　　　　　　　　　　　備品減価償却累計額　　 2,000
5．費用の繰延べ
　本　店：(借) 前　払　販　売　費　　　600　　(貸) 販　　売　　費　　　　600
　支　店：(借) 前　払　販　売　費　　　400　　(貸) 販　　売　　費　　　　400
6．費用の見越し
　本　店：(借) 一　般　管　理　費　　　300　　(貸) 未 払 一 般 管 理 費　　300
　支　店：(借) 一　般　管　理　費　　　150　　(貸) 未 払 一 般 管 理 費　　150
7．収益の繰延べ
　本　店：(借) 受　取　地　代　　　　　800　　(貸) 前　受　地　代　　　　800
支店の決算振替（損益勘定への振替）
　① 収益の振替仕訳
　　　(借) 売　　　　　　　上　　330,000　　(貸) 損　　　　　　益　　330,000
　② 費用の振替仕訳
　　　(借) 損　　　　　　　益　　317,890　　(貸) 仕　　　　　　入　　120,200
　　　　　　　　　　　　　　　　　　　　　　　　本　店　か　ら　仕　入　142,800
　　　　　　　　　　　　　　　　　　　　　　　　販　　売　　費　　　　44,400
　　　　　　　　　　　　　　　　　　　　　　　　貸 倒 引 当 金 繰 入　　　340
　　　　　　　　　　　　　　　　　　　　　　　　広　告　宣　伝　費　　 1,000
　　　　　　　　　　　　　　　　　　　　　　　　一　般　管　理　費　　 2,150
　　　　　　　　　　　　　　　　　　　　　　　　減　価　償　却　費　　 7,000
　③ 純損益の振替仕訳
　　　(借) 損　　　　　　　益　　 12,110　　(貸) 本　　　　　　店　　 12,110
本店の決算振替（損益勘定への振替）
　問の(1)に関する決算仕訳
　① 収益の振替仕訳
　　　(借) 売　　　　　　　上　　170,000　　(貸) 損　　　　　　益　　318,500
　　　　　　支　店　へ　売　上　142,800
　　　　　　受　取　地　代　　　 5,700

② 費用の振替仕訳
(借) 損　　　　　益　　296,300　　(貸) 仕　　　　　入　　243,000
　　　　　　　　　　　　　　　　　　　販　　売　　費　　 28,400
　　　　　　　　　　　　　　　　　　　貸倒引当金繰入　　　　700
　　　　　　　　　　　　　　　　　　　広　告　宣　伝　費　　4,700
　　　　　　　　　　　　　　　　　　　一　般　管　理　費　　3,300
　　　　　　　　　　　　　　　　　　　減　価　償　却　費　 12,000
　　　　　　　　　　　　　　　　　　　支　　払　　利　　息　　4,200

③ 支店の純損益の振替仕訳
(借) 支　　　　　店　　 12,110　　(貸) 損　　　　　益　　 12,110

④ 内部利益の整理
(借) 繰 延 内 部 利 益　　 1,200　　(貸) 内 部 利 益 戻 入　　 1,200
(借) 内 部 利 益 控 除　　 1,000　　(貸) 繰 延 内 部 利 益　　 1,000
・内部利益戻入は、期首商品に含まれる内部利益（決算前試算表より）
・内部利益控除は、期末商品に含まれる内部利益
　本店仕入分の期末商品(4,800+1,200)×0.2÷1.2=1,000

⑤ 内部利益戻入、控除の振替
(借) 内 部 利 益 戻 入　　 1,200　　(貸) 損　　　　　益　　 1,200
(借) 損　　　　　益　　　1,000　　(貸) 内 部 利 益 控 除　　 1,000

⑥ 会社全体の純損益の振替仕訳
(借) 損　　　　　益　　 34,510　　(貸) 繰 越 利 益 剰 余 金　 34,510

問の(2)
① 売　上　高　(本店)170,000+(支店)330,000=500,000
② 売上原価　期首商品(19,000+12,200-1,200)+当期純仕入高(246,000+120,000)
　　　　　　－期末商品(22,000+12,000-1,000)=363,000
③ 売　掛　金　(本店)40,000+(支店)18,000－貸倒引当金1,740=56,260
④ 商　　　品　(本店)22,000+(支店)12,000－内部利益控除1,000=33,000
⑤ 繰越利益剰余金　決算前残高14,900+会社全体の純利益34,510=49,410

第23回　現金出納帳・収入帳・支払帳

1

現　金　出　納　帳　　　　　1

日付		勘定科目	摘　　要	元丁	売掛金	諸　口	日付		勘定科目	摘　　要	元丁	買掛金	諸　口
4	8	売　　上	土浦商店	12		300,000	4	4	仕　　入	水戸商店	15		200,000
	12	売　掛　金	取手商店	得1	280,000			16	買　掛　金	日立商店	仕1	360,000	
	26	売　掛　金	石岡商店	得2	180,000			20	備　　品	金　庫	5		400,000
								25	給　　料		16		150,000
	30		売　掛　金	3	460,000	460,000		30		買　掛　金	8	360,000	360,000
	〃		現　　金	1		760,000		〃		現　　金	1		1,110,000
			前月繰越	✓		1,000,000				次月繰越	✓		650,000
						1,760,000							1,760,000

総　勘　定　元　帳

現　　　金　　　1

4/ 1 前月繰越	1,000,000	4/30 現金出納帳	1,110,000
30 現金出納帳	760,000		

売　掛　金　　　3

4/ 1 前月繰越	800,000	4/30 現金出納帳	460,000

備　　　品　　　5

4/20 現金出納帳	400,000		

買　掛　金　　　8

4/30 現金出納帳	360,000	4/ 1 前月繰越	920,000

売　　　上　　　12

		4/ 8 現金出納帳	300,000

仕　　　入　　　15

4/ 4 現金出納帳	200,000		

給　　　料　　　16

4/25 現金出納帳	150,000		

得　意　先　元　帳

取　手　商　店　　　1

4/ 1 前月繰越	400,000	4/12 現金出納帳	280,000

石　岡　商　店　　　2

4/ 1 前月繰越	280,000	4/26 現金出納帳	180,000

仕　入　先　元　帳

日　立　商　店　　　1

4/16　現金出納帳	360,000	4/ 1　前月繰越	500,000

2

収　入　帳　　　　　　　　　1

日付		勘定科目	摘　　要	元丁	売　掛　金	諸　　口
4	5	売　掛　金	千　葉　商　店	得1	120,000	
	10	借　入　金	東　西　銀　行	8		300,000
	20	売　掛　金	銚　子　商　店	得2	80,000	
	25	受取手数料	市　川　商　店	13		50,000
	30		売　掛　金	2	200,000	200,000
	〃		現　　　　金	1		550,000
			前　月　繰　越	✓		260,000
						810,000

総　勘　定　元　帳

現　　　金　　　　1

日付		摘　要	仕丁	借　方	貸　方
4	1	前月繰越	✓	260,000	
	30	収　入　帳	1	550,000	

売　掛　金　　　　2

日付		摘　要	仕丁	借　方	貸　方
4	1	前月繰越	✓	850,000	
	30	収　入　帳	1		200,000

借　入　金　　　　8

日付		摘　要	仕丁	借　方	貸　方
4	1	前月繰越	✓		140,000
	10	収　入　帳	1		300,000

受取手数料　　　13

日付		摘　要	仕丁	借　方	貸　方
4	25	収　入　帳	1		50,000

得　意　先　元　帳

千　葉　商　店　　　1

日付		摘　要	仕丁	借　方	貸　方
4	1	前月繰越	✓	300,000	
	5	収　入　帳	1		120,000

銚　子　商　店　　　2

日付		摘　要	仕丁	借　方	貸　方
4	1	前月繰越	✓	150,000	
	20	収　入　帳	1		80,000

3

支払帳　　2

日付		勘定科目	摘要	元丁	買掛金	諸口
5	6	買掛金	神奈川商店	仕1	60,000	
	9	貸付金	横浜商店に貸付け	5		100,000
	11	備品	買入れ	7		70,000
	18	買掛金	川崎商店	仕2	80,000	
	25	給料	5月分	15		50,000
	28	消耗品費		18		30,000
	31		買掛金	9	140,000	140,000
	〃		現金	1		390,000
			次月繰越	✓		170,000
						560,000

総勘定元帳

現金　1

日付		摘要	仕丁	借方	貸方
5	1	前月繰越	✓	120,000	
	31	収入帳	2	440,000	
	〃	支払帳	2		390,000

貸付金　5

日付		摘要	仕丁	借方	貸方
5	9	支払帳	2	100,000	

備品　7

日付		摘要	仕丁	借方	貸方
5	1	前月繰越	✓	60,000	
	11	支払帳	2	70,000	

買掛金　9

日付		摘要	仕丁	借方	貸方
5	1	前月繰越	✓		230,000
	31	支払帳	2	140,000	

給料　15

日付		摘要	仕丁	借方	貸方
5	25	支払帳	2	50,000	

消耗品費　18

日付		摘要	仕丁	借方	貸方
5	28	支払帳	2	30,000	

仕入先元帳

神奈川商店　1

日付		摘要	仕丁	借方	貸方
5	1	前月繰越	✓		100,000
	6	支払帳	2	60,000	

川崎商店　2

日付		摘要	仕丁	借方	貸方
5	1	前月繰越	✓		130,000
	18	支払帳	2	80,000	

（解　説）
1　買掛金欄の金額は，月末に総勘定元帳へ合計転記を行うので個別転記はしない。しかし，仕入先元帳には個別転記を行う。その際，元丁欄には「仕1，仕2」のように記入する。
2　諸口欄の金額は，総勘定元帳へ個別転記を行う。
3　支払帳の月末締切りは，総勘定元帳の現金勘定の借方合計¥560,000を，合計金額として記入し，支出合計¥390,000を減算し，次月繰越高¥170,000を求める。

4

現　金　出　納　帳　　　　　　　　　　　　　　1

日付	勘定科目	摘要	元丁	売掛金	諸口	日付	勘定科目	摘要	元丁	買掛金	諸口
4　5	売掛金	所沢商店	得1	180,000		4　10	買掛金	大宮商店	仕1	160,000	
8	売上		13		210,000	14	営業費		20		30,000
17	受取手形		2		300,000	19	仕入		18		240,000
28	売掛金	川越商店	得2	150,000		25	買掛金	浦和商店	仕2	100,000	
30		(売掛金)	3	(330,000)	(330,000)	30		(買掛金)	7	(260,000)	(260,000)
〃		(現金)	1		(840,000)	〃		(現金)	1		(530,000)
		前月繰越	✓		(53,000)			次月繰越	✓		(363,000)
					(893,000)						(893,000)

総　勘　定　元　帳

現　金　　　　　　1

日付	摘要	仕丁	借方	貸方
4　1	前月繰越	✓	53,000	
30	現金出納帳	1	840,000	
〃	現金出納帳	〃		530,000

受　取　手　形　　　　　　2

日付	摘要	仕丁	借方	貸方
4　1	前月繰越	✓	420,000	
17	現金出納帳	1		300,000

売　掛　金　　　　　　3

日付	摘要	仕丁	借方	貸方
4　1	前月繰越	✓	480,000	
30	現金出納帳	1		330,000

買　掛　金　　　　　　7

日付	摘要	仕丁	借方	貸方
4　1	前月繰越	✓		360,000
30	現金出納帳	1	260,000	

売　上　　　　　　13

日付	摘要	仕丁	借方	貸方
4　8	現金出納帳	1		210,000

仕　入　　　　　　18

日付	摘要	仕丁	借方	貸方
4　19	現金出納帳	1	240,000	

営　業　費　　　　　　20

日付	摘要	仕丁	借方	貸方
4　14	現金出納帳	1	30,000	

得意先元帳

所沢商店　1

日付		摘要	仕丁	借方	貸方
4	1	前月繰越	✓	280,000	
	5	現金出納帳	1		180,000

川越商店　2

日付		摘要	仕丁	借方	貸方
4	1	前月繰越	✓	200,000	
	28	現金出納帳	1		150,000

仕入先元帳

大宮商店　1

日付		摘要	仕丁	借方	貸方
4	1	前月繰越	✓		210,000
	10	現金出納帳	1	160,000	

浦和商店　2

日付		摘要	仕丁	借方	貸方
4	1	前月繰越	✓		150,000
	25	現金出納帳	1	100,000	

第24回　当座預金出納帳

1
(1) ① 貸　　　② 仕　入
(2) ③ 借　　　④ 売掛金
(3) ⑤ 現金出納帳　⑥ 当座預金出納帳　⑦ 二重仕訳　⑧ 合計転記
　　⑨ 二重転記　⑩ ✓

2

当座預金出納帳　2

平成○年		勘定科目	摘要	元丁	売掛金	諸口	平成○年		勘定科目	摘要	元丁	買掛金	諸口
			前ページから		250,000	150,000				前ページから		200,000	400,000
6	16	売掛金	福岡商店	得1	300,000		6	20	現　金	引出し	✓		100,000
	27	前受金	北九州商店	16		500,000		24	買掛金	筑前商店	仕1	200,000	
	30	受取手形	割引き	3		400,000		30	手形売却損	割引料	22		7,000
	〃	売掛金		5	550,000	550,000		〃	買掛金		13	400,000	400,000
	〃	当座預金		2		1,600,000		〃	当座預金		2		907,000
			前月繰越	✓		900,000				次月繰越	✓		1,593,000
						2,500,000							2,500,000

総勘定元帳

当座預金　2

平成○年		摘要	仕丁	借方	貸方
6	1	前月繰越	✓	900,000	
	30	当座預金出納帳	2	1,600,000	
	〃	当座預金出納帳	2		907,000

受取手形　3

平成○年		摘要	仕丁	借方	貸方
6	1	前月繰越	✓	500,000	
	30	当座預金出納帳	2		400,000

売掛金　5

平成○年		摘要	仕丁	借方	貸方
6	1	前月繰越	✓	700,000	
	30	当座預金出納帳	2		550,000

買掛金　13

平成○年		摘要	仕丁	借方	貸方
6	1	前月繰越	✓		650,000
	30	当座預金出納帳	2	400,000	

前受金　16

平成○年		摘要	仕丁	借方	貸方
6	27	当座預金出納帳	2		500,000

手形売却損　22

平成○年		摘要	仕丁	借方	貸方
6	30	当座預金出納帳	2	7,000	

得意先元帳

福岡商店　1

6/ 1	前月繰越	400,000	6/16	当座預金出納帳	300,000

仕入先元帳

筑前商店　1

6/24	当座預金出納帳	200,000	6/ 1	前月繰越	300,000

3

当座預金出納帳　1

平成○年		勘定科目	摘要	元丁	売掛金	諸口	平成○年		勘定科目	摘要	元丁	買掛金	諸口
7	5	売掛金	佐賀商店	得1	200,000		7	3	買掛金	大分商店	仕1	250,000	
	11	売　上	肥前商店	16		300,000		9	仕　入	津久見商店	18		400,000
	15	現　金	預入れ	✓		150,000		13	買掛金	別府商店	仕2	80,000	
	23	売掛金	唐津商店	得2	100,000			20	現　金	引出し	✓		100,000
	29	受取手形	割引き	3		250,000		29	手形売却損	割引料	21		4,000
	31		(売掛金)	4	300,000	300,000		31		(買掛金)	8	330,000	330,000
	〃		(当座預金)	2		1,000,000		〃		(当座預金)	2		834,000
			(前月繰越)	✓		160,000				(次月繰越)	✓		326,000
						1,160,000							1,160,000

総勘定元帳

当　座　預　金　　　　2	
7/ 1 前月繰越　160,000	7/31 当座預金出納帳　834,000
31 当座預金出納帳 1,000,000	

受　取　手　形　　　　3	
7/ 1 前月繰越　450,000	7/29 当座預金出納帳　250,000

売　　掛　　金　　　　4	
7/ 1 前月繰越　600,000	7/31 当座預金出納帳　300,000

買　　掛　　金　　　　8	
7/31 当座預金出納帳　330,000	7/ 1 前月繰越　500,000

売　　　　　上　　　　16	
	7/11 当座預金出納帳　300,000

仕　　　　　入　　　　18	
7/ 9 当座預金出納帳　400,000	

手　形　売　却　損　　21	
7/29 当座預金出納帳　4,000	

得意先元帳

佐　賀　商　店　　　　1	
7/ 1 前月繰越　400,000	7/ 5 当座預金出納帳　200,000

唐　津　商　店　　　　2	
7/ 1 前月繰越　200,000	7/23 当座預金出納帳　100,000

仕入先元帳

大　分　商　店　　　　1	
7/ 3 当座預金出納帳　250,000	7/ 1 前月繰越　350,000

別　府　商　店　　　　2	
7/13 当座預金出納帳　80,000	7/ 1 前月繰越　150,000

（解　説）

　7／15の取引と7／20の取引は，現金出納帳にも記入され，いわゆる二重仕訳の金額である。現金勘定への記入は，現金出納帳から合計転記するので，他の特殊仕訳帳からは絶対にしない。そのため，元丁欄に✓印をつけ，二重転記を防止する。

4

現　金　出　納　帳　　　　3

平成○年		勘定科目	摘　要	元丁	売掛金	諸　口	平成○年		勘定科目	摘　要	元丁	買掛金	諸　口
			前ページから		250,000	120,000				前ページから		200,000	100,000
4	27	売　　上	宮城商店	15		160,000	4	15	当座預金	預入れ	✓		80,000
	30		売掛金	5	250,000	250,000		30		買掛金	9	200,000	200,000
	〃		現　　金	1		530,000		〃		現　　金	1		380,000
			前月繰越	✓		180,000				次月繰越	✓		330,000
						710,000							710,000

— 49 —

当座預金出納帳　　3

平成○年		勘定科目	摘要	元丁	売掛金	諸口	平成○年		勘定科目	摘要	元丁	買掛金	諸口
			前ページから		210,000	180,000				前ページから		150,000	130,000
4	5	売 掛 金	秋田商店	得1	150,000		4	10	買 掛 金	青森商店	仕1	200,000	
	15	現　　金	預 入 れ	✓		80,000							
	30		売 掛 金	5	360,000	360,000		30		買 掛 金	9	350,000	350,000
	〃		当座預金	2	620,000			〃		当座預金	2		480,000
			前月繰越	✓	350,000					次月繰越	✓		490,000
						970,000							970,000

総 勘 定 元 帳

現　　　金　　　1

4/ 1 前月繰越	180,000	4/30 現金出納帳	380,000
30 現金出納帳	530,000		

当 座 預 金　　2

4/ 1 前月繰越	350,000	4/30 当座預金出納帳	480,000
30 当座預金出納帳	620,000		

売　　掛　　金　　5

4/ 1 前月繰越	700,000	4/30 現金出納帳	250,000
		〃 当座預金出納帳	360,000

買　　掛　　金　　9

4/30 現金出納帳	200,000	4/ 1 前月繰越	680,000
〃 当座預金出納帳	350,000		

売　　　上　　　15

		4/27 現金出納帳	160,000

得 意 先 元 帳

秋 田 商 店　　1

4/ 1 前月繰越	350,000	4/ 5 当座預金出納帳	150,000

仕 入 先 元 帳

青 森 商 店　　1

4/10 当座預金出納帳	200,000	4/ 1 前月繰越	420,000

（解　説）

　4/15の取引は，（借）当座預金 80,000　（貸）現　金 80,000と仕訳される。したがって，この取引は，当座預金出納帳の借方と現金出納帳の貸方の二重に記入する。この場合，二重転記を避けるため，それぞれの元丁欄に（✓）をつける。

　現金出納帳，当座預金出納帳を締め切るとき，前月繰越高として，総勘定元帳の現金勘定，当座預金勘定の前期繰越高を記入する。

第25回　仕　入　帳

1
(1)① 50,000　② 200,000　③ 50,000　④ 200,000　⑤ ✓　⑥ 二重転記
(2)⑦ 赤
(3)⑧ 諸口　⑨ （個別）転記　⑩ 当座預金出納帳

2

仕　入　帳　　　　　　　　　　　　　　1

日付		勘定科目	摘　　　　要	元丁	買掛金	諸　口
4	8	日南商店	C品　100個　@¥3,200	買1	320,000	
	12	宮崎商店	A品　200個　@¥1,300	買2	260,000	
	15	宮崎商店	A品　20個　@¥1,300（返品）	買2	26,000	
	18	現　金	B品　100個　@¥2,000	✓		200,000
	22	支払手形	C品　150個　@¥3,000	13		450,000
	30		買　掛　金	14	580,000	580,000
	〃		仕　　入	20		1,230,000
	〃		買掛金／仕入	14/20		26,000
						1,204,000

総　勘　定　元　帳

現　金　　　　　　　　　　　　1

平成○年	摘要	仕丁	借方	平成○年	摘要	仕丁	貸方
4	1	前月繰越	✓	760,000			

支払手形　　　　　　　　　　　13

平成○年	摘要	仕丁	借方	平成○年	摘要	仕丁	貸方
				4	1	前月繰越	✓	350,000
					22	仕入帳	1	450,000

買　掛　金　　　　　　　　　　14

平成○年	摘要	仕丁	借方	平成○年	摘要	仕丁	貸方
4	30	仕入帳	1	26,000	4	1	前月繰越	✓	860,000
						30	仕入帳	1	580,000

仕　入　　　　　　　　　　　　20

平成○年	摘要	仕丁	借方	平成○年	摘要	仕丁	貸方
4	30	仕入帳	1	1,230,000	4	30	仕入帳	1	26,000

買　掛　金　元　帳

日　南　商　店　　　　　　　　1

平成○年	摘要	仕丁	借方	貸方	借または貸	残高
4	1	前月繰越	✓		210,000	貸	210,000
	8	仕入帳	1		320,000	〃	530,000

宮　崎　商　店　　　　　　　　2

平成○年	摘要	仕丁	借方	貸方	借または貸	残高
4	1	前月繰越	✓		440,000	貸	440,000
	12	仕入帳	1		260,000	〃	700,000
	15	仕入帳	1	26,000		〃	674,000

3

仕 入 帳　1

日付		勘定科目	摘　　要	元丁	当座預金	買掛金	諸口
4	7	諸口(枕崎商会)		✓/仕1	250,000	300,000	
	15	桜島商会		仕2		180,000	
	18	桜島商会	返　　品	仕2		18,000	
	24	諸口(支払手形)		✓/9	140,000		200,000
	30		当座仕入高	✓	390,000		390,000
	〃		掛仕入高	10		480,000	480,000
	〃		総仕入高	15			1,070,000
	〃		仕入返品高	10/15			18,000
			純仕入高				1,052,000

総勘定元帳

```
      当 座 預 金      2              支 払 手 形      9
4/ 1 前月繰越  500,000 |           |             4/ 1 前月繰越  150,000
                       |           |                24 仕入帳    200,000

      買 掛 金        10              仕 入          15
4/30 仕入帳  18,000 | 4/ 1 前月繰越 170,000   4/30 仕入帳 1,070,000 | 4/30 仕入帳  18,000
                    |    30 仕入帳  480,000
```

仕入先元帳

枕崎商会　1

日付		摘　要	仕丁	借方	貸方
4	1	前月繰越	✓		100,000
	7	仕入帳	1		300,000

桜島商会　2

日付		摘　要	仕丁	借方	貸方
4	1	前月繰越	✓		70,000
	15	仕入帳	1		180,000
	18	仕入帳	1	18,000	

（解説）
1　仕入帳の4／7・4／24の取引の転記は，当座預金が特別欄のため個別転記不要として✓印をつける。4／7の買掛金欄の¥300,000は仕入先元帳に転記するので，元丁欄は✓／仕1と記入し，4／24の諸口欄の¥200,000は支払手形勘定に転記するので，元丁欄は✓／9と記入する。

2　月末の当座仕入高¥390,000は，当座預金勘定に転記しないので✓印をつける。これは，当座預金出納帳から合計転記されるからである。

3　月末の締切りで，仕入返品高の合計額は，買掛金勘定の借方と仕入勘定の貸方の2か所に転記する。

4

仕　入　帳　　　3

平成○年		仕入先	摘　　　要	元丁	現　金	買掛金	諸　口
6	5	長崎商会	A品　50個　@¥2,000	✓	100,000		
	8	長崎商会	C品　100個　@¥3,000	仕1		300,000	
	12	長崎商会	A品　200個　@¥1,800（支払手形）	仕1/8		110,000	250,000
	19	佐世保商会	B品　150個　@¥3,100	✓/仕2	65,000	400,000	
	22	佐世保商会	B品　30個　@¥3,100（返品）	仕2		93,000	
	30	長崎商会	A品　150個　@¥2,200（支払手形）	✓/8	30,000		300,000
	〃		現金仕入高	✓	195,000		195,000
	〃		掛仕入高（買掛金勘定貸方）	9		810,000	810,000
	〃		総仕入高（仕入勘定借方）	13			1,555,000
	〃		仕入戻し高（買掛金勘定借方／仕入勘定貸方）	9/13			93,000
			純仕入高				1,462,000

総　勘　定　元　帳

現　金　　2

日付		摘要	仕丁	借　方	貸　方
6	1	前月繰越	✓	420,000	

支　払　手　形　　8

日付		摘要	仕丁	借　方	貸　方
6	1	前月繰越	✓		270,000
	12	仕入帳	3		250,000
	30	仕入帳	3		300,000

買　掛　金　　9

日付		摘要	仕丁	借　方	貸　方
6	1	前月繰越	✓		240,000
	30	仕入帳	3		810,000
	〃	仕入帳	3	93,000	

仕　入　　13

日付		摘要	仕丁	借　方	貸　方
6	30	仕入帳	3	1,555,000	
	〃	仕入帳	3		93,000

仕　入　先　元　帳

長　崎　商　会　　1

日付		摘要	仕丁	借　方	貸　方
6	1	前月繰越	✓		80,000
	8	仕入帳	3		300,000
	12	仕入帳	3		110,000

佐　世　保　商　会　　2

日付		摘要	仕丁	借　方	貸　方
6	1	前月繰越	✓		160,000
	19	仕入帳	3		400,000
	22	仕入帳	3	93,000	

第26回 売 上 帳

1 ① 得意先元帳　② 貸　方　③ 現　金　④ 350,000　⑤ 売　上
　　⑥ 合計転記

2

売　上　帳　　　　　　　　　　　　1

日付		勘定科目	摘　　　　　要	元丁	売掛金	諸　口
4	2	新潟商店	A商品　80個　@￥5,000	得1	400,000	
	6	現　　金	B商品　50個　@￥2,000	✓		100,000
	9	新潟商店	A商品　10個　@￥5,000 戻り	得1	50,000	
	14	柏崎商店	C商品　20個　@￥10,000	得2	200,000	
	22	受取手形	B商品 150個　@￥2,200	3		330,000
	27	柏崎商店	C商品　30個　@￥10,000	得2	300,000	
	30		掛売上高	4	900,000	900,000
	〃		総売上高	15		1,330,000
	〃		戻り高	15/4		50,000
			純売上高			1,280,000

総 勘 定 元 帳

現　　金　　1

平成○年		摘　要	仕丁	借　方	貸　方
4	1	前月繰越	✓	250,000	

受 取 手 形　　3

平成○年		摘　要	仕丁	借　方	貸　方
4	1	前月繰越	✓	200,000	
	22	売 上 帳	1	330,000	

売　掛　金　　4

平成○年		摘　要	仕丁	借　方	貸　方
4	1	前月繰越	✓	680,000	
	30	売 上 帳	1	900,000	
	〃	売 上 帳	1		50,000

売　　上　　15

平成○年		摘　要	仕丁	借　方	貸　方
4	30	売 上 帳	1		1,330,000
	〃	売 上 帳	1	50,000	

得 意 先 元 帳

新 潟 商 店　　1

平成○年		摘　要	仕丁	借　方	貸　方
4	1	前月繰越	✓	150,000	
	2	売 上 帳	1	400,000	
	9	売 上 帳	1		50,000

柏 崎 商 店　　2

平成○年		摘　要	仕丁	借　方	貸　方
4	1	前月繰越	✓	100,000	
	14	売 上 帳	1	200,000	
	27	売 上 帳	1	300,000	

3

売 上 帳　　1

平成〇年		得意先	摘要	元丁	諸口
10	5	上越商店	納品書 No.101	得1	500,000
	11	信越商店	〃　No. 51	得2	300,000
	18	長岡商店	〃　No.201	得3	400,000
	22	十日町商店	〃　No. 71	得4	200,000
	25	信越商店	〃　No. 52	得2	100,000
	31		売掛金／売上	4／16	1,500,000

収 入 帳　　1

平成〇年		勘定科目	摘要	元丁	諸口
10	4	売掛金	上越商店	4／得1	350,000
	8	借入金	東西銀行	8	280,000
	15	売掛金	長岡商店	4／得3	300,000
	20	売上	現金売上	16	260,000
	28	売掛金	十日町商店	4／得4	180,000
	31		現金	1	1,370,000

総 勘 定 元 帳

現　金　　1

日付		摘要	仕丁	借方	貸方
10	1	前月繰越	✓	150,000	
	31	収入帳	1	1,370,000	

売掛金　　4

日付		摘要	仕丁	借方	貸方
10	1	前月繰越	✓	1,120,000	
	4	収入帳	1		350,000
	15	収入帳	1		300,000
	28	収入帳	1		180,000
	31	売上帳	1	1,500,000	

借入金　　8

日付		摘要	仕丁	借方	貸方
10	1	前月繰越	✓		330,000
	8	収入帳	1		280,000

売上　　16

日付		摘要	仕丁	借方	貸方
10	20	収入帳	1		260,000
	31	売上帳	1		1,500,000

得 意 先 元 帳

上 越 商 店　　1

日付		摘　要	仕丁	借　方	貸　方
10	1	前 月 繰 越	✓	450,000	
	4	収 入 帳	1		350,000
	5	売 上 帳	〃	500,000	

信 越 商 店　　2

日付		摘　要	仕丁	借　方	貸　方
10	1	前 月 繰 越	✓	140,000	
	11	売 上 帳	1	300,000	
	25	〃	〃	100,000	

長 岡 商 店　　3

日付		摘　要	仕丁	借　方	貸　方
10	1	前 月 繰 越	✓	350,000	
	15	収 入 帳	1		300,000
	18	売 上 帳	〃	400,000	

十 日 町 商 店　　4

日付		摘　要	仕丁	借　方	貸　方
10	1	前 月 繰 越	✓	180,000	
	22	売 上 帳	1	200,000	
	28	収 入 帳	〃		180,000

(解　説)
1　この売上帳は，掛け売上のみを記入するものである。したがって，現金売上は収入帳から個別転記する。
2　収入帳の売掛金は，売掛金勘定と得意先元帳の2か所に個別転記する。

4

現 金 出 納 帳　　9

平成○年		勘定科目	摘要	元丁	売掛金	諸　口	平成○年		勘定科目	摘要	元丁	買掛金	諸　口
9	1	売　　上		✓		35,000	9	5	仕　入		✓		30,000
	5	売 掛 金		✓	55,000			7	買掛金		✓	45,000	
	10	受取手形		2		30,000		15	支払手形		13		35,000
	25	売 掛 金			45,000			20	買掛金		✓	40,000	
	27	売　　上		✓		30,000		27	備　品		8		90,000
	30		売 掛 金	3	100,000	100,000		30		買 掛 金	14	85,000	85,000
	〃		現　金	1		195,000		〃		現　金	1		240,000
			前月繰越	✓	240,000					次月繰越	✓		195,000
						435,000							435,000

仕 入 帳　　　　　　　　　　9

平成○年		勘定科目	摘　　要	元丁	買掛金	諸　口
9	5	現　　　金		✓		30,000
	15	東 西 商 店		✓	35,000	
	23	千 葉 商 店		✓	35,000	
	29	受 取 手 形		2		40,000
	30		買　掛　金	14	70,000	70,000
	〃		仕　　　入	31		140,000

売 上 帳　　　　　　　　　　9

平成○年		勘定科目	摘　　要	元丁	売掛金	諸　口
9	1	現　　　金		✓		35,000
	10	関 東 商 店		✓	50,000	
	18	受 取 手 形		2		50,000
	27	現　　　金		✓		30,000
	30		売　掛　金	3	50,000	50,000
	〃		売　　　上	21		165,000

総 勘 定 元 帳

現　　金　　1

9/ 1 前月繰越	240,000	9/30 現金出納帳	240,000
30 現金出納帳	195,000		

支 払 手 形　　13

9/15 現金出納帳	35,000	9/ 1 前月繰越	80,000

買　　掛　　金　　14

9/30 現金出納帳	85,000	9/ 1 前月繰越	100,000
		30 仕 入 帳	70,000

売　　上　　21

		9/30 売 上 帳	165,000

(解　説)
1　得意先元帳・仕入先元帳が省略されているときは，月中取引において各特殊仕訳帳の特別欄の売掛金と買掛金は転記できないので「✓」をつける。
2　総勘定元帳の受取手形，売掛金，備品，仕入の各勘定は省略されているので記入はしないが，各特殊仕訳帳の仕丁欄には，それぞれの口座番号を記入すること。

第27回 普通仕訳帳

1

普 通 仕 訳 帳　　　　　　　　　1

平成〇年		摘　　　　　要	元丁	借　方	貸　方
4	1	前 期 繰 越		6,250,000	6,250,000
	30	(当 座 預 金) 諸　　　口		650,000	
		(売 掛 金)			400,000
		(諸　　　口)	✓		250,000
	〃	諸　　　口 (当 座 預 金)			830,000
		(買 掛 金)		360,000	
		(諸　　　口)	✓	470,000	
	〃	(仕　　　入) 諸　　　口		1,220,000	
		(買 掛 金)			700,000
		(諸　　　口)	✓		520,000
	〃	諸　　　口 (売　　　上)			1,510,000
		(売 掛 金)		860,000	
		(諸　　　口)	✓	650,000	

2

売　上　帳　　　　　　　　　3

日付		勘定科目	摘　　　　　要	元丁	当座預金	売掛金	諸　口
6	3	高 松 商 店	A商品10個 @¥8,000　　掛	✓		80,000	
	6	高 松 商 店	A商品1個 @¥8,000 戻　り	✓		8,000	
	12	諸口(松山商店)	B商品20個 @¥9,500 小切手・掛	✓	100,000	90,000	
	17	当 座 預 金	A商品3個 @¥8,000 小 切 手	✓	24,000		
	25	諸口(受取手形)	C商品40個 @¥6,000 約手・掛	✓/3		40,000	200,000
	30		当座売上高		124,000		124,000
	〃		掛売上高			210,000	210,000
	〃		総売上高				534,000
	〃		売上戻り高				8,000
			純売上高				526,000

総勘定元帳

当座預金　2
6/ 1 前月繰越	230,000		

受取手形　3
6/ 1 前月繰越	180,000		
25 売上帳	200,000		

売掛金　4
6/ 1 前月繰越	350,000	6/30 普通仕訳帳	8,000
30 普通仕訳帳	210,000		

売上　18
6/30 普通仕訳帳	8,000	6/30 普通仕訳帳	534,000

〔合計転記のための仕訳〕

普通仕訳帳　2

借方科目	元丁	金額	貸方科目	元丁	金額
当座預金	✓	124,000	売上	18	534,000
売掛金	4	210,000			
諸口	✓	200,000			
売上	18	8,000	売掛金	4	8,000

(解説)

月末の総勘定元帳への転記を売上帳から行わず，普通仕訳帳から行う場合，普通仕訳帳に合計仕訳を行ってから転記する。この場合，売上帳の元丁欄は記入しない。また，合計仕訳の借方の『当座預金』は当座預金出納帳からの合計仕訳から転記され，「諸口」は月中に個別転記されているので「✓」印をつける。

3

当座預金出納帳　1ページ

平成×年		勘定科目	摘要	元丁	売掛金	諸口	平成×年		勘定科目	摘要	元丁	買掛金	諸口
4	8	売上		(✓)		190,000	4	6	仕入		(✓)		(240,000)
	21	売掛金		(✓)	370,000			12	買掛金		(✓)	440,000	
								26	支払手形		(6)		170,000
	30		(売掛金)	(3)	(370,000)	(370,000)		30		(買掛金)	(7)	(440,000)	(440,000)
	〃		(当座預金)	(1)		(560,000)		〃		(当座預金)	(1)		(850,000)
			前月繰越	(✓)		(550,000)				次月繰越	(✓)		(260,000)
						(1,110,000)							(1,110,000)

仕 入 帳　　1ページ

平成×年		勘定科目	摘　　要	元丁	買 掛 金	諸　　口
4	6	当 座 預 金		(✓)		240,000
	20	買 掛 金		(✓)	690,000	
	28	買 掛 金	返　　品	(✓)	△ 31,000	
	30		(買　掛　金)	(7)	(690,000)	(690,000)
	〃		(総仕入高)	(9)		(930,000)
	〃		(仕入戻し高)	(7／9)		(△ 31,000)
			(純仕入高)			(899,000)

売 上 帳　　1ページ

平成×年		勘定科目	摘　　要	元丁	売 掛 金	諸　　口
4	8	売 掛 金		(✓)	380,000	
	〃	当 座 預 金		(✓)		(190,000)
	26	売 掛 金	返　　品	(✓)	△ 14,000	
	29	売 掛 金		(✓)	250,000	
	30		売　掛　金	(3)	(630,000)	(630,000)
	〃		総売上高	(10)		(820,000)
	〃		売上戻り高	(10／3)		(△ 14,000)
			純売上高			(806,000)

普 通 仕 訳 帳　　1ページ

平成×年		摘　　要	元丁	借　　方	貸　　方
4	10	(買　掛　金)	(7)	54,000	
		(売　掛　金)	(3)		54,000

総 勘 定 元 帳

当 座 預 金　　1

4/ 1 前月繰越	550,000	4/30 当座預金出納帳	850,000
30 当座預金出納帳	560,000		

売 掛 金　　3

4/ 1 前月繰越	570,000	4/10 普通仕訳帳	54,000
30 売 上 帳	630,000	30 当座預金出納帳	370,000
		〃 売 上 帳	14,000

支 払 手 形　　6

4/26 当座預金出納帳	170,000	4/ 1 前月繰越	410,000

買 掛 金　　7

4/10 普通仕訳帳	54,000	4/ 1 前月繰越	520,000
30 当座預金出納帳	440,000	30 仕 入 帳	690,000
〃 仕 入 帳	31,000		

仕 入　　9

4/30 仕入帳	930,000	4/30 仕入帳	31,000

売 上　　10

4/30 売上帳	14,000	4/30 売上帳	820,000

(解 説)
1　4/6の当座預金出納帳と4/8の売上帳の（　）の金額は，相手科目から当座仕入￥240,000と当座売上（代金を当座に入金）￥190,000であることがわかる。
2　得意先元帳と仕入先元帳がないため，売掛金勘定，買掛金勘定への転記は，普通仕訳帳からのみ個別転記を行い，各特殊仕訳帳からは合計転記を行う。そのため，月中は✓印を元丁欄につけ，転記を避ける。
3　仕入帳の締切りは，売上帳を参考にして行う。

4

残 高 試 算 表
平成〇年10月31日

借　　　方	勘　定　科　目	貸　　　方
605,000	現　　　　　　　金	
200,000	受　取　手　形	
515,000	売　　掛　　金	
85,000	繰　越　商　品	
37,000	消　　耗　　品	
150,000	備　　　　　　　品	
	支　払　手　形	150,000
	買　　掛　　金	410,000
	借　　入　　金	300,000
	貸　倒　引　当　金	4,000
	減 価 償 却 累 計 額	27,000
	資　　本　　金	513,000
	売　　　　　　　上	1,250,000
800,000	仕　　　　　　　入	
250,000	給　　　　　　　料	
12,000	固 定 資 産 売 却 損	
2,654,000		2,654,000

(解 説)
1　資料(B)により合計仕訳を行い，10月1日の貸借対照表の金額を基にして残高を算出する。二重仕訳となる金額は次のとおりである。
・現金売上￥120,000
・現金仕入￥60,000
・手形仕入￥165,000
・手形売上￥250,000
・備品売却による￥20,000の現金受取額
2　特殊仕訳帳としての受取手形記入帳は，手形債権の増加の記入を行い，減少は他の仕訳帳に記入される。支払手形記入帳も同様に手形債務の増加を記入し，減少は他の仕訳帳に記入される。
3　残高試算表であることに注意する。また，貸借対照表の金額を忘れないで計算すること。

残 高 試 算 表

4月30日現在	4月1日現在	勘定科目	4月1日現在	4月30日現在
3,000	3,000	小 口 現 金		
68,200	73,900	当 座 預 金		
40,000	40,000	受 取 手 形		
58,000	55,000	売 掛 金		
32,000	32,000	繰 越 商 品		
10,000	20,000	貸 付 金		
		支 払 手 形	32,000	38,000
		買 掛 金	45,000	29,000
		借 入 金	45,000	25,000
		貸 倒 引 当 金	1,900	900
		資 本 金	100,000	100,000
		売 上		120,000
		受 取 利 息		1,000
84,000		仕 入		
13,600		給 料		
2,700		雑 費		
1,600		支 払 利 息		
800		手 形 売 却 損		
313,900	223,900		223,900	313,900

（解　説）

　　各仕訳帳の元丁欄に二重仕訳のため計算してはならない所に「✓」をつけると集計に便利である。
✓印をつけるのは，当座預金出納帳の借方では，4／5と4／20，貸方では4／3，仕入帳では4／3と4／20，売上帳では4／5と4／25，支払手形記入帳では4／20，受取手形記入帳では4／25，普通仕訳帳では，4／20の「借方」当座預金である。以上は集計しない。

6

残　高　試　算　表

借　　　方		勘　定　科　目	貸　　　方	
11月30日現在	10月31日現在		10月31日現在	11月30日現在
336,600	31,600	当　座　預　金		
121,500	92,000	受　取　手　形		
196,500	186,000	売　掛　金		
119,000	134,000	売買目的有価証券		
87,000	87,000	繰　越　商　品		
480,000	800,000	土　　　地		
		支　払　手　形	71,000	90,000
		買　掛　金	145,000	134,000
		借　入　金	200,000	200,000
		貸　倒　引　当　金	9,400	4,400
		資　本　金	800,000	800,000
		売　　　上	1,898,000	2,130,500
		（固定資産売却益）		30,000
1,484,000	1,285,000	仕　　　入		
330,000	300,000	給　　　料		
220,000	200,000	支　払　家　賃		
3,800	3,800	支　払　利　息		
4,500	3,000	手　形　売　却　損		
6,000	1,000	有　価　証　券　売　却　損		
3,388,900	3,123,400		3,123,400	3,388,900

（解　説）
（当座預金出納帳：借方側　合計仕訳）

　　（借）当　座　預　金　　571,000　　　（貸）売　　　　　　上（✓）　36,000
　　　　　　　　　　　　　　　　　　　　　　　売　　掛　　金　　　98,000
　　　　　　　　　　　　　　　　　　　　　　　受　取　手　形（✓）　28,500
　　　　　　　　　　　　　　　　　　　　　　　受　取　手　形　　　13,500
　　　　　　　　　　　　　　　　　　　　　　　売買目的有価証券（✓）45,000
　　　　　　　　　　　　　　　　　　　　　　　土　　　　　地　　　320,000
　　　　　　　　　　　　　　　　　　　　　　　固定資産売却益　　　30,000

(当座預金出納帳：貸方側　合計仕訳)
　　　(借)仕　　　　　　入(✓)　 31,000　　(貸)当　座　預　金　　266,000
　　　　　買　　掛　　金　　 85,000
　　　　　支　払　手　形　　 65,000
　　　　　売買目的有価証券　 35,000
　　　　　給　　　　　料　　 30,000
　　　　　支　払　家　賃　　 20,000

(仕入帳：合計仕訳)
　　　(借)仕　　　　　　入　　199,000　　(貸)当　座　預　金(✓)　 31,000
　　　　　　　　　　　　　　　　　　　　　　買　　掛　　金　　122,000
　　　　　　　　　　　　　　　　　　　　　　支　払　手　形(✓)　 46,000

(売上帳：合計仕訳)
　　　(借)当　座　預　金(✓)　 36,000　　(貸)売　　　　　　上　　232,500
　　　　　売　　掛　　金　　145,500
　　　　　受　取　手　形(✓)　 51,000

(支払手形記入帳：合計仕訳)
　　　(借)仕　　　　　　入(✓)　 46,000　　(貸)支　払　手　形　　 84,000
　　　　　買　　掛　　金　　 38,000

(受取手形記入帳：合計仕訳)
　　　(借)受　取　手　形　　 78,000　　(貸)売　　　　　　上(✓)　 51,000
　　　　　　　　　　　　　　　　　　　　　　売　　掛　　金　　 27,000

(普通仕訳帳：個別仕訳)
11／10　(借)貸 倒 引 当 金　　5,000　　(貸)受　取　手　形　　5,000
11／15　(借)買　　掛　　金　 10,000　　(貸)売　　掛　　金　 10,000
11／19　(借)当　座　預　金(✓)　28,500　　(貸)受　取　手　形　 30,000
　　　　　手　形　売　却　損　 1,500
11／25　(借)当　座　預　金(✓)　45,000　　(貸)売買目的有価証券　50,000
　　　　　有 価 証 券 売 却 損　 5,000

各帳簿の二重仕訳部分（✓）以外の勘定について集計を行います。
11月末勘定残高＝10月末勘定残高＋11月取引（二重仕訳を除く）の集計

第28回　伝票の集計・転記

1

仕 訳 日 計 表

平成〇年8月1日　　　　1

借　　方	元丁	勘　定　科　目	元丁	貸　　方
340,000		現　　　　　　金		193,000
190,000		当　座　預　金		190,000
200,000		受　取　手　形		100,000
180,000		売　　掛　　金		330,000
80,000		備　　　　　　品		
120,000		支　払　手　形		80,000
35,000		買　　掛　　金		150,000
		借　　入　　金		100,000
		売　　　　　　上		220,000
210,000		仕　　　　　　入		
8,000		営　　業　　費		
1,363,000				1,363,000

2

仕 訳 日 計 表

平成〇年10月1日　　　　1

借　　方	元丁	勘　定　科　目	元丁	貸　　方
450,000	1	現　　　　　　金	1	410,000
80,000		当　座　預　金		100,000
250,000		受　取　手　形		
200,000		売　　掛　　金		500,000
		貸　　付　　金		150,000
480,000		有　価　証　券		
200,000		支　払　手　形		300,000
430,000		買　　掛　　金		730,000
		未　　払　　金		480,000
730,000		仕　　　　　　入		
50,000	20	売　　　　　　上	20	200,000
2,870,000				2,870,000

総勘定元帳

現金　　1

平成〇年		摘要	仕丁	借方	貸方	借/貸	残高
10	1	前月繰越	✓	300,000		借	300,000
	〃	仕訳日計表	1	450,000		〃	750,000
	〃	〃	〃		410,000	〃	340,000

売上　　20

平成〇年		摘要	仕丁	借方	貸方	借/貸	残高
10	1	仕訳日計表	1		200,000	貸	200,000
	〃	〃	〃	50,000		〃	150,000

仕訳日計表
平成×年2月1日　　21

借方	元丁	勘定科目	元丁	貸方
59,000		現　　　金		56,000
25,000	22	受　取　手　形	22	22,000
75,000		売　掛　金		78,000
14,000	41	支　払　手　形	41	16,000
58,000		買　掛　金		50,000
20,000		借　入　金		
3,000		売　　　上		75,000
50,000		仕　　　入		5,000
		受　取　手　数　料		2,000
304,000				304,000

（解説）

1　まず，各伝票および各関係元帳の（　）の金額を求める。総勘定元帳の受取手形の貸方は¥22,000である。受取手形の借方¥25,000は，振替伝票№302と№305の合計であるから№302の金額は¥15,000となる。貸方¥22,000は，入金伝票№102と振替伝票№304の合計であるから№304の金額は¥10,000となる。また，支払手形勘定からも同じようにして（　）の金額を求める。振替伝票№303は¥16,000，出金伝票の№202は¥14,000となる。

2　各伝票の売掛金・買掛金の金額は，得意先元帳・仕入先元帳への記入を行っていくことによって求める。

入金伝票 No.101	出金伝票 No.201	振替伝票 No.301
売掛金(仙台商店) (25,000)	買掛金(福岡商店) 10,000	買掛金(福岡商店) (5,000) 売掛金(秋田商店) (5,000)

入金伝票 No.102	出金伝票 No.202	振替伝票 No.302
受取手形 12,000	支払手形 (14,000)	受取手形 (15,000) 売掛金(仙台商店) (15,000)

入金伝票 No.103	出金伝票 No.203	振替伝票 No.303
受取手数料 2,000	借入金 20,000	買掛金(山口商店) (16,000) 支払手形 (16,000)

入金伝票 No.104	出金伝票 No.204	振替伝票 No.304
売掛金(秋田商店) 20,000	買掛金(山口商店) (12,000)	買掛金(福岡商店) (10,000) 受取手形 (10,000)

		振替伝票 No.305
		受取手形 10,000 売掛金(秋田商店) 10,000

仕入伝票 No.401	売上伝票 No.501
買掛金(福岡商店) (20,000)	売掛金(仙台商店) (35,000)

仕入伝票 No.402	売上伝票 No.502
買掛金(山口商店) 30,000	売掛金(秋田商店) 40,000

仕入伝票 No.403	売上伝票 No.503
買掛金(山口商店) 5,000 戻し	売掛金(仙台商店) (3,000) 値引き

総 勘 定 元 帳

受 取 手 形　　22

平成 ×年		摘　　要	仕丁	借　方	貸　方	借/貸	残　高
2	1	前 月 繰 越	✓	35,000		借	35,000
〃		仕 訳 日 計 表	21	25,000		〃	60,000
〃		〃	21		(22,000)	〃	38,000

支 払 手 形　　41

平成 ×年		摘　　要	仕丁	借　方	貸　方	借/貸	残　高
2	1	前 月 繰 越	✓		35,000	貸	35,000
〃		仕 訳 日 計 表	21		(16,000)	〃	(51,000)
〃		〃	21	14,000		〃	37,000

仕入先元帳
福岡商店
仕1

平成 ×年		摘要	仕丁	借方	貸方	借/貸	残高
2	1	前月繰越	✓		45,000	貸	45,000
	〃	仕入伝票	401		(20,000)	〃	(65,000)
	〃	出金伝票	201	(10,000)		〃	55,000
	〃	振替伝票	301	(5,000)		〃	(50,000)
	〃	〃	304	(10,000)		〃	40,000

山口商店
仕2

平成 ×年		摘要	仕丁	借方	貸方	借/貸	残高
2	1	前月繰越	✓		40,000	貸	40,000
	〃	仕入伝票	402		30,000	〃	70,000
	〃	〃	403	5,000		〃	65,000
	〃	出金伝票	204	(12,000)		〃	(53,000)
	〃	振替伝票	303	(16,000)		〃	37,000

得意先元帳
仙台商店
得1

平成 ×年		摘要	仕丁	借方	貸方	借/貸	残高
2	1	前月繰越	✓	55,000		借	55,000
	〃	売上伝票	501	35,000		〃	90,000
	〃	〃	503		3,000	〃	87,000
	〃	入金伝票	101		(25,000)	〃	(62,000)
	〃	振替伝票	302		(15,000)	〃	47,000

秋田商店
得2

平成 ×年		摘要	仕丁	借方	貸方	借/貸	残高
2	1	前月繰越	✓	50,000		借	50,000
	〃	売上伝票	502	(40,000)		〃	(90,000)
	〃	入金伝票	104		(20,000)	〃	70,000
	〃	振替伝票	301		(5,000)	〃	(65,000)
	〃	〃	305		10,000	〃	55,000

4

仕 訳 日 計 表
平成〇年2月1日　　　　　25

借　　方	元丁	勘 定 科 目	元丁	貸　　方
370,000		現　　　　　金		563,000
200,000		受　取　手　形		110,000
616,000		売　　掛　　金		546,000
		売買目的有価証券		288,000
100,000	(省	仮　　払　　金	(省	
256,000		（未　収　金）		120,000
300,000		貸　　付　　金		
		支　払　手　形		180,000
566,000	略)	買　　掛　　金	略)	453,000
50,000		前　　受　　金		75,000
6,000		売　　　　　上		616,000
		受 取 手 数 料		35,000
453,000		仕　　　　　入		8,000
45,000		消　耗　品　費		
32,000		有 価 証 券 売 却 損		
2,994,000				2,994,000

総 勘 定 元 帳
売　　掛　　金　　　　　3

平成〇年		摘　　　要	仕丁	借　　方	貸　　方	借貸	残　　高
2	1	前 月 繰 越	✓	749,000		借	749,000
	〃	仕 訳 日 計 表	25	(616,000)		〃	(1,365,000)
	〃	〃	〃		(546,000)	〃	(819,000)

買　　掛　　金　　　　　16

平成〇年		摘　　　要	仕丁	借　　方	貸　　方	借貸	残　　高
2	1	前 月 繰 越	✓		675,000	貸	675,000
	〃	仕 訳 日 計 表	25		(453,000)	〃	(1,128,000)
	〃	〃	〃	(566,000)		〃	(562,000)

得意先元帳
宮崎商店　　　　　　　　　　　　　　　　　　　　　1

平成〇年		摘　　要	仕丁	借　方	貸　方	借/貸	残　高
2	1	前月繰越	✓	351,000		借	351,000
	〃	入　金　伝　票	(省略)		67,000	〃	(284,000)
	〃	振　替　伝　票			(200,000)	〃	(84,000)
	〃	売　上　伝　票		(295,000)		〃	(379,000)
	〃	〃			6,000	〃	(373,000)

大分商店　　　　　　　　　　　　　　　　　　　　　2

平成〇年		摘　　要	仕丁	借　方	貸　方	借/貸	残　高
2	1	前月繰越	✓	398,000		借	398,000
	〃	入　金　伝　票	(省略)		(73,000)	〃	(325,000)
	〃	振　替　伝　票			150,000	〃	(175,000)
	〃	〃			(50,000)	〃	125,000
	〃	売　上　伝　票		(321,000)		〃	446,000

仕入先元帳
愛知商店　　　　　　　　　　　　　　　　　　　　　1

平成〇年		摘　　要	仕丁	借　方	貸　方	借/貸	残　高
2	1	前月繰越	✓		388,000	貸	388,000
	〃	出　金　伝　票	(省略)	65,000		〃	(323,000)
	〃	振　替　伝　票		150,000		〃	(173,000)
	〃	〃		(110,000)		〃	63,000
	〃	仕　入　伝　票			(237,000)	〃	300,000

岐阜商店　　　　　　　　　　　　　　　　　　　　　2

平成〇年		摘　　要	仕丁	借　方	貸　方	借/貸	残　高
2	1	前月繰越	✓		287,000	貸	287,000
	〃	出　金　伝　票	(省略)	(53,000)		〃	(234,000)
	〃	振　替　伝　票		180,000		〃	(54,000)
	〃	仕　入　伝　票			(216,000)	〃	(270,000)
	〃	〃		(8,000)		〃	(262,000)

(解説)

取引 → 伝票起票（5伝票） → 1日分 仕訳日計表 → 転記：総勘定元帳 ※
　　　　　　　　　　　　　　　　　　　　　　　　　総勘定元帳の摘要欄は，仕訳日計表。
　　　　　　　　　　　　　売掛金関連の各伝票　得意先元帳 ※　人名勘定の摘要欄は，
　　　　　　　　　　　　　買掛金関連の各伝票　仕入先元帳 ※　各伝票名。

各伝票の仕訳について
（入金伝票）仕訳日計表の各勘定へ集計
　　現　　金　(370,000)　　未 収 金　120,000　No.101
　　　　　　　貸方側の合計額　前 受 金　 75,000　No.102
　　　　　　　　　　　　　　　売 掛 金　 67,000　No.103→得意先元帳(宮崎商店)の入金伝票に記入
　　　　　　　　　　　　　　　売 掛 金　(73,000)　No.104←得意先元帳(大分商店)の残高欄の差額より
　　　　　　　　　　　　　　　受取手数料　35,000　No.105
（出金伝票）仕訳日計表の各勘定へ集計
　　　　　　　　　　　　　　　　　　　　　　　　No.201　貸 付 金　300,000　　現　　金　(563,000)
　　仕入先元帳(愛知商店)の摘要：出金伝票より→No.202　買 掛 金　(65,000)　　　　　　　借方側の合計額
　　　　　　　　　　　　　　　　　　　　　　　　No.203　消耗品費　 45,000
　　　　　　　　　　　　　　　　　　　　　　　　No.204　仮 払 金　100,000
　　仕入先元帳(岐阜商店)の摘要：出金伝票に記入←No.205　買 掛 金　 53,000
（仕入伝票）仕訳日計表の各勘定へ集計
　　No.401・402　仕　　入　(453,000)　買 掛 金　(453,000)　←　仕訳日計表の買掛金(貸方)より
　　　No.401：仕入先元帳(岐阜商店)摘要：仕入伝票(貸方)　※仕訳日計表(貸方)買掛金453,000とNo.402の差額
　　　No.402：仕入先元帳(愛知商店)摘要：仕入伝票(貸方)　※仕入先元帳(愛知商店)の残高欄の差額より237,000
　　No.403　買 掛 金　8,000　　仕　　入　8,000
　　　　　仕入先元帳(岐阜商店)の摘要：仕入伝票(借方)に記入
（売上伝票）仕訳日計表の各勘定へ集計
　　得意先元帳(宮崎商店)の摘要：売上伝票(借方)に記帳　←No.501　売 掛 金　295,000　売　上　295,000
　　大分商店勘定の摘要：売上伝票(借方)残高欄の差額より→No.502　売 掛 金　(321,000)　売　上　(321,000)
　　売　　上　(6,000)　売 掛 金　6,000　No.503←得意先元帳(宮崎商店)の摘要：売上伝票(貸方)より
振替伝票：No.302　No.302以外に受取手形(借方)は無いため，日計表の受取手形(借方)より
　　　　　　　　　￥200,000
　　　　　No.303　仕入先元帳(岐阜商店)の摘要：振替伝票より　￥180,000
　　　　　No.304　仕入先元帳(愛知商店)の摘要：振替伝票の(　)は，残高欄の差額より
　　　　　　　　　￥110,000
　　　　　No.306　仕訳日計表(借方)より有価証券売却損￥32,000，(貸方)より売買目的有価
　　　　　　　　　証券￥288,000，差額により(借方)未収金￥256,000となります。

上記より判明したすべての伝票の記入から，仕訳日計表の各勘定への集計を行います。

5

仕 訳 日 計 表

平成×年10月1日　　　　　　　　　21

借 方	元丁	勘 定 科 目	元丁	貸 方
338,000	(省略)	現　　　　金	(省略)	295,200
144,000		受　取　手　形		
474,000		売　　掛　　金		400,000
55,000		前　　払　　金		40,000
36,000		立　　替　　金		
47,000		未　　収　　金		115,000
		備　　　　品		250,000
195,000		備品減価償却累計額		
		支　払　手　形		135,000
515,000		買　　掛　　金		286,000
25,000		前　　受　　金		45,000
		仮　　受　　金		88,000
21,000		売　　　　上		474,000
286,000		仕　　　　入		19,000
3,200		消　耗　品　費		
8,000		（固定資産売却損）		
2,147,200				2,147,200

総 勘 定 元 帳

現　　　　金　　　　　　　　　　1

平成×年		摘　　　要	仕丁	借　方	貸　方	借/貸	残　高
10	1	前 月 繰 越	✓	118,500		借	118,500
	〃	仕 訳 日 計 表	21	338,000		〃	456,500
	〃	〃	〃		295,200	〃	161,300

売　　掛　　金　　　　　　　　　4

平成×年		摘　　　要	仕丁	借　方	貸　方	借/貸	残　高
10	1	前 月 繰 越	✓	511,000		借	511,000
	〃	仕 訳 日 計 表	21	474,000		〃	985,000
	〃	〃	〃		400,000	〃	585,000

得 意 先 元 帳

熊 本 商 店　　　　　　　　　　1

平成×年		摘　　　要	仕丁	借　方	貸　方	借/貸	残　高
10	1	前 月 繰 越	✓	195,000		借	195,000
	〃	入 金 伝 票	(省略)		55,000	〃	140,000
	〃	振 替 伝 票			120,000	〃	20,000
	〃	売 上 伝 票		186,000		〃	206,000

佐 賀 商 店　　　　　　　　　　2

平成×年		摘　　　要	仕丁	借　方	貸　方	借/貸	残　高
10	1	前 月 繰 越	✓	151,000		借	151,000
	〃	振 替 伝 票	(省略)		144,000	〃	7,000
	〃	売 上 伝 票		162,000		〃	169,000
	〃	〃			21,000	〃	148,000

宮 崎 商 店　　　　　　　　　　3

平成×年		摘　　　要	仕丁	借　方	貸　方	借/貸	残　高
10	1	前 月 繰 越	✓	165,000		借	165,000
	〃	入 金 伝 票	(省略)		35,000	〃	130,000
	〃	振 替 伝 票			25,000	〃	105,000
	〃	売 上 伝 票		126,000		〃	231,000

（解　説）

取引 → 伝票起票（5伝票） → 1日分 仕訳日計表 → 転記：総勘定元帳 ※
　　　　　　　　　　　　　　　　　　　　　　　　　　総勘定元帳の摘要欄は，仕訳日計表。
　　　　　　　　　↘ 売掛金関連の各伝票　得意先元帳 ※　人名勘定の摘要欄は，
　　　　　　　　　　　　　　　　　　　　　　　　　　　　　　　　　　　　各伝票名。

※　総勘定元帳における売掛金勘定は，得意先元帳のすべての人名勘定の借方欄・貸方欄の各記録の合計および残高欄の合計額と一致します。この関係より，売掛金勘定の前月繰越は，得意先元帳の全ての前月繰越を合計して算出します。

各伝票の仕訳について

（入金伝票）仕訳日計表の各勘定へ集計

　現　　金　(338,000)　仮 受 金　(88,000)　No.101←仕訳日計表の仮受金(貸方)より
　　　　貸方側の合計額　売 掛 金　(35,000)　No.102←得意先元帳(宮崎商店)の摘要：入金伝票より
　　　　　　　　　　　　前 受 金　 45,000 　No.103
　　　　　　　　　　　　売 掛 金　(55,000)　No.104←得意先元帳(熊本商店)の残高欄の差額より
　　　　　　　　　　　　未 収 金　115,000 　No.105

(出金伝票) 仕訳日計表の各勘定へ集計

　　　　　　　　　　　　No.201　買　掛　金　*121,000*　　　　　現　　金　(*295,200*)
　　仕訳日計表の前払金(借方)より→No.202　前　払　金　(*55,000*)　　　　　　　借方側の合計額
　　　　　　　　　　　　No.203　買　掛　金　*80,000*
　　　　　　　　　　　　No.204　立　替　金　*36,000*
　　　　　　　　　　　　No.205　消　耗　品　費　*3,200*

(振替伝票)：No.302　得意先元帳(熊本商店)の摘要：振替伝票の金額を残高欄の差額より　¥*120,000*
　　　　　　No.303　No.303以外に受取手形(借方)は無いため，日計表の受取手形(借方)より
　　　　　　　　　　¥*144,000*
　　　　　　No.304　No.304以外に支払手形(貸方)は無いため，日計表の支払手形(貸方)より
　　　　　　　　　　¥*135,000*
　　　　　　No.305　No.305以外に前受金(借方)は無いため，日計表の前受金(借方)より
　　　　　　　　　　¥ *25,000*
　　　　　　No.306　仕訳日計表(借方)より<u>備品減価償却累計額¥*195,000*</u>，(貸方)より<u>備品</u>
　　　　　　　　　　<u>¥*250,000*</u>，仕訳の貸借差額から<u>固定資産売却損¥*8,000*</u>となります。

(仕入伝票) 仕訳日計表の各勘定へ集計

　No.401・402　仕　　入　(*286,000*)　買　掛　金　(*286,000*)　←仕訳日計表の買掛金(貸方)より
　　(参考)　No.402：仕訳日計表(貸方)買掛金*286,000*とNo.401¥*148,000*の差額(*138,000*)
　No.403　　　買　掛　金　*19,000*　　仕　　入　*19,000*

(売上伝票) 仕訳日計表の各勘定へ集計

　得意先元帳（熊本商店）の摘要：売上伝票(借方)に記帳←No.501　売掛金　*186,000*　売　上　*186,000*
　佐賀商店勘定の摘要：売上伝票(借方)残高欄の差額より→No.502　売掛金　(*162,000*)　売　上　(*162,000*)
　宮崎商店勘定の摘要：売上伝票(借方)残高欄の差額より→No.503　売掛金　(*126,000*)　売　上　(*126,000*)
　<u>売　　　上　*21,000*　売　掛　金　*21,000*　No.504</u>

　　　　日計表より，売掛金勘定の貸方合計は*400,000*と分かり，そこから売掛金元帳の全ての貸方
　　記入の金額（伝票No.104，302，303，102，305）を差し引き，差額によりNo.504の金額*21,000*
　　を求めます。

上記より判明したすべての伝票の記入から，仕訳日計表の各勘定への集計を行います。

第29回 試算表兼用元帳

1

日　計　表
平成○年4月10日

借方残高	借方合計	勘定科目	貸方合計	貸方残高
270,000	670,000	現　　　　　金	550,000	
390,000	130,000	当　座　預　金	190,000	
490,000	220,000	受　取　手　形	130,000	
260,000		売　　掛　　金	340,000	
200,000		繰　越　商　品		
550,000	50,000	備　　　　　品		
	110,000	支　払　手　形		590,000
	310,000	買　　掛　　金	180,000	470,000
		資　　本　　金		800,000
		売　　　　　上	520,000	1,820,000
1,400,000	400,000	仕　　　　　入		
120,000	20,000	営　　業　　費		
3,680,000	1,910,000		1,910,000	3,680,000

（解　説）

1　日計表の借方合計・貸方合計の金額は，4／10の伝票だけの集計で求める。たとえば，現金の借方合計は，入金伝票（5枚）の合計 ¥670,000，貸方合計は，出金伝票（6枚）の合計 ¥550,000 となる。

2　日計表の借方残高の金額，貸方残高の金額は，前日の残高に上記で求めた金額を加減して求める。たとえば，現金の残高は，¥150,000 ＋ ¥670,000 － ¥550,000 ＝ ¥270,000 となる。また，支払手形の金額は，¥700,000 － ¥110,000 ＝ ¥590,000 となる。

2

元　　　　帳
平成○年10月1日

(平成○年9月)
(30日の元帳)

勘定科目	借　方	貸　方	残　高	残　高
現　　　　金	520,000	410,000	180,000	70,000
当　座　預　金	90,000	120,000	100,000	130,000
受　取　手　形	200,000		470,000	270,000
売　　掛　　金	300,000	260,000	460,000	420,000
繰　越　商　品			200,000	200,000
備　　　　品	110,000		260,000	150,000
仕　　　　入	50,000		710,000	660,000
営　　業　　費	30,000		170,000	140,000
借方残高合計			2,550,000	2,040,000
買　　掛　　金	130,000	200,000		330,000
借　　入　　金		300,000		300,000
資　　本　　金		600,000		600,000
売　　　　上	10,000	650,000	1,450,000	810,000
貸方残高合計			2,550,000	2,040,000
本日取引合計	1,440,000	1,440,000		

得　意　先　元　帳

下　関　商　店

得1

平成○年		摘　　要	仕丁	借　方	貸　方	借/貸	残　高
10	1	前月繰越	✓	150,000		借	150,000
	〃	入金伝票	152		100,000	〃	50,000
	〃	振替伝票	852	160,000		〃	210,000
	〃	〃	853		10,000	〃	200,000

長　門　商　店

得2

平成○年		摘　　要	仕丁	借　方	貸　方	借/貸	残　高
10	1	前月繰越	✓	200,000		借	200,000
	〃	入金伝票	153		150,000	〃	50,000
	〃	振替伝票	854	140,000		〃	190,000

第30回　決算整理

1 (1) 純仕入高　¥300,000　(2) 純売上高　¥380,000　(3) 売上原価　¥290,000
　　(4) 商品売買益　¥90,000

2
仕　　　　　入	370,000	繰　越　商　品	370,000
繰　越　商　品	400,000	仕　　　　　入	400,000
棚　卸　減　耗　損	20,000	繰　越　商　品	39,000
商　品　評　価　損	19,000		
仕　　　　　入	19,000	商　品　評　価　損	19,000

ヒント　棚卸減耗損　¥400×(1,000個−950個)＝¥20,000
　　　　　商品評価損　(¥400−¥380)×950個＝¥19,000

3
| 貸倒引当金繰入 | 90,000 | 貸　倒　引　当　金 | 90,000 |

ヒント　貸倒見積額　(¥4,000,000＋¥2,500,000)×0.02＝¥130,000
　　　　　貸倒引当金追加計上額　¥130,000−¥40,000＝¥90,000

4 (1)
| 減　価　償　却　費 | 225,000 | 備品減価償却累計額 | 225,000 |
| (2) 有価証券評価損 | 200,000 | 有　価　証　券 | 200,000 |

ヒント　減価償却費　(¥1,200,000−¥300,000)×0.25＝¥225,000

5
1	仕　　　　　入	2,900,000	繰　越　商　品	2,900,000
	繰　越　商　品	2,850,000	仕　　　　　入	2,850,000
	棚　卸　減　耗　費	47,500	繰　越　商　品	106,500
	商　品　評　価　損	59,000		
	仕　　　　　入	59,000	商　品　評　価　損	59,000
2	貸倒引当金繰入	50,000	貸　倒　引　当　金	50,000
3	有価証券評価損	30,000	売買目的有価証券	30,000
	売買目的有価証券	100,000	有価証券評価益	100,000
4	減　価　償　却　費	367,500	建物減価償却累計額	180,000
			備品減価償却累計額	187,500
5	前　払　保　険　料	60,000	保　　険　　料	60,000
6	法　人　税　等	1,200,000	仮払法人税等	650,000
			未払法人税等	550,000
7	退　職　給　付　費　用	230,000	退職給付引当金	230,000
	(または退職給付引当金繰入)			
8	未　収　利　息	15,000	受　取　利　息	15,000
9	広　　告　　料	130,000	未　払　広　告　料	130,000
10	の れ ん 償 却	20,000 *¹	の　れ　ん	20,000
11	社　債　利　息	16,000	社　　債	16,000 *²
	社債発行費等償却	15,000	社　債　発　行　費　等	15,000 *³

ヒント　*1　のれんは20年以内に償却することになり，ここでは，10年で均等償却する。

　　　　　*2　社債の割引額 ¥2,000,000 × $\dfrac{¥100 - ¥96}{¥100}$ ＝ ¥80,000

毎期の評価替額￥80,000÷5＝￥16,000
社債利息の借方と社債の貸方に加算する。
＊3 社債発行費等は償還期間5年で償却する（前期首に発行したので，￥60,000÷（5－1）(年)＝￥15,000）。

第31回 精算表

1 (1) 仕　　　　入　　　100,000　　　繰　越　商　品　　　100,000
　　　繰　越　商　品　　　 90,000　　　仕　　　　入　　　 90,000
　(2) 貸倒引当金繰入　　　 11,000　　　貸　倒　引　当　金　 11,000
　(3) 減　価　償　却　費　 18,000　　　備品減価償却累計額　 18,000

精算表

勘定科目	試算表 借方	試算表 貸方	整理記入 借方	整理記入 貸方	損益計算書 借方	損益計算書 貸方	貸借対照表 借方	貸借対照表 貸方
現　　　　　金	15,000						15,000	
当　座　預　金	30,000						30,000	
売　　掛　　金	400,000						400,000	
繰　越　商　品	100,000		90,000	100,000			90,000	
備　　　　　品	120,000						120,000	
買　　掛　　金		180,000						180,000
貸倒引当金		9,000		11,000				20,000
備品減価償却累計額		36,000		18,000				54,000
資　　本　　金		300,000						300,000
売　　　　　上		845,000				845,000		
仕　　　　　入	630,000		100,000	90,000	640,000			
給　　　　　料	70,000				70,000			
雑　　　　　費	5,000				5,000			
貸倒引当金繰入			11,000		11,000			
減　価　償　却　費			18,000		18,000			
当　期　純　利　益					101,000			101,000
	1,370,000	1,370,000	219,000	219,000	845,000	845,000	655,000	655,000

精算表

勘定科目	試算表 借方	試算表 貸方	整理記入 借方	整理記入 貸方	損益計算書 借方	損益計算書 貸方	貸借対照表 借方	貸借対照表 貸方
現　　　　金	4,000						(4,000)	
当 座 預 金	126,000						(126,000)	
受 取 手 形	95,000						(95,000)	
売　掛　金	110,000						(110,000)	
貸 倒 引 当 金		(2,000)		(2,100)				4,100
繰 越 商 品	120,000		(140,000)	(120,000)			140,000	
売買目的有価証券	(72,000)			2,000			70,000	
貸　付　金	(80,000)						80,000	
備　　　　品	(150,000)						150,000	
減価償却累計額		54,000		(27,000)				(81,000)
支 払 手 形		69,000						(69,000)
買　掛　金		(70,000)						70,000
借　入　金		(40,000)						40,000
資　本　金		(450,000)						(450,000)
売　　　　上		813,400				813,400		
受 取 利 息		1,600		(500)		(2,100)		
仕　　　　入	589,000		(120,000)	(140,000)	569,000			
給　　　料	92,000				(92,000)			
広　告　料	37,000				(37,000)			
支 払 家 賃	24,000			1,500	(22,500)			
支 払 利 息	1,000		(1,400)		2,400			
貸倒引当金繰入			(2,100)		2,100			
減 価 償 却 費			(27,000)		27,000			
有価証券評価損			(2,000)		(2,000)			
未 収 利 息			(500)				500	
前 払 家 賃			1,500				(1,500)	
未 払 利 息				(1,400)				(1,400)
当 期 純 利 益					(61,500)			(61,500)
	1,500,000	1,500,000	294,500	294,500	815,500	815,500	777,000	777,000

精算表

勘定科目	残高試算表 借方	残高試算表 貸方	修正記入 借方	修正記入 貸方	損益計算書 借方	損益計算書 貸方	貸借対照表 借方	貸借対照表 貸方
現 金 預 金	221,250		500	2,300			219,450	
受 取 手 形	150,000						150,000	
売 掛 金	210,000			10,000			200,000	
売買目的有価証券	147,300		200				147,500	
繰 越 商 品	58,000		65,000	58,000			63,600	
				1,000				
				400				
建 物	4,000,000						4,000,000	
備 品	800,000						800,000	
満期保有目的債券	49,500		100				49,600	
株 式 交 付 費	9,000			1,750			7,250	
支 払 手 形		130,000						130,000
買 掛 金		210,000						210,000
借 入 金		400,000						400,000
商品保証引当金		5,800		31,400				37,200
貸 倒 引 当 金		11,200	10,000	9,300				10,500
建物減価償却累計額		720,000		120,000				840,000
備品減価償却累計額		390,400		81,920				472,320
資 本 金		3,000,000						3,000,000
利 益 準 備 金		115,000						115,000
繰越利益剰余金		222,550						222,550
売 上		3,720,000				3,720,000		
有 価 証 券 利 息		500	500	1,100		1,100		
				100				
仕 入	2,700,000		58,000	65,000	2,693,400			
			400					
給 料	570,000				570,000			
支 払 保 険 料	6,600			1,100	5,500			
支 払 利 息	3,800		2,300		6,100			
	8,925,450	8,925,450						
貸倒引当金(繰入)			9,300		9,300			
有価証券評価(益)				200		200		
棚 卸 減 耗 損			1,000		1,000			
商 品 評 価 損			400	400				
減 価 償 却 費			201,920		201,920			
(株式交付費)償却			1,750		1,750			
(商品保証引当金)繰入			31,400		31,400			
(前 払)保険料			1,100				1,100	
当期純(利益)					200,930			200,930
			383,370	383,370	3,721,300	3,721,300	5,638,500	5,638,500

(解 説)

決算整理事項その他についての処理は，以下のとおり行います。

1　現　金　預　金　　　　500　　　　有 価 証 券 利 息　　　　500
2　支　払　利　息　　　2,300　　　　現　金　預　金　　　　2,300
3　貸　倒　引　当　金　　10,000　　　売　　掛　　金　　　10,000
4　貸倒引当金の設定
　　((受取手形¥150,000＋売掛金¥210,000－¥10,000)×見積率3％)－貸倒引当金残高¥1,200
　　＝¥9,300
　　　貸 倒 引 当 金 繰 入　　9,300　　　貸　倒　引　当　金　　9,300
5　<u>A社社債</u>　帳簿価額と額面金額との差額を，償還期までの利息の調整として各会計期間に配分
　　　満 期 保 有 目 的 債 券　　100　　　有 価 証 券 利 息　　　　100
　　<u>B社・C社株式</u>　時価により評価替
　　　売 買 目 的 有 価 証 券　　200　　　有 価 証 券 評 価 益　　　200
6　期末商品の評価，売上原価の算定

```
　　　　　　　　　　¥100　┌──────────┬─────────────┬──────────┐
　　　　　　　　　　　　　│商品評価損      │              │棚卸減耗損  │
　　　　　　　　　　　　　│¥400            │              │            │
　　　　　　　　　¥90　　├──────────┤（B／S商品）│¥1,000      │
　　　　　　　　　　　　　│実地棚卸高      │              │            │
　　　　　　　　　　　　　│¥63,600         │              │            │
　　　　　　　　　　　　　└──────────┴─────────────┴──────────┘
　　　　　　　　　　　　　　　40個　　　　　　　640個　　　　　650個
```

　　　仕　　　　　入　　58,000　　　繰　越　商　品　　58,000
　　　繰　越　商　品　　65,000　　　仕　　　　　入　　65,000
　　　棚　卸　減　耗　損　1,000　　　繰　越　商　品　　1,400
　　　商　品　評　価　損　　400
　　　仕　　　　　入　　　400　　　商　品　評　価　損　　400
　　　※　評価損は，時価の値下がりのある場合のみ計上するため，600個の時価の値上がり
　　　　　分は原価のまま評価します。
7　減価償却費の計上
　　　減 価 償 却 費　　201,920　　　建物減価償却累計額　120,000　定額法により計算
　　　　　　　　　　　　　　　　　　　備品減価償却累計額　81,920　定率法により計算
8　株式交付費（繰延資産）の償却
　　　¥9,000÷36か月×7か月（9/1～翌年3/31）＝¥1,750
　　　株 式 交 付 費 償 却　　1,750　　　株　式　交　付　費　　1,750
9　商品保証引当金の計上
　　　商品保証引当金繰入　31,400　　　商　品　保　証　引　当　金　31,400
10　支払保険料の繰り延べ
　　　当期6／1支出　　→　　当期決算日　　→　　次期5／31
　　　　　　　　　(10か月分は当期の費用)　(2か月分は前払費用)
　　　　¥6,600　　→　　¥5,500　　＋　　¥1,100
　　　前　払　保　険　料　　1,100　　　支　払　保　険　料　　1,100

4 精算表

勘定科目	試算表 借方	試算表 貸方	修正記入 借方	修正記入 貸方	損益計算書 借方	損益計算書 貸方	貸借対照表 借方	貸借対照表 貸方
現　　　　　金	127,800			18,000			109,800	
当　座　預　金	326,840		48,000	72,000			349,840	
			47,000					
受　取　手　形	360,000						360,000	
売　　掛　　金	348,000			48,000			300,000	
売買目的有価証券	970,000			58,600			911,400	
繰　越　商　品	280,000		312,000	280,000			285,200	
				13,000				
				13,800				
建　　　　　物	3,000,000		700,000				3,700,000	
備　　　　　品	900,000						900,000	
建　設　仮　勘　定	900,000			700,000			200,000	
満期保有目的債券	791,360		2,880				794,240	
長　期　貸　付　金	840,000						840,000	
支　払　手　形		352,000	72,000					280,000
買　　掛　　金		458,000						458,000
未　　払　　金		20,000		47,000				67,000
貸　倒　引　当　金		21,000		5,400				26,400
商品保証引当金		51,000	18,000	84,400				117,400
建物減価償却累計額		720,000		100,500				820,500
備品減価償却累計額		576,000		64,800				640,800
資　　本　　金		5,500,000						5,500,000
利　益　準　備　金		130,000						130,000
繰越利益剰余金		110,000						110,000
売　　　　　上		11,740,000				11,740,000		
受　取　手　数　料		80,000				80,000		
受　取　利　息		28,000		14,000		42,000		
有　価　証　券　利　息		12,000		2,880		14,880		
仕　　　　　入	7,631,000		280,000	312,000	7,612,800			
			13,800					
給　　　　　料	1,520,000				1,520,000			
支　払　地　代	936,000		12,000		948,000			
広　告　宣　伝　費	423,000				423,000			
通　　信　　費	192,000				192,000			
保　　険　　料	174,000			42,000	132,000			
雑　　　　　費	78,000				78,000			
	19,798,000	19,798,000						
貸倒引当金（繰入）			5,400		5,400			
棚　卸　減　耗　損			13,000		13,000			
商　品　評　価　損			13,800	13,800				
有価証券評価（損）			58,600		58,600			
減　価　償　却　費			165,300		165,300			
商品保証引当金繰入			84,400		84,400			
（前　払）保険料			42,000				42,000	
（未　収）利息			14,000				14,000	
（未　払）地代				12,000				12,000
当期純（利益）					644,380			644,380
			1,902,180	1,902,180	11,876,880	11,876,880	8,806,480	8,806,480

(解　説)
1　〔資料Ⅰ〕について
　(1)　当座預金について
　　　　当　座　預　金　　　48,000　　　売　　掛　　金　　　48,000
　　　　当　座　預　金　　　47,000　　　未　　払　　金　　　47,000
　　　　支　払　手　形　　　72,000　　　当　座　預　金　　　72,000
　　　　(注)　(2)については未取付小切手なので仕訳は不要である。
　(2)　新築店舗の完成
　　　　建　　　　　物　　　700,000　　　建　設　仮　勘　定　　　700,000
　(3)　保証付き商品の修理
　　　　商　品　保　証　引　当　金　　　18,000　　　現　　　　金　　　18,000
　　　　(注)　前期に販売した商品については商品保証引当金が前期末に設定されている点に留意すること。
2　〔資料Ⅱ〕について
　(1)　貸倒引当金
　　　　貸　倒　引　当　金　繰　入　　　5,400　　　貸　倒　引　当　金　　　5,400
　　　　(注)　貸倒引当金繰入：{￥360,000(受取手形)＋￥300,000(売掛金)}×4％
　　　　　　　　　　　　　　　－￥21,000(整理前T/Bの貸倒引当金)＝￥5,400
　(2)　売上原価の計算及び商品の評価
　　　　仕　　　　　　入　　　280,000　　　繰　越　商　品　　　280,000
　　　　繰　越　商　品　　　312,000　　　仕　　　　　　入　　　312,000
　　　　棚　卸　減　耗　損　　　13,000　　　繰　越　商　品　　　13,000
　　　　商　品　評　価　損　　　13,800　　　繰　越　商　品　　　13,800
　　　　仕　　　　　　入　　　13,800　　　商　品　評　価　損　　　13,800
　　　　(注)1　帳簿棚卸高：￥2,600×120個＝￥312,000
　　　　　　2　棚卸減耗損：{120個(帳簿棚卸数量)－115個(実地棚卸数量)}×￥2,600＝￥13,000
　　　　　　3　商品評価損：{￥2,600(原価)－￥2,480(時価)}×115個(実地棚卸数量)＝￥13,800
　(3)　売買目的有価証券
　　　　有　価　証　券　評　価　損　　　58,600　　　売買目的有価証券　　　58,600
　　　　(注)1　簿価合計：￥141×3,000株(甲社株式)＋￥3,500×100株(乙社株式)
　　　　　　　　　　　　　＋￥98.5×2,000口(丙社社債)＝￥970,000
　　　　　　2　時価合計：￥130×3,000株(甲社株式)＋￥3,240×100株(乙社株式)
　　　　　　　　　　　　　＋￥98.7×2,000口(丙社社債)＝￥911,400
　　　　　　3　評価損益：￥970,000(簿価合計)－￥911,400(時価合計)＝￥58,600(評価損)
　(4)　減価償却
　　　　減　価　償　却　費　　　165,300　　　建物減価償却累計額　　　100,500
　　　　　　　　　　　　　　　　　　　　　　　備品減価償却累計額　　　64,800
　　　　(注)1　建物(年間保有分)：￥3,000,000(取得原価)×90％÷30年＝￥90,000
　　　　　　　　　(期中取得分)：￥700,000(取得原価)×90％÷30年×6/12(H×6.10～H×7.3)
　　　　　　　　　　　　　　　　＝￥10,500
　　　　　　2　備品：{￥900,000(取得原価)－￥576,000(減価償却累計額)}×20％＝￥64,800

(5) 満期保有目的債券

  満期保有目的債券 2,880   有価証券利息 2,880

 (注) 1　発行口数：¥800,000（額面金額）÷¥100（1口あたり額面金額）＝8,000口
    2　取得原価：¥98.2（1口あたり取得原価）×8,000口＝¥785,600
    3　償却原価法：{¥800,000（取得原価）－¥785,600（取得原価）}÷5年＝¥2,880

(6) 商品保証引当金

  商品保証引当金繰入 84,400   商品保証引当金 84,400

 (注)　商品保証引当金残高：¥51,000（整理前T/B）－¥18,000（資料Ⅰ1(3)）＝¥33,000
    商品保証引当金繰入：¥117,400－¥33,000（残高）＝¥84,400

(7) 保険料について

  前　払　保　険　料 42,000   保　　険　　料 42,000

 (注) 1　旧建物：{¥174,000（整理前T/Bの保険料）－¥48,000（新店舗保険料）}×2/14（H×7.4〜5）＝¥18,000（前期に支払った保険料のうち2か月分が含まれている点に留意する）
    2　新店舗：¥48,000×6/12（H×7.4〜H×7.9）＝¥24,000

(8) 長期貸付金について

  未　収　利　息 14,000   受　取　利　息 14,000

 (注)　¥840,000（整理前T/Bの長期貸付金）×5％×4/12（H×6.12〜H×7.3）＝¥14,000

(9) 通信費について

  支　払　地　代 12,000   未　払　地　代 12,000

(10) 当期純利益の計算

  ¥11,876,880（収益合計）－¥11,232,500（費用合計）＝¥644,380

第32回　帳簿の締切り・繰越試算表・修正後試算表

1

現　　　金				売　掛　金		
	35,000	次期繰越	35,000	90,000	次期繰越	90,000

繰　越　商　品				備　　　品		
	64,000	次期繰越	64,000	200,000	次期繰越	200,000

土　　　地				買　掛　金		
	500,000	次期繰越	500,000	次期繰越	69,000	69,000

貸倒引当金				備品減価償却累計額		
次期繰越	1,500		1,500	次期繰越	78,000	78,000

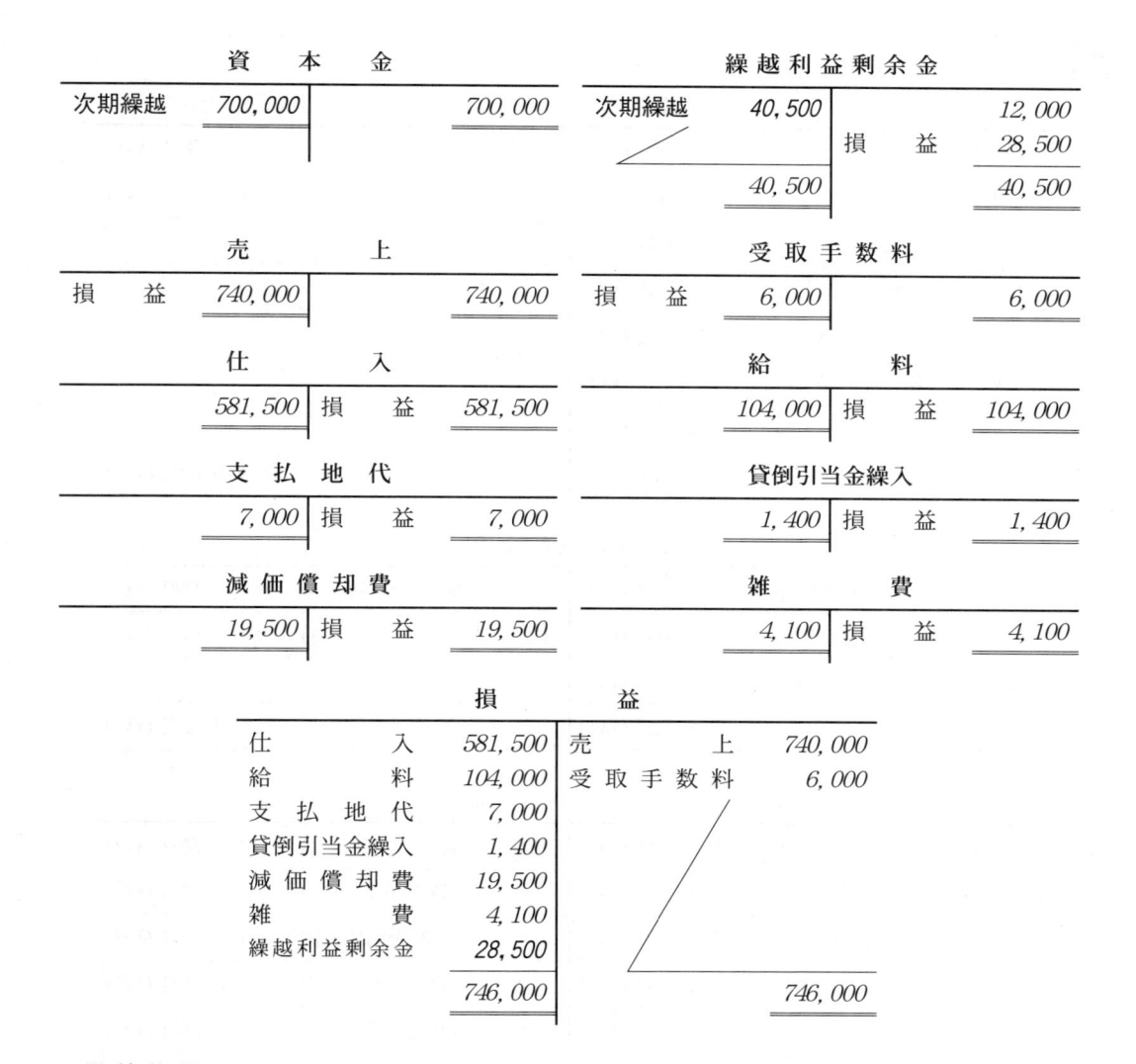

資　　本　　金				繰越利益剰余金			
次期繰越	700,000		700,000	次期繰越	40,500		12,000
						損　　益	28,500
					40,500		40,500

売　　　　　　上				受 取 手 数 料			
損　　益	740,000		740,000	損　　益	6,000		6,000

仕　　　　　　入				給　　　　　料			
	581,500	損　　益	581,500		104,000	損　　益	104,000

支　払　地　代				貸倒引当金繰入			
	7,000	損　　益	7,000		1,400	損　　益	1,400

減 価 償 却 費				雑　　　　　費			
	19,500	損　　益	19,500		4,100	損　　益	4,100

損　　　　　　益			
仕　　　　　入	581,500	売　　　　　上	740,000
給　　　　　料	104,000	受 取 手 数 料	6,000
支　払　地　代	7,000		
貸倒引当金繰入	1,400		
減 価 償 却 費	19,500		
雑　　　　　費	4,100		
繰越利益剰余金	28,500		
	746,000		746,000

振替仕訳

借　方　科　目	金　　額	貸　方　科　目	金　　額
売　　　　　　上	740,000	損　　　　　　益	746,000
受 取 手 数 料	6,000		
損　　　　　　益	717,500	仕　　　　　　入	581,500
		給　　　　　料	104,000
		支　払　地　代	7,000
		貸倒引当金繰入	1,400
		減 価 償 却 費	19,500
		雑　　　　　費	4,100
損　　　　　　益	28,500	繰越利益剰余金	28,500

2

損　益

12/31	仕　　　　入	(7,100,000)	12/31	売　　　　上	(9,360,000)
〃	(給　　　料)	(900,000)	〃	(受 取 利 息)	(8,000)
〃	(支 払 保 険 料)	(180,000)			
〃	(貸倒引当金繰入)	(15,000)			
〃	(減 価 償 却 費)	(144,000)			
〃	(雑　　　費)	(6,000)			
〃	(繰越利益剰余金)	(1,023,000)			
		(9,368,000)			(9,368,000)

繰越利益剰余金

3/26	利 益 準 備 金	(70,000)	1/1	開 始 残 高	900,000
〃	未 払 配 当 金	(700,000)	12/31	(損　　　益)	(1,023,000)
12/31	(残　　　高)	(1,153,000)			
		(1,923,000)			(1,923,000)

残　高

12/31	現　　　　金	(328,000)	12/31	買　　掛　　金	(960,000)
〃	(売　掛　金)	(1,250,000)	〃	(貸 倒 引 当 金)	(25,000)
〃	(繰 越 商 品)	(640,000)	〃	(建物減価償却累計額)	(720,000)
〃	(建　　　物)	(4,000,000)	〃	(資　本　金)	(10,000,000)
〃	(土　　　地)	(7,000,000)	〃	(利 益 準 備 金)	(360,000)
			〃	(繰越利益剰余金)	(1,153,000)
		(13,218,000)			(13,218,000)

(解　説)

　これは，大陸式決算法の問題である。

3

損　　　益

2/28	仕　　　　入	(963,800)	2/28	売　　　　上	(1,470,000)
〃	給　　　　料	(212,000)	〃	受 取 手 数 料	(31,000)
〃	支 払 家 賃	(13,000)			
〃	保 　険 　料	(8,000)			
〃	貸倒引当金繰入	(12,000)			
〃	減 価 償 却 費	(34,000)			
〃	支 払 利 息	(10,000)			
〃	棚 卸 減 耗 損	(16,000)			
〃	法 人 税 等	(116,100)			
〃	繰越利益剰余金	(116,100)			
		(1,501,000)			(1,501,000)

繰 越 試 算 表
平成×年2月28日

借　　方	勘 定 科 目	貸　　方
(453,000)	現 金 預 金	
(292,000)	受 取 手 形	
(188,000)	売 掛 金	
(300,200)	繰 越 商 品	
(1,000)	前 払 保 険 料	
(600,000)	建　　　　物	
(200,000)	備　　　　品	
	支 払 手 形	(240,000)
	買 掛 金	(187,000)
	借 入 金	(500,000)
	未 払 家 賃	(3,000)
	未 払 利 息	(2,000)
	未 払 法 人 税 等	(116,100)
	貸 倒 引 当 金	(24,000)
	建物減価償却累計額	(198,000)
	備品減価償却累計額	(136,000)
	資 本 金	(400,000)
	利 益 準 備 金	(50,000)
	任 意 積 立 金	(46,000)
	繰越利益剰余金	(132,100)
(2,034,200)		(2,034,200)

(解　説)

決算整理事項等

1	①	当　座　預　金	20,000	買　　掛　　金	20,000
	②	当　座　預　金	30,000	売　　掛　　金	30,000
	③	仕訳なし			
2		貸倒引当金繰入	12,000	貸　倒　引　当　金	12,000

ヒント　（受取手形残高）（売掛金残高）（決算整理事項1②）
　　　　（¥292,000＋¥218,000－¥30,000）×0.05－¥12,000＝¥12,000

3		仕　　　　　　入	300,000	繰　越　商　品	300,000
		繰　越　商　品	320,000	仕　　　　　　入	320,000
		棚　卸　減　耗　損	16,000	繰　越　商　品	19,800
		商　品　評　価　損	3,800		
		仕　　　　　　入	3,800	商　品　評　価　損	3,800

ヒント　売上原価＝期首商品棚卸高＋仕入高－期末商品棚卸高
　　　　¥300,000＋¥980,000－¥320,000＝¥960,000
　　　次期繰越高＝時価×実地棚卸数量
　　　　＠¥790×380個＝¥300,200
　　繰越試算表は次期繰越高を集めて作成するので，ここで計算しておくとよい。

4		減　価　償　却　費	34,000	建物減価償却累計額	18,000
				備品減価償却累計額	16,000

　　建物　（¥600,000－¥60,000）÷30＝¥18,000
　　　　　建物減価償却累計額の計　¥180,000＋¥18,000＝¥198,000
　　備品　（¥200,000－¥120,000）×0.2＝¥16,000
　　　　　備品減価償却累計額の計　¥120,000＋¥16,000＝¥136,000

5		支　　払　　家　　賃	3,000	未　　払　　家　　賃	3,000
6		前　払　保　険　料	1,000	保　　険　　料	1,000
7		支　　払　　利　　息	2,000	未　　払　　利　　息	2,000
8		法　　人　　税　　等	116,100	未　払　法　人　税　等	116,100

損益勘定の収益総額から費用総額を差し引き税引前当期純利益を計算する。
　（収益総額）　（費用総額）　（税引前当期純利益）
　¥1,501,000－¥1,268,800＝¥232,200
法人税等　¥232,200×0.5＝¥116,100

		損　　　　　益	116,100	繰越利益剰余金	116,100

繰越利益剰余金の繰越額　¥16,000＋¥116,100＝¥132,100

第33回　損益計算書・貸借対照表・株主資本等変動計算書

【出題範囲の改正】（平成19年度から適用されます。）

損益計算書……当期純利益までの表示をします。前期繰越利益剰余金を加算した繰越利益剰余金の期末残高の計算は、「株主資本等変動計算書（後述）に移されます。

貸借対照表……資本の部を純資産の部とします。Ⅲ 3 は、繰越利益剰余金とします。その内容を次に示します。

```
純資産の部
    Ⅰ  資   本   金                              (           )
    Ⅱ  資 本 剰 余 金
        1  資 本 準 備 金        (           )
        2  その他資本剰余金      (           )       (           )
    Ⅲ  利 益 剰 余 金
        1  利 益 準 備 金        (           )
        2  任 意 積 立 金        (           )
        3  繰越利益剰余金※      (           )       (           )
            純 資 産 合 計                           (           )
            負債・純資産合計                         (           )
```

※　従来の当期純利益の内書は不要。「株主資本等変動計算書」で明らかにされます。

株主資本等変動計算書……従来の「利益処分計算書または損失処理計算書」に替わって「株主資本等変動計算書」を作成することとされました。

〈本書の対応〉　損益計算書と貸借対照表は、出題範囲の改正に伴う改訂を、平成19年度に行いました。

「株主資本等変動計算書」は、色々なひな型が考えられますが、2級の出題範囲内で、平成19年度版から練習問題に入れました。

1

```
                        損  益  計  算  書
    Ⅰ  売     上     高                                      (     6,840,000)
    Ⅱ  売   上   原   価
        1  期首商品棚卸高          (       430,000)
        2  当期商品仕入高          (     5,058,000)
            合       計            (     5,488,000)
        3  期末商品棚卸高          (       520,000)      (     4,968,000)
            売  上  総  利  益                              (     1,872,000)
    Ⅲ  販売費および一般管理費
        1  給            料        (       960,000)
        2  貸倒引当金繰入          (         3,000)
        3  減  価  償  却  費      (        87,000)
        4  広  告  宣  伝  費      (       540,000)
        5  保       険       料    (        70,000)      (     1,660,000)
            営    業    利    益                          (       212,000)
```

Ⅳ 営業外収益
 1 受 取 利 息 　　　　　　　　　　　　　　　　（　　　72,000）
Ⅴ 営業外費用
 1 支 払 利 息 　　　　　　　（　　　24,000）
 2 有価証券評価損　　　　　（　　　80,000）（　　104,000）
　　　当 期 純 利 益　　　　　　　　　　　　　　（　　180,000）

2

貸 借 対 照 表

資 産 の 部		負 債 の 部	
Ⅰ 流動資産		Ⅰ 流動負債	
1 現 金 預 金　　　　　　　（　46,300）		1 支 払 手 形　　　　　　　（　20,000）	
2 受 取 手 形（　57,000）		2 買 掛 金　　　　　　　　（　63,000）	
3 売 掛 金（　98,000）		3 未 払 費 用　　　　　　　（　　　800）	
計　（　155,000）		流動負債合計　　　　　　　（　83,800）	
貸倒引当金（　3,100）（　151,900）		Ⅱ 固定負債	
4 商 品　　　　　　　　（　36,000）		1 長 期 借 入 金　　　　　（　50,000）	
5 前 払 費 用　　　　　　（　　　300）		固定負債合計　　　　　　　（　50,000）	
流動資産合計　　　　　（　234,500）		負 債 合 計　　　　　　　（　133,800）	
Ⅱ 固定資産		純 資 産 の 部	
1 建 物（　150,000）		Ⅰ 資 本 金　　　　　　　　（　350,000）	
減価償却累計額（　31,500）（　118,500）		Ⅱ 資本剰余金	
2 土 地　　　　　　（　240,000）		1 資 本 準 備 金　　　　　（　35,000）	
固定資産合計　　　　（　358,500）		Ⅲ 利益剰余金	
		1 利 益 準 備 金（　25,000）	
		2 任 意 積 立 金（　26,000）	
		3 繰越利益剰余金（　23,200）（　74,200）	
		純資産合計　　　　　　　（　459,200）	
資 産 合 計　　　　　（　593,000）		負債純資産合計　　　　（　593,000）	

＜参 考＞

損 益 計 算 書

売 上 原 価	203,000	売 上 高	274,000
給 料	42,000		
支 払 家 賃	3,600		
保 険 料	1,200		
貸倒引当金繰入	700		
減 価 償 却 費	4,500		
雑 費	700		
支 払 利 息	600		
当 期 純 利 益	17,700		
	274,000		274,000

貸借対照表の繰越利益剰余金　(元帳勘定残高) (当期純利益)
¥5,500 + ¥17,700 = ¥23,200

3
(1)

損 益 計 算 書
自平成◯年1月1日　至平成◯年12月31日

Ⅰ	売　上　高		(	8,867,000)
Ⅱ	売　上　原　価			
	1　期首商品棚卸高	(330,000)		
	2　当期商品仕入高	(5,400,000)		
	合　　計	(5,730,000)		
	3　期末商品棚卸高	(320,000)		
	差　　引	(5,410,000)		
	4　商 品 評 価 損	(7,800)	(	5,417,800)
	売 上 総 利 益		(	3,449,200)
Ⅲ	販売費および一般管理費			
	1　給　　料	(1,360,000)		
	2　通　信　費	(749,000)		
	3　貸倒引当金繰入	(8,400)		
	4　減 価 償 却 費	(63,200)		
	5　退職給付費用	(25,000)		
	6　支 払 保 険 料	(39,000)		
	7　租 税 公 課	(13,000)	(	2,257,600)
	営　業　利　益		(	1,191,600)
Ⅳ	営 業 外 収 益			
	1　受　取　利　息	(30,000)		
	2　受 取 手 数 料	(20,000)		
	3　有価証券評価益	(50,000)	(	100,000)
Ⅴ	営 業 外 費 用			
	1　棚 卸 減 耗 損	(8,000)		
	2　社債発行費等償却	(9,000)		
	3　支　払　利　息	(72,000)		
	4　社　債　利　息	(56,000)		
	5　雑　　損	(85,000)	(	230,000)
	税引前当期純利益		(	1,061,600)
	法 人 税 等		(	530,800)
	当 期 純 利 益		(	530,800)

(2)
貸 借 対 照 表
平成○年12月31日

資 産 の 部				負 債 の 部		
Ⅰ　流動資産				Ⅰ　流動負債		
1　現　金　預　金			(738,000)	1　支　払　手　形		(680,000)
2　受　取　手　形	(700,000)			2　買　　掛　　金		(660,000)
3　売　　掛　　金	(720,000)			3　未　　払　　金		(20,000)
合　　　　計	(1,420,000)			4　前　受　収　益		(15,000)
4　貸倒引当金	(28,400)	(1,391,600)		5　未払法人税等		(320,800)
5　有　価　証　券*		(600,000)		流動負債合計		(1,695,800)
6　商　　　　品		(304,200)		Ⅱ　固定負債		
7　短　期　貸付金		(500,000)		1　社　　　　債		(976,000)
8　前　払　費　用		(9,000)		2　長　期　借入金		(500,000)
9　未　収　収　益		(10,000)		3　退職給付引当金		(275,000)
流動資産合計		(3,552,800)		固定負債合計		(1,751,000)
Ⅱ　固定資産				負　債　合　計		(3,446,800)
1　建　　　　物	(2,200,000)			純 資 産 の 部		
減価償却累計額	(495,200)	(1,704,800)		Ⅰ　資　本　金		(4,000,000)
2　土　　　　地		(3,500,000)		Ⅱ　資本剰余金		
固定資産合計		(5,204,800)		1　資本準備金		(400,000)
Ⅲ　繰延資産				Ⅲ　利益剰余金		
1　社債発行費等		(36,000)		1　利益準備金	(300,000)	
繰延資産合計		(36,000)		2　任意積立金	(80,000)	
				3　繰越利益剰余金	(566,800)	(946,800)
				純資産合計		(5,346,800)
資　産　合　計		(8,793,600)		負債および純資産合計		(8,793,600)

*　売買目的有価証券は，貸借対照表では有価証券となります。

（解　説）
1 (1)　仕訳なし
  (2)　当　座　預　金　　120,000　　　買　　掛　　金　　100,000
　　　　　　　　　　　　　　　　　　　　未　　払　　金　　 20,000
2　　租　税　公　課　　 13,000　　　現　　　　　金　　 13,500
　　雑　　　　　損　　　　500
3　　（受取手形）　（売掛金）
　　（¥700,000＋¥720,000）×0.02＝¥28,400
　　¥28,400－¥20,000＝¥8,400
　　　　貸倒引当金繰入　　　8,400　　　貸　倒　引　当　金　　8,400
4　帳簿棚卸高　　＠¥800×400個＝¥320,000
　　棚卸減耗損　　＠¥800×(400個－390個)＝¥8,000
　　商品評価損　　(＠¥800－＠¥780)×390個＝¥7,800
　　実地棚卸高　　390個×＠¥780＝¥304,200

5　旧建物（¥1,200,000 − ¥120,000）÷25年＝¥43,200
　　新建物 ¥1,000,000÷25年×$\frac{6}{12}$＝¥20,000

| 減　価　償　却　費 | 63,200 | 建物減価償却累計額 | 63,200 |

　　減価償却累計額　　¥432,000＋¥63,200＝¥495,200

6　（@¥60,000 − @¥55,000）×10株＝¥50,000

| 売買目的有価証券 | 50,000 | 有　価　証　券　評　価　益 | 50,000 |

　　有価証券　　　@¥60,000×10株＝¥600,000

7　社債の評価替額
　　　　　　（社債の割引額）　　　（償還期間）
　　（¥1,000,000 − ¥970,000）÷5（年）＝¥6,000
　　社債発行費等→5年均等償却　　¥45,000÷5年＝¥9,000

| 社　債　利　息 | 6,000 | 社　　　　　　　債 | 6,000 |
| 社債発行費等償却 | 9,000 | 社　債　発　行　費　等 | 9,000 |

8　¥18,000×$\frac{6}{12}$＝¥9,000

前　払　保　険　料	9,000	支　払　保　険　料	9,000
9　未　収　利　息	10,000	受　取　利　息	10,000
10　受　取　手　数　料	15,000	前　受　手　数　料	15,000
11　退　職　給　付　費　用	25,000	退　職　給　付　引　当　金	25,000

　　退職給付引当金　　¥250,000＋¥25,000＝¥275,000

| 12　法　人　税　等 | 530,800 | 仮　払　法　人　税　等 | 210,000 |
| | | 未　払　法　人　税　等 | 320,800 |

13　貸借対照表の繰越利益剰余金
　　（残高試算表）（当期純利益）
　　¥36,000＋¥530,800＝¥566,800

4

貸借対照表
平成×9年12月31日

資産の部		負債の部	
I 流動資産		I 流動負債	
1 現金預金	(866,000)	1 支払手形	126,000
2 受取手形 300,000		2 買掛金	293,000
3 売掛金 450,000		3 未払法人税等	(249,000)
計 750,000		4（未払金）	(54,000)
（貸倒引当金）(30,000)	(720,000)	5 未払費用	(22,500)
4 売買目的有価証券	(984,000)	流動負債合計	(744,500)
5 商品	(232,800)	II 固定負債	
6 消耗品	(8,300)	1（社債）	(1,924,000)
7（未）収益	(3,000)	2 退職給付引当金	(696,000)
8（前払）費用	(74,400)	固定負債合計	(2,620,000)
流動資産合計	(2,888,500)	負債合計	(3,364,500)
II 固定資産		純資産の部	
1 建物 (2,000,000)		I 資本金	4,500,000
（減価償却累計額）(780,000)	(1,220,000)	II 資本剰余金	
2 備品 (600,000)		1（資本準備金）	(920,000)
（減価償却累計額）(292,800)	(307,200)	III 利益剰余金	
3 土地	(5,100,000)	1 利益準備金 (200,000)	
4 長期前払費用	(49,600)	2 別途積立金 (230,000)	
固定資産合計	(6,676,800)	3（繰越利益剰余金）(499,000)	(929,000)
III 繰延資産		純資産合計	(6,349,000)
1 社債発行費等	(148,200)		
繰延資産合計	(148,200)		
資産合計	(9,713,500)	負債及び純資産合計	(9,713,500)

（解　説）

〔資料II〕　未処理事項等：決算整理を行う前に，期中記録の修正を行います。
1	退職給付引当金	200,000	仮払金	200,000
2	現金預金	560,000	未決算	600,000
	災害損失	40,000		
3	現金預金※	54,000	未払金	54,000

※　上記2・3の仕訳では，現金預金勘定を使用していますが，これは残高試算表の勘定科目に合わせた処理で，正式には当座預金勘定を使用します。

〔資料III〕　決算整理事項：未処理事項等の修正後残高に対して行います。
1	貸倒引当金繰入	18,000	貸倒引当金	18,000
2	仕入	210,000	繰越商品	210,000
	繰越商品	250,000	仕入	250,000
	棚卸減耗損	10,000	繰越商品	17,200
	商品評価損	7,200		

　　　　　※　商品評価損は，時価の値下がりのある場合のみ計上され，原則として売上原価の内
　　　　　　訳科目となります（仕入勘定への振替が必要）。

3	売買目的有価証券	24,000	有価証券評価益	24,000
4	減価償却費	136,800	建物減価償却累計額	60,000
			備品減価償却累計額	76,800
5	社債利息	4,000	社債	4,000
	社債発行費償却	7,800	社債発行費	7,800
6	未収地代	3,000	受取地代	3,000
	（B/S上は未収収益と表示）			
7	退職給付費用	46,000	退職給付引当金	46,000
8	前払保険料※	74,400	保険料	124,000
	長期前払保険料※※	49,600		
	※　B/S上は，前払費用と表示		※※　B/S上は，長期前払費用と表示	
9	社債利息	22,500	未払社債利息	22,500
			（B/S上は未払費用と表示）	
10	消耗品	8,300	消耗品費	8,300
11	法人税等	×××	仮払法人税等	180,000
			未払法人税等	×××

法人税等の計算：P/Lを作り，(収益総額(¥9,928,000)－費用総額(¥9,070,000))×50％で
　　　　　　　　計算。または，B/S上の差額から以下の解説のとおり未払法人税等を計算し，
　　　　　　　　上記仕訳に代入して求めます。

未払法人税等の計算：答案用紙のB/Sから，資産合計(¥9,713,500)－貸方合計(未払法人税
　　　　　　　　　等と繰越利益剰余金を除く)を計算します。B/S貸方が正確に作成されて
　　　　　　　　　いれば2科目を除く合計額は¥8,965,500となり，計算式の差額は¥748,000
　　　　　　　　　と算出されます。この金額を次の計算により配分します。

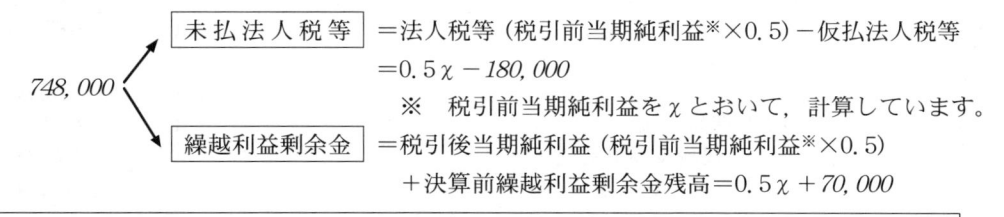

　　　　　　　　┌未払法人税等┐＝法人税等（税引前当期純利益※×0.5）－仮払法人税等
　　748,000 ─┤　　　　　　　　　＝0.5χ－180,000
　　　　　　　　│　　　　　　　　　※　税引前当期純利益をχとおいて，計算しています。
　　　　　　　　└繰越利益剰余金┘＝税引後当期純利益（税引前当期純利益※×0.5）
　　　　　　　　　　　　　　　　　　＋決算前繰越利益剰余金残高＝0.5χ＋70,000

748,000＝(0.5χ－180,000)＋(0.5χ＋70,000)→χ（税引前当期純利益）は858,000となり，
上記に代入して未払法人税等は¥249,000(0.5χ－180,000)，繰越利益剰余金は¥499,000
(0.5χ＋70,000)と算出できます。

5

損益計算書
自平成20年4月1日 至平成21年3月31日　　　（単位：円）

I	売　上　高			（　　9,438,000）
II	売　上　原　価			
	1　期首商品棚卸高	（　　　321,000）		
	2　当期商品仕入高	（　　6,772,000）		
	合　　　計	（　　7,093,000）		
	3　期末商品棚卸高	（　　　361,000）		
	差　　　引	（　　6,732,000）		
	4　棚卸減耗損	（　　　　19,000）		
	5　商品評価損	（　　　　 4,200）	（　　6,755,200）	
	（売上総利益）		（　　2,682,800）	
III	販売費および一般管理費			
	1　給　　　料	826,000		
	2　（貸倒引当金繰入）	（　　　　 4,000）		
	3　保　険　料	134,400		
	4　支払地代	756,000		
	5　水道光熱費	125,000		
	6　（減価償却費）	（　　　182,304）		
	7　消耗品費	74,500		
	8　のれん償却額	（　　　　42,000）	（　　2,144,204）	
	（営業利益）		（　　　538,596）	
IV	営業外収益			
	1　受取利息	22,000		
	2　有価証券利息	56,000		
	3　受取配当金	58,000		
	4　有価証券評価益	（　　　123,440）	（　　　259,440）	
V	営業外費用			
	1　社債利息	（　　　　88,500）		
	2　（社債発行費）償却	（　　　　24,000）	（　　　112,500）	
	（経常利益）		（　　　685,536）	
VI	特　別　損　失			
	1　固定資産除却損		（　　　　15,536）	
	税引前当期純利益		（　　　670,000）	
	法人税, 住民税及び事業税		（　　　268,000）	
	（当期純利益）		（　　　402,000）	

（解　説）

〔資料II〕　未処理事項等：決算整理を行う前に，期中記録の修正を行います。

1　売上（予約販売分）の未計上

（借）前　受　金　　160,000　　（貸）売　　　　　上　　160,000

2　備品の除却

（借）備品減価償却累計額　118,080　　（貸）備　　　　　品　　200,000
　　　減価償却費　　　　　 16,384
　　　貯　蔵　品　　　　　 50,000　　累計額は，16.4.1〜20.3.31の4年分で定率法計算
　　　固定資産除却損　　　 15,536　　減価償却費は，当期の1年分で定率法計算

〔資料Ⅲ〕 決算整理事項：未処理事項等の修正後残高に対して行います。
1 貸倒引当金の計上（差額補充法）
　　（借）貸倒引当金繰入　　　4,000　　　（貸）貸倒引当金　　　4,000
2 期末商品の評価，売上原価の算定

```
¥950 ┌─────────┬───────────────┐
     │ 商品評価損 │               │
     │  ¥4,200  │  棚卸減耗損    │
¥890 ├─────────┤   ¥19,000     │
     │実地棚卸高（評価額）│      │
     │商品（B／S）¥337,800│     │
     └─────────┴───────────────┘
         70個     360個    380個
```

　　（借）仕　　　　　　　入　　321,000　　（貸）繰　越　商　品　　321,000
　　（借）繰　越　商　品　　　361,000　　（貸）仕　　　　　　　入　　361,000
　　（借）棚　卸　減　耗　損　　19,000　　（貸）繰　越　商　品　　　19,000
　　（借）商　品　評　価　損　　 4,200　　（貸）繰　越　商　品　　　 4,200
　　（借）仕　　　　　　　入　　 19,000　　（貸）棚　卸　減　耗　損　19,000
　　（借）仕　　　　　　　入　　　4,200　　（貸）商　品　評　価　損　 4,200
　　※　評価損は，時価の値下がりがある場合に計上。よって，時価の値上がりがある290個分は原価のまま
　　　評価します。
3 売買目的有価証券の評価（時価法）
　　A社株式　（簿価）¥182,560　→　（時価）¥228,230　（＋）¥ 45,670
　　B社株式　（簿価）¥397,440　→　（時価）¥477,210　（＋）¥ 79,770
　　C社社債　（簿価）¥321,000　→　　時価　¥319,000　（－）¥ 2,000
　　　　　　　　　　　　　　B／S価額　¥1,024,440　（評価益）¥123,440
　　（借）売買目的有価証券　　123,440　　（貸）有価証券評価益　　123,440
4 減価償却費の計上
　　（借）減　価　償　却　費　165,920　　（貸）建物減価償却累計額　　84,000
　　　　　　　　　　　　　　　　　　　　　　　　定額法により計算
　　　　　　　　　　　　　　　　　　　　　　　備品減価償却累計額　　81,920※
　　　　　　　　　　　　　　　　　　　　　　　　定率法により計算
　　※　（取得原価（¥900,000－除却¥200,000）－累計額（¥408,480－除却¥118,080））×20％＝¥81,920
5 社　　債
　① 評　価（償却原価法：定額法）
　　（額面¥1,500,000－払込金額¥1,462,500）÷5年×1年（当期分）＝¥7,500
　　参考：試算表の社債¥1,465,000＝払込金額¥1,462,500＋前期償却額¥2,500（19.12.1～
　　　　20.3.31）
　　（借）社　債　利　息　　　7,500　　（貸）社　　　　　　　債　　　7,500
　② 社債利息の見越計上
　　　利払日：当期11／末　→　決算日：翌3／31　→　利払日：次期（5月末）であり，決算日ま
　　でに4か月経過し，利息が発生しているため，これを計上します。
　　　額面金額¥1,500,000×年利率5.4％×経過期間（4／12月）＝¥27,000

　　　　（借）社　債　利　息　　27,000　　（貸）未払社債利息　　27,000
　　③　社債発行費の償却
　　　　¥112,000（前期償却後）÷56月（5年－4か月（前期償却分））×12月（当期分）＝¥24,000
　　　　（借）社債発行費償却　　24,000　　（貸）社　債　発　行　費　　24,000
6　のれんの償却
　　試算表：のれん¥336,000（20.4.1～8年間の未償却分）÷残存償却年数8年＝¥42,000
　　（借）の れ ん 償 却 額　　42,000　　（貸）の　　れ　　ん　　42,000
7　費用の繰り延べ

| 期首20.4.1 | 期中支出(20.7.1) | 決算日21.3.31 | 次期21.6.30 |

　　（再振替：当期の費用）（9か月分は当期の費用）（前払費用として繰り延べ）

　　　　　　　　　　　試算表の保険料¥168,000

　　（借）前 払 保 険 料　　33,600　　（貸）保　　険　　料　　33,600
8　消耗品の整理
　　（借）消　耗　品　費　　74,500　　（貸）消　　耗　　品　　74,500
9　収益の見越し計上
　　（借）未　収　利　息　　22,000　　（貸）受　取　利　息　　22,000
　　短期貸付金¥800,000×年利率6.6%×当期経過期間5か月分（20.11.1～21.3.31）
　　＝¥22,000
10　法人税等の計上
　　（借）法　人　税　等　　268,000　　（貸）未払法人税等　　268,000
　　法人税等の計算：P／Lを作り，税引前当期純利益¥670,000×40%で計算

株主資本等変動計算書

(05年4月1日～06年3月31日)　　　　　　　　　　　　（単位：千円）

	株　主　資　本						株主資本合計	純資産合計
	資本金	資本剰余金		利益剰余金				
		資本準備金	その他資本剰余金	利益準備金	その他利益剰余金			
					別途積立金	繰越利益剰余金		
前期末残高	45,000	2,000	500	3,100	1,600	5,870	58,070	58,070
当期変動額								
新株の発行	7,500	7,500					15,000	15,000
剰余金の配当				360		△3,960	△3,600	△3,600
別途積立金の積立					800	△800	0	0
当期純利益						5,190	5,190	5,190
当期変動額合計	7,500	7,500	0	360	800	430	16,590	16,590
当期末残高	52,500	9,500	500	3,460	2,400	6,300	74,660	74,660

実力テスト　第1回

第1問（20点）

	借方		貸方	
1	売買目的有価証券	3,918,000	当　座　預　金	3,950,000
	有　価　証　券　利　息	32,000		

ヒント　10／1〜11／9　40日　$4,000,000 \times 0.073 \times \dfrac{40}{365} = 32,000$

2	受　取　手　形	500,000	受　取　手　形	500,000
	現　　　　　　金	7,500	受　取　利　息	7,500
3	仕　　　　　　入	610,000	未　着　品	600,000
			当　座　預　金	10,000
4	売　　掛　　金	1,300,000	買　　掛　　金	3,300,000
	建　　　　　　物	4,000,000	当　座　預　金	2,150,000
	の　　れ　　ん	150,000		

ヒント　収益還元価値　$172,000 \div 0.08 = 2,150,000$

5	繰越利益剰余金	3,240,000	利　益　準　備　金	240,000
			未　払　配　当　金	2,400,000
			別　途　積　立　金	600,000

ヒント　繰り越された繰越利益剰余金は¥3,640,000であるが、処分額について仕訳する。

第2問（20点）

現　金　出　納　帳　　　　　1

平成○年		勘定科目	摘要	元丁	売掛金	諸口	平成○年		勘定科目	摘要	元丁	買掛金	諸口
10	3	受取手形		2		40,000	10	5	買掛金	青森商店	✓	60,000	
	11	売掛金	宮城商店	✓	55,000			14	仕　　入		✓		45,000
	17	売　　上		✓		35,000		18	支払手形		10		40,000
	23	売掛金	秋田商店	✓	90,000			20	買掛金	岩手商店	✓	80,000	
	30	売　　上		✓		50,000		27	支払利息		24		7,000
	31		売掛金	4	145,000	145,000		31		買掛金	11	140,000	140,000
	〃		現　金	1		270,000		〃		現　金	1		232,000
			前月繰越	✓		300,000				次月繰越	✓		338,000
						570,000							570,000

仕　　入　　帳　　　　　1

平成○年		勘定科目	摘要	元丁	買掛金	諸口
10	8	買　　掛　　金	岩手商店	✓	80,000	
	14	現　　　　　金		✓		45,000
	28	受　取　手　形		2		100,000
	〃	買　　掛　　金	青森商店	✓	20,000	
	29	買　　掛　　金	岩手商店	✓	70,000	
	31		買　掛　金	11	170,000	170,000
	〃		仕　　　　入	19		315,000

売　上　帳　　　　　　　　1

平成○年		勘定科目	摘　要	元丁	売掛金	諸　口
10	10	売　掛　金	秋田商店	✓	65,000	
	17	現　　　金		✓		35,000
	24	受取手形		2		100,000
	30	現　　　金		✓		50,000
	31		売　掛　金	4	65,000	65,000
	〃		売　　上	16		250,000

総勘定元帳
現　　金　　　　　　　　1

平成○年		摘　要	仕丁	借　方	貸　方	借/貸	残　高
10	1	前月繰越	✓	300,000		借	300,000
	31	現金出納帳	1	270,000		〃	570,000
	〃	現金出納帳	1		232,000	〃	338,000

受取手形　　　　　　　　2

平成○年		摘　要	仕丁	借　方	貸　方	借/貸	残　高
10	1	前月繰越	✓	200,000		借	200,000
	3	現金出納帳	1		40,000	〃	160,000
	24	売　上　帳	1	100,000		〃	260,000
	28	仕　　入	1		100,000	〃	160,000

買　掛　金　　　　　　　　11

平成○年		摘　要	仕丁	借　方	貸　方	借/貸	残　高
10	1	前月繰越	✓		180,000	貸	180,000
	31	現金出納帳	1	140,000		〃	40,000
	〃	仕　入　帳	1		170,000	〃	210,000

売　　上　　　　　　　　16

平成○年		摘　要	仕丁	借　方	貸　方	借/貸	残　高
10	31	売　上　帳	1		250,000	貸	250,000

2点×10＝20点

第3問 (20点)

精算表

勘定科目	残高試算表 借方	残高試算表 貸方	修正記入 借方	修正記入 貸方	損益計算書 借方	損益計算書 貸方	貸借対照表 借方	貸借対照表 貸方
現 金 預 金	92,500		14,000	9,000			115,500	
受 取 手 形	43,000			14,000			29,000	
売 掛 金	147,000			10,000			137,000	
売買目的有価証券	117,000		1,500				118,500	
繰 越 商 品	51,000		50,000	51,000			48,800	
				1,000				
				200				
建 物	3,000,000						3,000,000	
備 品	500,000						500,000	
満期保有目的債券	47,000		1,000				48,000	
社 債 発 行 費	5,000			1,250			3,750	
支 払 手 形		23,000						23,000
買 掛 金		105,000		9,000				114,000
社 債		488,000		3,000				491,000
貸 倒 引 当 金		11,500	10,000	3,480				4,980
建物減価償却累計額		720,000		90,000				810,000
備品減価償却累計額		180,000		64,000				244,000
資 本 金		2,000,000						2,000,000
利 益 準 備 金		150,000						150,000
繰越利益剰余金		84,970						84,970
売 上		2,004,860				2,004,860		
有 価 証 券 利 息		1,500		1,000		2,500		
仕 入	1,264,850		51,000	50,000	1,265,850			
給 料	480,000				480,000			
支 払 保 険 料	6,480			2,160	4,320			
社 債 利 息	15,000		3,000		18,000			
	5,768,830	5,768,830						
貸倒引当金(繰入)			3,480		3,480			
有価証券評価(益)				1,500		1,500		
棚卸(減耗)損			1,000		1,000			
商品評価(損)			200		200			
減 価 償 却 費			154,000		154,000			
(社債発行費)償却			1,250		1,250			
(前 払)保険料			2,160				2,160	
当期純(利 益)					80,760			80,760
			301,590	301,590	2,008,860	2,008,860	4,002,710	4,002,710

☐ 1つにつき2点を与える。合計20点。

(解説)
決算整理事項その他についての処理は，以下のとおり行います。
1　当座預金勘定残高の修正
 (1)　取立済手形：未記帳につき，記帳処理を行う。
　　　(借) 現　金　預　金　　14,000　　(貸) 受　取　手　形　　14,000
 (2)　未渡小切手：振出済の処理を未渡し（未払い）に修正し，残高を修正する。
　　　(借) 現　金　預　金　　 9,000　　(貸) 買　　掛　　　金　　 9,000
2　売掛金勘定残高の修正（貸倒れ処理）
　　(借) 貸 倒 引 当 金　　10,000　　(貸) 売　　掛　　　金　　10,000
　修正後の貸倒引当金残高は，¥11,500－¥10,000＝¥1,500
3　貸倒引当金の設定
　　(借) 貸倒引当金繰入　　 3,480　　(貸) 貸 倒 引 当 金　　 3,480
　｛(受取手形¥43,000－¥14,000＋売掛金¥147,000－¥10,000)×見積率3％｝
　　－貸倒引当金残高¥1,500＝¥3,480
4　有価証券の評価
　A社・B社株式（売買目的有価証券：時価により評価替）
　　(借) 売買目的有価証券　　 1,500　　(貸) 有価証券評価益　　 1,500
　C社社債（満期保有目的債券）
　　　帳簿価額と額面金額との差額を，償還期までの利息の調整として各会計期間に配分（償却
　　原価法：定額法）。
　　(借) 満期保有目的債券　　 1,000　　(貸) 有 価 証 券 利 息　　 1,000
　（額面総額¥50,000－期首帳簿価額(試算表)¥47,000）×1年(12月)÷3年(36月)＝¥1,000
5　期末商品の評価，売上原価の算定

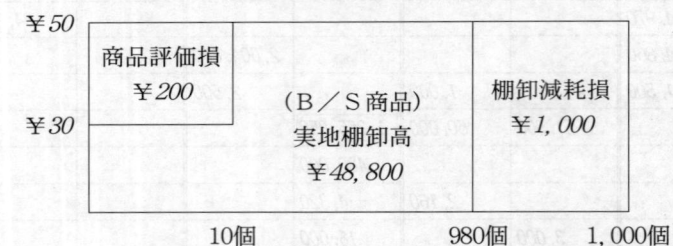

```
¥50 ┌──────┬──────────────┬──────────┐
    │商品評価損│              │棚卸減耗損│
    │  ¥200    │ (B／S商品)   │  ¥1,000  │
¥30 │          │ 実地棚卸高   │          │
    │          │  ¥48,800     │          │
    └──────┴──────────────┴──────────┘
       10個         980個        1,000個
```

　　(借) 仕　　　　　　　　入　　51,000　　(貸) 繰　越　商　品　　51,000
　　(借) 繰　越　商　品　　50,000　　(貸) 仕　　　　　　　　入　　50,000
　　(借) 棚　卸　減　耗　損　　 1,000　　(貸) 繰　越　商　品　　 1,000
　　(借) 商　品　評　価　損　　　 200　　(貸) 繰　越　商　品　　　 200
　　　※　評価損は，時価の値下がりのある場合のみ計上するため，970個の時価の値上がり分は評価益とせず，
　　　　原価で評価します。
6　減価償却費の計上
　　(借) 減　価　償　却　費　　154,000　　(貸) 建物減価償却累計額　　90,000
　　　　　　　　　　　　　　　　　　　　　　　備品減価償却累計額　　64,000
7　社債発行費（繰延資産）の償却
　　(借) 社 債 発 行 費 償 却　　 1,250　　(貸) 社　債　発　行　費　　 1,250

社債発行費残高試算表　￥5,000×12か月÷48か月（5年－前期償却分）＝￥1,250
8　社債の評価（償却原価法）
　　（借）社　債　利　息　　3,000　　（貸）社　　　　　債　　3,000
　　　　社債発行時（前期期首）の払込価額　￥500,000×￥97÷￥100＝￥485,000
　　　　毎期（1年分）の償却額　（￥500,000－￥485,000）÷5年＝￥3,000
9　支払保険料の繰り延べ
　　（借）前　払　保　険　料　2,160　　（貸）支　払　保　険　料　2,160
　　当期8／1支出　→　　当期決算日　　→　次期7／31
　　　　　　　←（8か月分は当期の費用）→←（4か月分は前払費用）→
　　　　￥6,480　→　￥4,320　　＋　　￥2,160

実力テスト　第2回

第1問（20点）

	借方科目	金額	貸方科目	金額
1	保管有価証券	12,000,000	借入有価証券	12,000,000
2	不渡手形	514,900	現金	514,900
	保証債務	5,000	保証債務取崩益	5,000
3	別段預金	24,000,000	株式申込証拠金	24,000,000
4	受託販売	30,000	現金	30,000
5	備品減価償却累計額	175,000	備品	400,000
	貯蔵品	10,000		
	固定資産除却損	215,000		

第2問（20点）

(1)

仕　訳　日　計　表

平成○年5月1日　　　　　　　　　　1

借　　方	元丁	勘　定　科　目	元丁	貸　　方
990,000	1	現　　　　　金	1	790,000
280,000		当　座　預　金		550,000
150,000		受　取　手　形		
580,000		売　掛　金		870,000
300,000		備　　　　　品		
160,000		支　払　手　形		200,000
740,000		買　掛　金		720,000
		借　入　金		300,000
20,000		売　　　　　上		580,000
720,000	20	仕　　　　　入	20	60,000
130,000		（営　業　費）		
4,070,000				4,070,000

— 103 —

総勘定元帳

現　金　　　1

平成○年		摘　要	仕丁	借　方	貸　方	借/貸	残　高
5	1	前月繰越	✓	350,000		借	350,000
	〃	仕訳日計表	1	990,000		〃	1,340,000
	〃	仕訳日計表	1		790,000	〃	550,000

仕　入　　　20

平成○年		摘　要	仕丁	借　方	貸　方	借/貸	残　高
5	1	仕訳日計表	1	720,000		借	720,000
	〃	仕訳日計表	1		60,000	〃	660,000

□ 2点×10＝20点

(2)

仕入先元帳

宮崎商店　　　1

平成○年		摘　要	仕丁	借　方	貸　方	借/貸	残　高
5	1	前月繰越	✓		250,000	貸	250,000
	〃	仕入伝票	402		400,000	〃	650,000
	〃	仕入伝票	403	60,000		〃	590,000
	〃	振替伝票	301	200,000		〃	390,000

長崎商店　　　2

平成○年		摘　要	仕丁	借　方	貸　方	借/貸	残　高
5	1	前月繰越	✓		500,000	貸	500,000
	〃	仕入伝票	401		320,000	〃	820,000
	〃	出金伝票	201	220,000		〃	600,000
	〃	振替伝票	302	260,000		〃	340,000

得意先元帳

福岡商店　　1

平成〇年		摘要	仕丁	借方	貸方	借/貸	残高
5	1	前月繰越	✓	550,000		借	550,000
〃		売上伝票	501	250,000		〃	800,000
〃		売上伝票	503		20,000	〃	780,000
〃		入金伝票	103		200,000	〃	580,000
〃		振替伝票	302		260,000	〃	320,000

佐賀商店　　2

平成〇年		摘要	仕丁	借方	貸方	借/貸	残高
5	1	前月繰越	✓	430,000		借	430,000
〃		売上伝票	502	330,000		〃	760,000
〃		入金伝票	104		240,000	〃	520,000
〃		振替伝票	304		150,000	〃	370,000

第3問（20点）

損益計算書

I	売 上 高			(	9,300,000)
II	売 上 原 価				
	1 期首商品棚卸高	(	1,140,000)		
	2 当期商品仕入高	(	6,000,000)		
	合 計	(	7,140,000)		
	3 期末商品棚卸高	(	850,000)		
	差 引	(	6,290,000)		
	4 (商 品 評 価 損)	(	41,000)	(	6,331,000)
	(売 上 総 利 益)			(	2,969,000)
III	販売費および一般管理費				
	1 給 料	(	900,000)		
	2 (退 職 給 付) 費 用	(	210,000)		
	3 貸 倒 引 当 金 繰 入	(	25,400)		
	4 (減 価 償 却 費)	(	116,700)		
	5 水 道 光 熱 費	(	6,000)		
	6 消 耗 品 費	(	2,500)		
	7 支 払 保 険 料	(	2,400)	(	1,263,000)
	営 業 利 益			(	1,706,000)
IV	営 業 外 収 益				
	1 受 取 利 息	(	12,000)		
	2 (有 価 証 券 利 息)	(	6,000)		
	3 (仕 入 割 引)	(	3,000)	(	21,000)
V	営 業 外 費 用				
	1 有価証券(評価損)	(	9,000)		
	2 (棚 卸 減 耗 損)	(	30,000)		
	3 (株 式 交 付 費 償 却)	(	30,000)		
	4 支 払 利 息	(	7,000)		
	5 手 形 売 却 損	(	1,800)	(	77,800)
	経 常 利 益			(	1,649,200)
VI	特 別 損 失				
	1 (固 定 資 産 除 却 損)			(	24,000)
	税引前当期純利益			(	1,625,200)
	法人税, 住民税及び事業税			(	812,600)
	当 期 純 利 益			(	812,600)

2点×10＝20点

実力テスト 第3回

第1問（20点）

1	現　　　　　金	1,800,000	売買目的有価証券	1,600,000
				有価証券売却益	200,000
	（¥1,700,000＋¥700,000）÷30株＝@¥80,000　¥80,000×20(株)＝¥1,600,000
2	当　座　預　金	494,000	受　取　手　形	500,000
	手　形　売　却　損	6,000		
	保 証 債 務 費 用	10,000	保　証　債　務	10,000
3	売　　掛　　金	600,000	試　用　品　売　上	600,000
	試　用　販　売	600,000	試用販売売掛金	600,000
4	当　座　預　金	12,000,000	資　　本　　金	6,000,000
			資　本　準　備　金	6,000,000
5	貸　倒　引　当　金	50,000	売　　掛　　金	85,000
	貸　倒　損　失	35,000		

第2問（20点）

残 高 試 算 表

借　　　　方		勘　定　科　目	貸　　　　方	
平成22年1月31日	平成21年12月31日		平成21年12月31日	平成22年1月31日
466,200	464,000	当　座　預　金		
116,500	115,000	受　取　手　形		
237,500	218,000	売　　掛　　金		
87,000	87,000	繰　越　商　品		
300,000	300,000	備　　　　品		
		支　払　手　形	100,000	80,000
		買　　掛　　金	176,000	155,000
		借　　入　　金	200,000	250,000
		未　払　家　賃	600	
		貸　倒　引　当　金	6,000	2,000
		備品減価償却累計額	177,120	59,040
		資　　本　　金	524,280	524,280
		売　　　　上		485,000
245,000		仕　　　　入		
100,000		給　　　　料		
1,200		支　払　家　賃		
1,920		固定資産売却損		
1,555,320	1,184,000		1,184,000	1,555,320

☐ 1つにつき2点を与える。合計20点

(解　説)
合計仕訳・二重仕訳について
(当座預金出納帳：借方側　合計仕訳)
　　(借) 当座預金　555,000　　(貸) 売　　　上　180,000　← 売上帳との二重仕訳部分
　　　　　　　　　　　　　　　　　　売 掛 金　176,500
　　　　　　　　　　　　　　　　　　受取手形　 68,500
　　　　　　　　　　　　　　　　　　備　　品　 80,000　← 普通仕訳帳１／20との二重仕訳部分
　　　　　　　　　　　　　　　　　　借 入 金　 50,000
(当座預金出納帳：貸方側　合計仕訳)
　仕入帳との二重仕訳部分 → (借) 仕　　　入　 60,000　　(貸) 当座預金　552,800
　　　　　　　　　　　　　　　　買 掛 金　116,000
　　　　　　　　　　　　　　　　支払手形　 75,000
　　　　　　　　　　　　　　　　備　　品　200,000
　　　　　　　　　　　　　　　　支払家賃　 1,800
　　　　　　　　　　　　　　　　給　　料　100,000
(仕入帳：合計仕訳)
　　(借) 仕　　　入　245,000　　(貸) 当座預金　 60,000　← 当座預金出納帳との二重仕訳部分
　　　　　　　　　　　　　　　　　　買 掛 金　150,000
　　　　　　　　　　　　　　　　　　支払手形　 35,000　← 支払手形記入帳との二重仕訳部分
(売上帳：合計仕訳)
　当座預金出納帳との二重仕訳部分 → (借) 当座預金　180,000　　(貸) 売　　　上　485,000
　　　　　　　　　　　　　　　　　　　　売 掛 金　250,000
　受取手形記入帳との二重仕訳部分 → 　　受取手形　 55,000
(支払手形記入帳：合計仕訳)
　仕入帳との二重仕訳部分　　　 → (借) 仕　　　入　 35,000　　(貸) 支払手形　 55,000
　　　　　　　　　　　　　　　　　　買 掛 金　 20,000
(受取手形記入帳：合計仕訳)
　　(借) 受取手形　 85,000　　(貸) 売　　　上　 55,000　← 売上帳との二重仕訳部分
　　　　　　　　　　　　　　　　　　売 掛 金　 30,000
(普通仕訳帳：二重仕訳部分)　１／20　当座預金　¥80,000
　各帳簿の二重仕訳部分を除き，仕訳のとおりに関係する勘定への集計を行います。
　なお，普通仕訳帳の１／１は未払家賃勘定から支払家賃勘定への再振替仕訳となっています。

第3問 (20点)

精算表

勘定科目	残高試算表 借方	残高試算表 貸方	修正記入 借方	修正記入 貸方	損益計算書 借方	損益計算書 貸方	貸借対照表 借方	貸借対照表 貸方
現 金 預 金	235,000		15,000				250,000	
受 取 手 形	90,000			15,000			75,000	
売 掛 金	180,000			10,000			170,000	
売買目的有価証券	122,900		800				123,700	
繰 越 商 品	61,000		63,000	61,000			61,380	
				1,620				
建 物	4,000,000						4,000,000	
備 品	700,000						700,000	
満期保有目的債券	49,850		50				49,900	
株 式 交 付 費	6,000			3,000			3,000	
支 払 手 形		70,000						70,000
買 掛 金		160,000						160,000
借 入 金		200,000						200,000
貸 倒 引 当 金		9,700	8,000	3,200				4,900
建物減価償却累計額		900,000		100,000				1,000,000
備品減価償却累計額		341,600		71,680				413,280
資 本 金		3,300,000						3,300,000
利 益 準 備 金		82,000						82,000
繰越利益剰余金		179,000						179,000
売 上		2,688,200				2,688,200		
有価証券利息		1,000		50		1,050		
仕 入	1,875,350		61,000	63,000	1,873,350			
給 料	600,000				600,000			
支 払 保 険 料	8,280			3,450	4,830			
支 払 利 息	3,120		880		4,000			
	7,931,500	7,931,500						
貸 倒 損 失			2,000		2,000			
貸倒引当金 (繰入)			3,200		3,200			
有価証券評価 (益)				800		800		
棚 卸 減 耗 損			900		900			
商 品 評 価 損			720		720			
減 価 償 却 費			171,680		171,680			
(株式交付費) 償却			3,000		3,000			
(前 払) 保険料			3,450				3,450	
(未 払) 利 息				880				880
当期純 (利 益)					26,370			26,370
			333,680	333,680	2,690,050	2,690,050	5,436,430	5,436,430

1つにつき2点を与える。合計20点。

（解　説）
1　当座預金勘定残高の修正
　(1)　未取付小切手：小切手の振出しは行われているため修正不要。
　　　　仕訳なし
　(2)　取立済み手形代金の処理：未処理につき処理を行う。
　　　　（借）現　金　預　金　　15,000　　（貸）受　取　手　形　　15,000
2　売掛金勘定残高の修正（貸倒れ処理）
　　　　（借）貸　倒　引　当　金　　8,000　　（貸）売　　掛　　金　　10,000
　　　　　　　貸　倒　損　失　　2,000
3　貸倒引当金の設定
　　　　（借）貸 倒 引 当 金 繰 入　　3,200　　（貸）貸　倒　引　当　金　　3,200
　　　｛(受取手形¥90,000－¥15,000＋売掛金¥180,000－¥10,000)×見積率2％｝
　　　－貸倒引当金残高¥1,700＝¥3,200
4　有価証券の評価
　　A社・B社株式（売買目的有価証券）
　　　　（借）売買目的有価証券　　800　　（貸）有価証券評価益　　800
　　C社社債（満期保有目的債券）
　　　　（借）満期保有目的債券　　50　　（貸）有　価　証　券　利　息　　50
　　帳簿価額と額面金額との差額を，償還期までの利息調整として各会計期間に計上（償却原価法：定額法）。
　　　（額面総額¥50,000－期首帳簿価額（試算表）¥49,850）×1年（12月）÷3年（36月）＝¥50
5　期末商品の評価，売上原価の算定

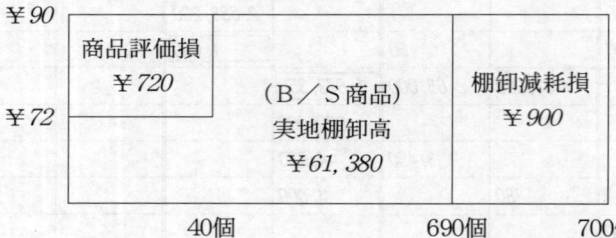

　　¥90　｜商品評価損　　　　　　　　　　　　　　　　　　　　　｜
　　　　　｜　¥720　　　｜　（B／S商品）　　　　｜棚卸減耗損　｜
　　¥72　｜　　　　　　　｜　実地棚卸高　　　　　｜　¥900　　　｜
　　　　　｜　　　　　　　｜　¥61,380　　　　　　　｜　　　　　　｜
　　　　　　　40個　　　　　　690個　　　　　　　700個

　　　（借）仕　　　　　　入　　61,000　　（貸）繰　越　商　品　　61,000
　　　（借）繰　越　商　品　　63,000　　（貸）仕　　　　　　入　　63,000
　　　（借）棚　卸　減　耗　損　　900　　（貸）繰　越　商　品　　900
　　　（借）商　品　評　価　損　　720　　（貸）繰　越　商　品　　720
　　　※　評価損は，正味売却価額の値下り時のみ計上。650個の時価の値上がり分は評価益とせず，原価で評価します。
6　減価償却費の計上
　　　（借）減　価　償　却　費　　171,680　　（貸）建物減価償却累計額　　100,000
　　　　　　　　　　　　　　　　　　　　　　　　　備品減価償却累計額　　71,680
　　建物の減価償却費の計算（定額法）
　　　旧建物　（¥3,000,000－¥3,000,000×10％）÷30年＝¥90,000
　　　新建物　（¥1,000,000－¥1,000,000×10％）÷30年×4か月÷12か月＝¥10,000

備品の減価償却費の計算（定率法）（¥700,000 − ¥341,600）×20％＝¥71,680
7　株式交付費（繰延資産）の償却
　　（借）株 式 交 付 費 償 却　　3,000　　（貸）株 式 交 付 費　　3,000
　　　　株式交付費（試算表）¥6,000÷2年（3年−償却済年数（前期））＝¥3,000
8　支払保険料の繰り延べ
　　（借）前 払 保 険 料　　3,450　　（貸）支 払 保 険 料　　3,450
　　　　　当期9／1支出　　→　　当期決算日（3／31）　→　　次期87/31
　　　　　　　　　　（7か月分は当期の費用）　　（5か月分は前払費用）
　　　　（残高試算表）¥8,280→（P／L）¥4,830　　＋（B／S）¥3,450
9　借入金利息の未計上
　　（借）支 払 利 息　　880　　（貸）未 払 利 息　　880

実力テスト　第4回

第1問（20点）

1	当 座 預 金	235,000	買 掛 金	150,000	
			未 払 金	85,000	
2	受 取 手 形	500,000	未 着 品 売 上	710,000	
	売 掛 金	210,000			
	仕 入	490,000	未 着 品	490,000	
3	構 築 物	650,000	当 座 預 金	900,000	
	修 繕 費	250,000			
4	法 人 税 等	1,200,000	仮 払 法 人 税 等	570,000	
			未 払 法 人 税 等	630,000	
5	当 座 預 金	7,500,000	資 本 金	3,750,000	
			資 本 準 備 金	3,750,000	

第2問 (20点)

仕 訳 日 計 表
平成○年8月1日

借 方	元丁	勘 定 科 目	元丁	貸 方
114,000	11	現　　　　金	11	62,000
40,000	21	受　取　手　形	21	30,000
80,000		売　　掛　　金		118,000
10,000		備　　　　品		
10,000		支　払　手　形		20,000
83,000		買　　掛　　金		53,000
		未　　払　　金		10,000
		借　　入　　金		20,000
4,000		売　　　　上		80,000
53,000		仕　　　　入		3,000
2,000		給　　　　料		
396,000				396,000

☐ 1つにつき2点を与える。合計20点。

第3問 (20点)

損 益 計 算 書
平成×8年4月1日〜平成×9年3月31日

費　　　　用	金　　額	収　　　　益	金　　額
売　上　原　価	25,142,000	売　　上　　高	28,755,000
減　価　償　却　費	390,000	受　取　手　数　料	715,000
貸倒引当金繰入	200,000		
給　　　　料	2,220,000		
営　　業　　費	1,103,000		
当　期　純　利　益	415,000		
	29,470,000		29,470,000

貸 借 対 照 表
平成×9年3月31日

資　　産	金　　額	負債及び純資産	金　　額
現 金 預 金	3,491,000	支 払 手 形	3,186,000
受 取 手 形	3,230,000	買 掛 金	4,074,000
売 掛 金	4,370,000	未 払 営 業 費	78,000
商　　品	4,858,000	貸 倒 引 当 金	380,000
前 払 営 業 費	172,000	建物減価償却累計額	1,650,000
未 収 手 数 料	137,000	備品減価償却累計額	975,000
建　　物	4,000,000	資 本 金	10,000,000
備　　品	1,800,000	別 途 積 立 金	1,300,000
		繰 越 利 益 剰 余 金	415,000
	22,058,000		22,058,000

☐ 1つにつき2点を与える。合計20点。

（解　説）

〔資料Ⅱ〕　未達事項の処理

(1) 本店の仕訳：未 達 現 金　　　　60,000　　　支　　　　店　　　60,000
(2) 支店の仕訳：未達商品(本店より仕入)　391,000　　本　　　　店　　391,000
(3) 支店の仕訳：備　　　品　　　　100,000　　　本　　　　店　　100,000
(4) 支店の仕訳：本　　　店　　　　270,000　　　受 取 手 形　　270,000
(5) 本店の仕訳：支　　　店　　　　230,000　　　売 掛 金　　　230,000
(6) 支店の仕訳：本　　　店　　　　20,000　　　受 取 手 数 料　20,000
(7) 本店の仕訳：支 払 手 形　　　　185,000　　　支　　　　店　　362,000
　　　　　　　　買　掛　金　　　　177,000
(8) 支店の仕訳：営　業　費　　　　31,000　　　本　　　　店　　31,000

〔資料Ⅲ〕　決算整理事項

(1) 期末商品（内部利益控除後）

　　本店　¥2,680,000
　　支店　¥2,027,000 + 未達商品¥391,000 − 内部利益¥240,000（(¥1,449,000 + ¥391,000)
　　　　　×0.15÷1.15）= ¥2,178,000

　本支店合併売上原価

　　　　　　　期首商品　　　　　　　当期仕入高　　　　　　　期末商品
　（¥3,840,000 + ¥2,200,000）+（¥20,560,000 + ¥3,400,000）−（¥2,680,000 + ¥2,178,000）
　　= ¥25,142,000

(2) 貸倒引当金の設定

　　売上債権（本店）：受取手形¥2,700,000 + 売掛金¥3,270,000 = ¥5,970,000
　　　　　　（支店）：受取手形¥530,000 + 売掛金¥1,100,000 = ¥1,630,000

貸倒れの見積り（貸倒引当金の決算後残高）
　売上債権合計（本店¥5,970,000＋支店¥1,630,000）×5％＝¥380,000（B/S）
貸倒引当金繰入額の計上
　貸倒見積額¥380,000－決算整理前貸倒引当金勘定残高¥180,000＝¥200,000（P/L）

(3) 減価償却費の計上
建物は本店，支店でそれぞれ残高試算表の金額にもとづき計上します。
　本店¥90,000＋支店¥30,000＝¥120,000
備品：本店　期末まで使用した上で¥100,000を移送済みにつき，残高試算表の金額に
　　　　　¥100,000を加えた額に対して減価償却費を計上します。　¥225,000
　　　　支店　期中に使用したものは，未達事項処理前の金額につき，〔資料Ⅰ〕残高試算表の
　　　　　金額にもとづいて計上します。　¥45,000

| 減 価 償 却 費 | 390,000 | 建物減価償却累計額 | 120,000 |
| | | 備品減価償却累計額 | 270,000 |

(4) 営業費の繰り延べ，見越し
未達事項整理後の営業費に対し，以下の処理を行います。

| （本店）前 払 営 業 費 | 172,000 | 営　　業　　費 | 172,000 |
| （支店）営　　業　　費 | 78,000 | 未 払 営 業 費 | 78,000 |

(5) 受取手数料の見越し
未達事項整理後の受取手数料に対し，以下の処理を行います。

| （本店）未 収 手 数 料 | 77,000 | 受 取 手 数 料 | 77,000 |
| （支店）未 収 手 数 料 | 60,000 | 受 取 手 数 料 | 60,000 |

実力テスト　第5回

第1問（20点）

1	前　受　金	200,000	売　　　上	1,000,000
	手 形 売 却 損	4,000		
	当 座 預 金	696,000		
	売　掛　金	100,000		
2	積　送　品	576,000	仕　　入	570,000
			現　　金	6,000
3	備　　品	700,000	備　　品	600,000
	備品減価償却累計額	216,000	未 払 金	400,000
	固 定 資 産 売 却 損	84,000		
4	社　　債	3,904,000	当 座 預 金	3,920,000
	社 債 償 還 損	16,000		

社債の払込金額（発行時の社債勘定）　$¥20,000,000 \times \dfrac{¥96}{¥100} = ¥19,200,000$

社債発行時の割引額　¥20,000,000－¥19,200,000＝¥800,000

過去2年間の評価替額　$¥800,000 \times \dfrac{2(年)}{5(年)} = ¥320,000$

買入償還に対応する帳簿価額（¥19,200,000＋¥320,000）× $\dfrac{¥4,000,000}{¥20,000,000}$ ＝¥3,904,000

5	退職給付引当金	2,600,000	現　　　　　金	3,100,000
	退職給付費用	500,000		

第2問（20点）

残 高 試 算 表

借　方		勘定科目	貸　方	
4月30日現在	4月1日現在		4月1日現在	4月30日現在
1,125,000	1,380,000	現　　　　　金		
1,050,000	900,000	受　取　手　形		
1,470,000	1,500,000	売　　掛　　金		
725,000	725,000	繰　越　商　品		
300,000	600,000	貸　　付　　金		
510,000	450,000	備　　　　　品		
	15,000	前　払　利　息		
		支　払　手　形	600,000	870,000
		買　　掛　　金	1,350,000	990,000
		借　　入　　金	900,000	300,000
		前　受　利　息	20,000	
		貸　倒　引　当　金	60,000	30,000
		備品減価償却累計額	240,000	240,000
		資　　本　　金	2,400,000	2,400,000
		売　　　　　上		2,190,000
1,485,000		仕　　　　　入		
360,000		給　　　　　料		
		受　取　利　息		50,000
45,000		支　払　利　息		
7,070,000	5,570,000		5,570,000	7,070,000

☐ 1つにつき2点を与える。合計20点。

第3問 (20点)

貸 借 対 照 表
平成×年3月31日現在

資 産 の 部			負 債 の 部		
I 流動資産			I 流動負債		
1 現 金 預 金		(5,675,000)	1 支 払 手 形		(2,150,000)
2 受 取 手 形	(2,250,000)		2 買 掛 金		(4,970,000)
3 売 掛 金	(11,050,000)		3 未 払 金		(2,960,000)
計	(13,300,000)		4 (未払法人税等)		(787,000)
(貸倒引当金)	(266,000)	(13,034,000)	5 未 払 費 用		(175,000)
4 有 価 証 券		(3,280,000)	流動負債合計		(11,042,000)
5 商 品		(1,530,000)	II 固定負債		
6 前 払 費 用		(400,000)	1 社 債		(4,840,000)
流動資産合計		(23,919,000)	2 長 期 借 入 金		(2,500,000)
II 固定資産			3 (退職給付引当金)		(3,200,000)
1 建 物	(14,500,000)		固定負債合計		(10,540,000)
(減価償却累計額)	(2,670,000)	(11,830,000)	負 債 合 計		(21,582,000)
2 備 品	(4,000,000)		純 資 産 の 部		
(減価償却累計額)	(1,750,000)	(2,250,000)	I 資 本 金		(12,000,000)
3 (の れ ん)		(800,000)	II 資本剰余金		
4 長 期 貸 付 金		(2,500,000)	1 (資本準備金)		(500,000)
固定資産合計		(17,380,000)	III 利益剰余金		
III 繰延資産			1 (利益準備金)	(1,750,000)	
1 社債発行費等		(160,000)	2 (任意積立金)	(4,000,000)	
繰延資産合計		(160,000)	3 繰越利益剰余金	(1,627,000)	(7,377,000)
			純資産合計		(19,877,000)
資 産 合 計		(41,459,000)	負債及び純資産合計		(41,459,000)

☐ 1つにつき2点を与える。合計20点。

ヒント 決算仕訳等

1. ア 当 座 預 金　　　100,000　　未　　払　　金　　100,000
   イ 支 払 手 形　　　150,000　　当　座　預　金　　150,000
   ウ 当 座 預 金　　　450,000　　売　　掛　　金　　450,000
2. 現　　　　　金　　　 30,000　　受 取 配 当 金　　 30,000
3. 貸倒引当金繰入　　　 66,000　　貸 倒 引 当 金　　 66,000
   (¥2,250,000＋¥11,500,000－¥450,000)×0.02－¥200,000＝¥66,000
4. 仕　　　　　入　　1,750,000　　繰　越　商　品　　1,750,000
   繰　越　商　品　　1,800,000　　仕　　　　　入　　1,800,000
   棚 卸 減 耗 損　　　180,000　　繰　越　商　品　　180,000
   商 品 評 価 損　　　 90,000　　繰　越　商　品　　 90,000
   棚卸減耗損　¥900×(2,000－1,800)＝¥180,000

	商品評価損　　（¥900 − ¥850）×1,800 = ¥90,000			
5.	有価証券評価損	20,000	売買目的有価証券	20,000
6.	建　　　　　物	4,500,000	建　設　仮　勘　定	2,500,000
			未　　払　　金	2,000,000
7.	減　価　償　却　費	1,170,000	建物減価償却累計額	420,000
			備品減価償却累計額	750,000

建物(旧)　（¥10,000,000 − ¥1,000,000）÷25 = ¥360,000

　　　　(新)　¥4,500,000÷25×$\frac{4}{12}$ = ¥60,000

備品（¥4,000,000 − ¥1,000,000）×0.25 = ¥750,000

8.	のれん償却	100,000	の　れ　ん	100,000

10年間均等償却　¥900,000÷(10(年) − 1(年)) = ¥100,000

9.	社　債　利　息	20,000	社　　　　　債	20,000
	社債発行費等償却	20,000	社　債　発　行　費　等	20,000

社債発行時の割引額　¥5,000,000×$\frac{¥100 − ¥96}{¥100}$ = ¥200,000

当期の評価替額　¥200,000×$\frac{1（年）}{10（年）}$ = ¥20,000

社債発行費等償却額　¥180,000÷(10(年) − 1(年)) = ¥20,000

10.	退職給付費用	325,000	退職給付引当金	325,000
11.	前　払　保　険　料	400,000	保　　険　　料	400,000
	（前　払　費　用）			
12.	支　払　利　息	175,000	未　払　利　息	175,000
			（未　払　費　用）	

税引前当期純利益の計算（簡単な損益勘定を作成）

損　益　（単位：千円）

借方		貸方	
仕　　　　　入	19,850	売　　　　　上	33,500
給　料　手　当	5,700	受　取　利　息	225
広　告　宣　伝　費	1,425	有　価　証　券　利　息	150
保　　険　　料	800	有　価　証　券　売　却　益	360
支　払　利　息	1,405	受　取　配　当　金	30
社　債　利　息	320		
貸　倒　引　当　金　繰　入	66		
棚　卸　減　耗　損	180		
商　品　評　価　損	90		
有　価　証　券　評　価　損	20		
減　価　償　却　費	1,170		
の　れ　ん　償　却	100		
社　債　発　行　費　等　償　却	20		
退　職　給　付　費　用	325		
（税引前当期純利益）	2,794		
	34,265		34,265
法　人　税　等	1,397	税引前当期純利益	2,794
（税引後当期純利益）	1,397		
	2,794		2,794

13.　法　人　税　等　1,397,000　　仮　払　法　人　税　等　610,000
　　　　　　　　　　　　　　　　　未　払　法　人　税　等　787,000

14.　貸借対照表の繰越利益剰余金
　　　（残高試算表）　（当期純利益）
　　　¥230,000 ＋ ¥1,397,000 ＝ ¥1,627,000
　　　これで，貸借対照表の貸借合計が一致すればよい。

○ *MEMO* ○

日商簿記試験 対策シリーズ！

■ 第1ステージ まずは読んで覚えよう

スゴイ！らく〜に合格る！
3＆2級
3級/本体900円+税
2級商＆工/各本体1,000円+税
合格に必要な要素にだけ絞り、イラストや例題を使って解説。

問題集
3＆2級
3級/本体1,000円+税
2級商＆工/各本体1,100円+税
テキストに準拠した問題集。勉強時間を大幅に短縮できる。

段階式テキスト
3級	本体850円+税	2級商簿	本体950円+税
4級	本体850円+税	2級工簿	本体950円+税

反復学習が簿記マスターの近道との考えと自力学習こそが応用力養成に直結するとの考えから、練習問題を数多く収録するとともに、解答・解説は抜取り式。過去問3回分収録。

■ 第2ステージ さらに理解を深めたい人に

段階式ワークブック
4〜2級
本体850円〜950円+税
テキストに準拠した問題集。併用することで無駄なく学習できる。

ドリル式
3〜1級
本体1,200円〜2,000円+税
実際の検定問題を同形式で再現！
直近の問題を収録。

■ 第3ステージ 実際の問題に触れてみよう

出題傾向と対策
1級
本体2,400円+税
過去問題を多数収録。とにかく試験問題を多く解きたい人にオススメ！

模擬試験
3＆2級
各本体1,200円+税
過去分析に基づき出題が予想される問題をピックアップ！

■ 第4ステージ 苦手分野を克服。最後の仕上げ！

暗算で解ける日商簿記
―電卓なしで,どこでも簡単にできる― 
堀川 洋 著
3級/本体1,800円+税
2級商簿＆工簿/各本体2,200円+税
電卓なしで解ける問題でどこでも気楽に学習可能。

日商簿記3級 1週間でまとめる ラストチェックと確認問題
堀川塾 著
本体1,200円+税
入門編・初学者編・総合問題編に分けて、計算ミスの発生原因・探し方・解決方法などを紹介。

税務経理協会
http://www.zeikei.co.jp
〒161-0033 東京都新宿区下落合2-5-13
TEL 03-3953-3325　FAX 03-3565-3391